京师艺术论丛

北京师范大学艺术与传媒学院
京师艺术论丛

总 主 编 肖向荣
执行主编 甄 巍

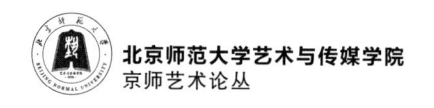

公共危机治理中科学传播的对话机制研究

赵 宇 / 著

中国国际广播出版社

图书在版编目（CIP）数据

公共危机治理中科学传播的对话机制研究 / 赵宇著. —北京：中国国际广播出版社，2023.11

（京师艺术论丛）

ISBN 978-7-5078-5425-1

Ⅰ.①公… Ⅱ.①赵… Ⅲ.①突发事件－公共管理－传播媒介－研究－中国 Ⅳ.① D63 ② G206.2

中国国家版本馆CIP数据核字（2023）第212121号

公共危机治理中科学传播的对话机制研究

著 者	赵 宇
责任编辑	笑学婧
校 对	张 娜
版式设计	陈学兰
封面设计	邱爱艳　赵冰波

出版发行	中国国际广播出版社有限公司　[010-89508207（传真）]
社 址	北京市丰台区榴乡路88号石榴中心2号楼1701 邮编：100079
印 刷	环球东方（北京）印务有限公司
开 本	710×1000　1/16
字 数	260千字
印 张	18.5
版 次	2023 年 11 月　北京第一版
印 次	2023 年 11 月　第一次印刷
定 价	58.00 元

版权所有　盗版必究

京师艺术论丛
编委会名单

总主编：
肖向荣
编委会主任：
王卓凯
编委会副主任：
邓宝剑　杨乘虎　张　璐　陈嘉婕
编委会委员：（按照姓氏拼音排序）
陈　刚　郭必恒　吕　兵　王　鹏　虞晓勇　张　荪
周蓬勃　周　雯　朱　杰
学术委员会主任：
于　丹
学术委员会委员：（按照姓氏拼音排序）
邓宝剑　郭必恒　黄会林　佟　军　王宜文　肖向荣
杨　慧　张同道　甄　巍　周　雯
执行主编：
甄　巍
执行副主编：
王兰侠

坚守学术研究初心　铸造艺术学科灵魂

肖向荣

北京师范大学艺术与传媒学院院长、教授

北京师范大学的前身京师大学堂师范馆自创立伊始，便为"各省之表率，万国所瞻仰"，更被誉为"众星之北斗""群学之基石"，会聚了一大批学贯中西、融汇古今的学术大师和思想名家，不断引领着中华文明的发展走向。2022年是北京师范大学120周年华诞，120年以来，北京师范大学与时代共同进步、一起成长，各项事业取得了长足的发展，已经成为中国教育改革的示范引领者、国家自主创新的重要基地、文化传承与创新的国家重镇，综合办学实力位居全国高校前列。

北京师范大学艺术学科自1992年改建为艺术系，成为中国重点高校复合型艺术创建性学科之始；2002年成立艺术与传媒学院，是中国高校第一个全学科艺术学科汇聚、艺术与传媒结合的新兴学院。2022年，迎来了艺术与传媒学院建院20周年，恢复艺术教育30周年的独具意义的年份。

本套京师艺术论丛通过深入基础艺术与高等艺术教育教学研究，建立了适应国家艺术学科发展需要、弘扬艺术文化精神的新型人文艺术研究体系，是站在百廿师大与艺术学科的悠久历史基石之上，坚守学术研究初心、表达严谨学术态度的艺术学科专业研究著作。

广度与深度：全学科艺术重镇　厚重式学术基地

北京师范大学艺术学科的综合性教学研究体系的形成，伴随着国家发展而克服艰难曲折前行，建立在北京师范大学丰厚的人文艺术的厚实土壤之上。北京师范大学艺术与传媒学院是我国高校首批具有艺术学一级学科博士学位授权点单位，有艺术学理论、戏剧与影视学两个一级学科博士点，戏剧与影视学、艺术学理论、音乐与舞蹈学、美术学四个一级学科硕士点。可以说，在艺术学科的学术理论研究与人才培养方面，具有全国领军的优势地位。

在近百年历史背景下，北京师范大学的艺术学科逐渐形成了具有现代性特征的独特艺术学科，伴随着中国艺术教育事业的发展，成为包容音乐学、美术学、设计学、书法学、戏剧影视学、舞蹈学等多门类综合艺术学科群的全学科艺术重镇。这也促使本套丛书兼具了全面学科广度与厚重学术深度为一体的特色。

时代与前沿：立足时代需求　探索前沿视野

文艺是时代前进的号角，要与时代同频共振。这一点同样体现在艺术学术研究上。可以看到，本套丛书的时代特征十分明显，比如许多关于新时代中国艺术发展的流变特征、热点现象，以及创作观及价值取向等多元化的时代议题，通过立足于新时代文艺事业，扎根人民生活，跟随时代多方拓展，让学术研究真正服务于时代需求和国家发展建设。

本套论丛注重学术研究的前沿探索性，以多学科交叉融合展开创新研究。艺术的灵魂与本质要求就是创新，多学科交叉融合是艺术院校学科发展的必然趋势。通过借助科学技术的快速发展进行艺术学科研究，可以获得更新的学科视野和扩张力。本套丛书遵循这一学科发展方向，通过利用学科之间的有效融合、适应时代科技发展、优化学科结构、打通学科壁垒，不断探究新文科建设背景下艺术学科的交叉创新潜能，并进一步提升艺术学科的发展活力。

传承与创新：春风桃李根深枝茂　木铎金声源远流长

本套丛书集结了北京师范大学百年艺术学科研究的中坚力量，集中展示了最前沿的艺术学科学术研究成果，虽为"科研专著"，却也可以很好地保留艺术色彩，为各位"艺术家"生动形象地描绘出了一个精彩纷呈的艺术世界，相信各位定有所获。

2022年8月

新外大街19号的艺术研究与写作
——"京师艺术论丛"主编序语

甄 巍

北京师范大学艺术与传媒学院副院长、教授

2022年,京师艺术论丛首期专著付梓。欣喜之余,想提笔写下几句话,为在这个特殊时代、特殊情境下默默耕耘的京师艺术学者,表达心存的感激。

北京师范大学的艺术教育与人文学科底蕴深厚,经由120年前的京师大学堂师范馆赓续至今。艺术与传媒学院于2002年成立,是中国高校第一个全艺术学科汇聚、艺术与传媒结合的新兴学院,下设影视传媒系、音乐系、舞蹈系、美术与设计系、书法系、数字媒体艺术系、艺术学系。在百廿师大的校园里育人,在"影·视·剧·音·舞·书·画·新媒体"相互交融的氛围中开展学术研究,学者们感悟与思考的角度自有其独特之处,这些也在此次入编丛书的著作里有所体现。

首先,我所感受到的,是一种自由探索的气息。人类文明发展至今,进入了以数字为特征的信息技术时代。AI人工智能介入知识的生产与传播链条当中,容易让人对规模、速度、效率、效果以及"智能"产生一种过度的信赖与追求,不知不觉中忘记了人文艺术学科的深厚意蕴,往往来自个人内心原始和原创的天赋性情。我很赞成集体合作式的研究，也认同命题写作的意义与价值。但翻阅人类古代典籍和文献，会发现很多重要思想与观念，出自个人与他人、与宇宙、与自我的对话中。专著的意义，就在于这种具身性的书写体验是无法用"智能"检索出的人性的洞察。有时是偶然，有时是疑惑，有时是欣喜若狂，有时又会充满悖论与反思。人类的理性和逻辑性，体现在艺术学的研究与写作中，最有趣的恰恰是个体思考与经验的唯一性与偶然性。我在论丛专著的作者身上，就看到了这种不事"算计"的质朴与自由，弥足珍贵。

其次，是一种跨越学科界限，以问题为导向的求真之风。学问就像生活本身，并非按照学科与专业条分缕析，有那么多界限和藩篱。论丛专著写作的问题意识，凸显的是把著作"写在祖国大地上"的笃实与扎实。为了解决实际的学术问题，可以采取跨文化的视角，可以运用多学科的方法，也可以在本学科的工具范畴内做深入钻探，但最重要的是"实事求是"的求真态度。论丛中影像与心理学、舞蹈与社会学、艺术与管理、影视与法律等选题体现了艺术学研究的文化思维特征。知识的重新链接与整合，以及新知识、新命题的创建与探索，既需要勇于迈入学术"无人区"的勇气，也需要对学问审慎、认真的郑重与尊重，以及对于情感与个体局限性适度的体认与把控。借助北京师范大学独特的学风、校风，充分展现多学科交融、艺术与传媒两翼齐飞的学术姿态，京师文脉的研究写作之风可期可待。

最后，我还读到一种朴素的美育情怀和向善力量，渗透在京师艺术学者的血脉之中。论丛作者既有潜心笔端耕耘的理论专家，也有长于创作实践的学者型艺术家。他们的共同点，是笔端墨迹中流露出的兼善天下、以美育人的情怀。即便是充满理论性的学术探讨，也具有价值导向和知识传递的潜在意涵。仿佛在这样的写作中，总有那未来时态的、跨越时代更迭的读者对象——写作是为了让所有的一切变得更好。只有充满理想的土壤，才能生长出有温度的知识。北京师范大学，新外大街19号，这片颇显局促又充满生机的校园，大概就是这样一个还能安置住学术理想的地方。

谨以春天动笔、冬天出版的序言，祝贺并致敬我的同事们、学者们、老师们！

2022年8月

序

风险已经成为社会的一种常态，风险社会中的公共危机，已经不再是单一事件带来的影响，复杂的关系网络交错使得单一事件引起连锁反应，而形成一系列的危机，扩散的危机促使危机决策者必须积极面对。在危机发展的不同阶段，数据分析与公开、预防措施科普、心理疏导等不同方面都需要科学专业的指导性信息。科学、及时的媒体宣传报道对传播知识、引导舆论走向、凝聚社会信心发挥着积极作用，科学传播在突发公共事件中所起的重要作用凸显出来。

公共危机解决的核心矛盾是信息与公众认知和行为的协调问题，若无法及时满足公众的信息需求，则会导致公众的认知偏差和行为混乱，指导公众如何面对危机是决策主体解决危机的一个部分。科学信息贯穿于整个突发公共危机发展过程的始终，科学知识和科学方法的传播在突发公共危机应急管理的各个环节都具有重要作用。

科学传播经历了科学知识从科学家之间的传播到科学家向大众传播的转向，并在知识传播中改变着世界。科学传播在突发事件中是帮助人类学会自救的重要渠道之一，其内在核心是"科学的传播和公众科学素养的提升"。面对突发的各种公共危机，相关的知识和背景、过程、原因、结论等事件本身的知识性信息是公众最先需要了解的，科学传播可以满足公众的信息需求；同时，网络会产生虚假信息，需要用科学思想进行甄别，消除危机带来的各种负面影响。另外，科学传播能够在促进公众理性认知、提升公众素养等方面起到积极推动作用。科学传播还反映着科学在社会环境中的特点和效果，科学传播中政府、媒体、科学共同体和公众之间的互动关系，构成了公共危机治理的基本作用机制。政府在与科学共同体的互动过程中，赋予科学信息以权威性；媒体在与科学共同体互动过程中，增加了科学信息的及时性和开放性；公众在与媒体互动过程中，获取科学信息的同时也对其进行社会建构，由此加深了对科学价值的认同，有助于社会动员预期目标的达成与落实。以科学技术为支撑的科学传播，成为国家治理现代化的重要辅助途径。

本书以巴赫金的对话理论为基础，在公共危机的特殊语境下，探讨科学传播的新特征与新挑战，提出在公共危机治理中进行更"科学"的科学传播，并尝试以对话机制作为审视科学传播的新思路和新认识。本书将科学传播看作一个以科学为文本符号的多元主体参与的对话，探讨对话的主体、内容、场域，剖析对话在议题管理、舆论导控、关系管理等方面的作用，提出以对话作为本体和路径，不断进行社会互动，并在互动中不断解除事实层面和价值层面的双重威胁，恢复稳定秩序，建构新的关系。基于危机治理生命周期特征和公共危机治理的过程视角，本书构建了面向危机决策的科学传播的维度分析框架，该框架的核心理念是以全流程科学传播为中心主导的危机治理，以科学传播的保障作用实现危机决策。

对话既是名词，又是形容词，把科学传播本身当作关于科学的多元对话，也用对话的方式来进行科学传播。对话的模型既沟通事实，又建构价值，对话的路径一方面能够解决信息治理问题，另一方面也能够解决价值重建问题。对话以价值和意义的生成来进行危机沟通，无疑是解决危机的最佳方式。

本书第一部分阐述了科学传播在公共危机治理中的重要作用和表现，以回答此研究的本源问题。首先，分析科学传播在特殊语境——公共危机中的特点和作用，然后以传播与对话的关系入手，分析了基于对话理论的传播的合理性，并论述了对话对于危机治理的重要意义，最后在对话理论视域下观照公共危机治理中的科学传播，将科学传播看作一种对话，并阐述了以对话方式进行传播的意义。

第二部分主要分析了公共危机治理中科学传播对话机制的特点和功能，包括第二、三、四章。第二章分析了科学传播在公共危机语境下对话的特点，分析了主体的"在场"和"相遇"，阐述了主体之间对话关系的建立，科学对话建立的过程；第三章阐述了科学对话在不同危机生命周期、不同空间的建构，科学传播对话在危机信息治理方面发挥的作用，包括在危机生命周期各阶段进行的全时性科学对话，以及面向全空间的包括物理空间和网络空间的科学对话；第四章分析了危机治理中科学对话的议题设置，科学对话在培养公众科学素养和科学思维中发挥着指引和重塑的作用，同时科学对话在对话主体的关系管理中起到了构建协同网络、重建角色形象的作用。

第三部分是对话机制存在的问题和解决方法的提出，包括第五、六章。第五章根据面向公众的调查问卷和面向传播者的深度访谈的数据梳理，总结了目前在公共危机中科学对话中存在的问题，分析了进行有效的科学传播的建构能力要素，同时总结了科学对话所体现的人文关怀和重建信任的重要性，在科学对话中潜移默化地对各方产生思想上、精神上更深层次的影响。第六章尝试提出一套有效的科学对话机制，包括建构科学传播共同体的社会共治体系，建立一个拥有共同的科学传播责任伦理，具有一套完整科学传播机制的知识共享共同体。

通过本书的研究，期望达到以下目的：第一，通过分析公共危机事件中科学传播的传播要素和传播机制的新变化，探究科学传播路径与传统科普相比之下的新特点，把握新的传播模式本质所在；第二，基于问题视角，分析公共危机治理中科学传播的不足之处，尝试探索问题的成因，提出突发事件应急科普的策略，以促进完善应急科普综合机制，并对未来应急科普综合机制的完善提出思考和建议；第三，以应对公共危机的传播策略来应对风险社会中科学议题的传播，风险社会将是未来社会的常态，科学传播也不应该只是起到应急科普的作用，而应该成为一种新媒体环境下的常态化传播。

对话带来融合，对话带来改变。在社交媒体时代，人与人之间的对话不再受技术的限制，甚至通过技术的加持有了更多新的方式，更具新意的对话为科学传播提供了更多可能。科学传播不应只是局限于科学领域内的交流，而应成为所有人都可以平等参与的公共事务，在不断的对话和交流中，以科学为核心和动力，推动社会的进步和发展。

本书的完成要感谢我的导师王纪言老师，他的豁达、豪爽、睿智和博学，让我钦佩不已，虽已古稀，仍然努力奔走、热心公益，并不断探索新的视听表达形式，在传播领域仍在不懈创新，在做人和做学问上都为我们做出了表率。在学术研究上，他总能直击要害，既高屋建瓴，又条分缕析，使我在每次交流后都受益颇深。我还要衷心感谢田维钢老师，即使自己工作繁忙，也对我有求必应。他非常细致耐心，多次为我的题目和框架提出意见和建议，及时纠正我的谬误，帮我走出误区，鼓励我多思考、多交流，一次次树立我对撰写本书的信心。我还要感谢王晓红老师、崔林老师、李智老师、周文老师、郭艳民老师、吴炜华老师、张绍刚老师，他们提出了很多中肯的意见和建议。我还要感谢中国科学院物理所研究员曹则贤老师，中国科学院大学吴宝俊老师，北京交通大学物理科学与工程学院陈征老师，央视创造传媒王雪纯老师、王宁老师、章缘缘、贾闪闪等多位同事，人大附中李永乐老师，中央民族大学张宇识老师，在本书的调查研究过程中他们热心为我推荐相关人士，接受访问。还有我最亲爱的同学们，贾飞扬、尤可可、张睿、连冰玉、王海龙、张如东、刘琳，他们无私地帮助和鼓舞我，在我最迷茫无助时给了我最多安慰。我还要感谢我多年的挚友刘晓智、安静、郭静、康宪,是她们陪我谈心,一次次把我拉出泥潭,难以忘记那些彻夜长谈的日子。当然最感谢的还是永远站在我身后的家人,他们无私付出,尽最大可能为我分担家务,让我心无旁骛地完成学业。公婆虽年事已高,却无怨无悔地帮我操持家务,照看尚在幼儿园的孩子,这份恩情,永远铭记。感谢我的先生,他的支持和包容让我在每个濒临崩溃的时刻,多了一份轻松和安心。感谢我的孩子,他的天真可爱与独立懂事,总能给我带来勇气和欣慰。

世界是不确定的,但内心可以是确定的。多年的新闻传播专业学习给了我面对不确定的勇气和坚定,一生路漫漫,学习知识和修炼自身同样重要,以稳定平和的心态面对困难是我获得的最大财富。

目 录
CONTENTS

绪 论   001

第一节   研究缘起和研究意义   003
    一、研究缘起   003
    二、研究意义   008

第二节   文献综述   010
    一、公共危机治理中的科学传播研究   010
    二、对话理论在传播领域的研究   015
    三、科学传播的对话研究   018

第三节   概念界定和理论基础   026
    一、概念界定   026
    二、理论基础   033

第四节   研究思路和研究方法   041
    一、研究思路   041
    二、研究方法   044
    三、创新点   047
    四、选题难度   048

第一章
对话理论视域下公共危机治理中的科学传播　　049

第一节　公共危机治理中科学传播的功能和作用　　053
　　一、科学传播的专业性和公共性　　053
　　二、科学传播在公共危机治理中的角色和作用　　054
　　三、危机决策全过程情境下的科学传播　　058
第二节　公共危机治理中对话的功能和作用　　062
　　一、对话是公共事务的协商基础和共识起点　　062
　　二、对话是公共危机中改善各方关系的利器　　065
第三节　对话理论视域下的科学传播　　073
　　一、对话理论　　073
　　二、传播与对话的关系　　074
　　三、科学传播与对话的关系　　078

第二章
危机下人与人的相遇　　083
——科学对话关系的建立

第一节　人本性：公共危机治理中科学传播的对话主体　　086
　　一、对话者的"在场"　　087
　　二、对话者的"相遇"　　091
第二节　互动性："转向他人"的"主体间性"的对话　　096
　　一、内部沟通：决策者内部的对话　　097

二、外部沟通：面向公众的对话　　　　　　　　　　　102
第三节　建构性：公共危机中科学对话的构建逻辑和路径　106
　　一、了解公众的统觉背景　　　　　　　　　　　　109
　　二、设计对话的内容　　　　　　　　　　　　　　111
　　三、建构科学对话的文本　　　　　　　　　　　　113
　　四、组织开展科学对话　　　　　　　　　　　　　115

第三章
人在危机空间的交流　　　　　　　　　　　　　117
——科学对话公共空间的构建

第一节　复杂大型对话：危机发生全周期中的科学对话　121
　　一、点对面式对话：预警期的科学对话　　　　　　122
　　二、融合式对话：危机发展期和爆发期的科学对话　125
　　三、学习式对话：恢复期的科学对话　　　　　　　128
第二节　多元空间对话：危机发生全空间中的科学对话　131
　　一、物理空间的科学对话　　　　　　　　　　　　132
　　二、网络空间的科学对话　　　　　　　　　　　　133
第三节　公共危机中不同对话空间的对话模型　　　　　137
　　一、传统空间的辐射式对话　　　　　　　　　　　139
　　二、网络空间的平行式对话　　　　　　　　　　　140
　　三、多空间科学对话剖析：以7·20河南暴雨事件为例　142

第四章
危机中的"复调"与"狂欢"   145
——科学对话议题的建构

第一节 "复调""狂欢"滋生下的谣言治理   148
    一、引导"复调"舆论：从知识灌输到共情引导   149
    二、控制"复调"噪声：从事后纠错到事前预防   152
    三、科学对抗谣言：从强力消除到长期对话   155

第二节 公众科学素养培养和思维重塑   161
    一、科学研判：建构公众的风险认知   161
    二、方法指导：培养公众的理性思维   163
    三、知识共享：激发公众的公共参与热情   165

第三节 对话主体关系的缝合和重组   167
    一、重建对话主体的角色形象   168
    二、构建对话主体间的协同网络   171

第四节 对话议题的形式、叙事和话语   173
    一、多元动态的对话形式   173
    二、科学对话的叙事与话语   174

第五章
公共危机治理中科学传播对话反思与启示   177

第一节 公共危机中科学传播的对话问题与反思   180
    一、对话理论的现实适应性   180
    二、对话实践中的不确定因素   181

第二节　影响对话效果的因素探析	184
——以"全球转基因食品安全"议题为例	
一、对话主体动机和行为的复杂性	184
二、对话内容不对称和不兼容	191
三、对话空间不开放	193
四、对话机制不健全	195
第三节　经验与启示	197
一、赋予科学对话以人文关怀	197
二、重建科学对话主体之间的信任	199
三、满足公众对科学的期待	202

第六章
公共危机治理中科学传播对话机制构建　　205

第一节　理念建构：基于公共事务参与和协商的职责	208
一、科学传播共同体的责任伦理建构	208
二、公共协商和多元共识的理念建构	210
第二节　关系建构：基于信任的"专家—媒体—公众"	
多向对话机制	212
一、建立信任是构建对话的基础	214
二、推动四方协同开展应急科普对话	215
第三节　知识建构：基于"社会知识共享"的科学传播体系	220
一、以专家知识为基础	222
二、以"地方性知识"为补充	223
三、从一元知识到多元知识	224

第四节　空间建构：基于自由开放的空间设置 　　　　226
一、观念转变下的空间开放 　　　　226
二、技术赋能下的空间拓展 　　　　228

第五节　议程建构：基于主体需求的内容构建 　　　　230
一、政府主导的议程 　　　　231
二、自下而上的公众议程 　　　　232
三、不确定性引发的议程 　　　　233

第六节　话语建构：基于对话主体认知与情感的叙述方式 　　　　236
一、科学话语亲和力的构建 　　　　236
二、科学话语的情感唤起 　　　　238

结　语　　　　241
参考文献　　　　245
附　录　　　　260

绪　论

第一节 研究缘起和研究意义

一、研究缘起

（一）公共危机需要多主体的共同协作治理

1986年，乌尔里希·贝克在其著作《风险社会》中提出了"风险社会"的概念，并认为在后工业化的社会中，风险已然成为现代社会的主要特征。与之前的工业社会相比，在风险的影响下，社会的基本结构、运行规则和动力体系都发生了巨大的变化。[①]另一位学者吉登斯也认为，当代社会风险是一种结构风险，这种风险的影响很大，甚至可以说是全球性的社会风险，而且不排除人为的可能性，[②]例如环境污染、核辐射、气候问题、转基因等。风险的到来更迅速也更隐蔽，而人们对于风险的感知和建构更加深了对于风险的恐惧，尤其是还未到来的风险，对于潜在的危险和威胁，人们更容易过度想象和焦虑。

现代社会的风险在于更强的不确定性和不可感知性，因为一向被人们认为是理性和真理的科学，出现了人们从未感知到的变化。"如今的科学信息已经越来越倾向于所谓的'后常态科学'（post-normal science）：具备事

---

① 贝克.风险社会[M].何博闻，译.南京：译林出版社，2003：2.
② 吉登斯.现代性的后果[M].田禾，译.南京：译林出版社，2000：56-57.

实不确定性、价值具争议、利害关系高、决定匆促等特质。"[1]风险的类型也越来越多元，从自然带来的风险到人为元素导致的社会风险，多种风险纠缠交织，错综复杂。当前，公共危机事件的频发态势与危害的严重性呈上升趋势，成为影响和制约我国经济社会持续健康发展的重要因素之一。在推进社会主义和谐社会建设进程中，我们需要对各种社会问题与矛盾可能引发的社会风险、社会危机有一个更加全面的认识和把握，需要积极探寻有效化解风险、规避危机、促进和谐、保持稳定的举措。

在现代公共治理理念看来，面对突发性公共危机，仅凭政府力量已不足以快速有效地应对，政府力量与社会力量一起共同协作，是应对危机的最佳出路。权威的危机治理指挥系统是保证统一指挥和迅速采取行动的前提，政府部门占据危机处理的主要地位，其他具有自治性、独立性的非政府组织、团体或企业、个人等力量应该各自发挥积极作用，共同致力于危机的解决。社会力量在保障社会服务、进行沟通协调和监督执行等方面都能够极大地弥补政府功能的不足，起到调节和补充的作用。社会组织等主体在公共危机治理中的重要作用体现在制度安排中，构建起政府与非政府组织的互动合作模式。根据整体化风险理论及风险管理框架的内容，公共危机治理体系应该是一个以政府为主导，非政府组织、企业组织、公民协同组织共同协作的开放型、制度化的治理体系。其包括政府、企业、媒体机构在内，且各个主体间协同合作、有序治理，以公共危机预防和治理为目标，对公共危机进行整体性、全局性管理和控制，实现公共利益的最大化。

危机是一种不稳定的状态，而非单一事件，因此危机具有一个发展的时间序列，在危机不断孕育生发的整个过程，治理模式全程发挥作用，而非仅仅作为应急的策略。治理出现在危机侦测期的监测、预防、应对公共

---

[1] FUNTOWICZ S，RAVETZ J. Three types of risk assessment and the emergence of post-normal science[J]. Social theories of risk，1992(2)：251-273.

危机的爆发、总结恢复和学习期的梳理总结等。治理着眼于事件演化的全流程，识别和研判其关键节点，并在关键节点采取相应的治理措施。治理者将风险管理、应急管理和灾害管理统一整合，以动态、循环、全程的方式作用于危机的每个环节。公共危机治理的执行思路首先在于调整各相关主体的关系，从法律和组织结构的角度，明确各个主体的权利与责任，以及各主体间的权责关系。在保障系统整体性、系统性功能稳定运转的前提下，针对不同的主体在组织体系中的位置和作用，设定相应的行政程序、行动规范[①]。

（二）科学知识作为危机治理的可靠依据

危机信息管理是危机决策的重要一环，对信息的监测、收集、整理、应用、发布和评估关系着危机治理的成败。信息与知识都是组成基本决策依据的基础。所不同的是，信息是对客观世界的记录和反映，而知识是一种已经经过事实检验的可靠的经验总结。知识是对信息的筛选和过滤后留下的有用的部分，解决危机无疑要依靠强大而广泛的知识支撑。不可否认的是，知识被事实证明对于问题的解决具有决定作用。无论是作为普遍意义的抽象知识或是作为具体情境中的地方性知识，知识即权力，在权力的行使中具有无可辩驳的正面作用。作为权力的知识对社会起到引导、勘误、提供支持等重要作用，在危机中的某些时刻起到指引和拨乱的作用，但并不能以此认为知识可以时刻作为权威而独霸天下。

知识为应对危机、规避风险开启了全新的可能性，人们可以通过规避或选择某种特定的产品（比如某种富含营养的食物）避开危机，工业污染往往会对农业产生负面影响，这其中就涉及大量的营养知识，而在拉什、福柯等后现代社会学家看来，在信息批判的时代，知识的权力直接与大众

---

① 孙文彬.科学传播的新模式：不确定性时代的科学反思和公众参与[D].合肥：中国科学技术大学，2013.

媒介有关。①对知识的掌握可以在某种程度上规避风险，而在危机的界定上知识就与权力发生了关系。第一，危机爆发前，风险的感知是间接而隐蔽的。第二，风险的标准依赖于专业知识的判断和界定。当然，有许多诸如失业、离婚这样的风险，是显而易见可被直接感知的，不需要特殊的测量方法和统计调查，也不需要考虑"安全阈值"。但对于有些风险，比如奶粉中的三聚氰胺、食品中的添加剂含量、空气污染指标、转基因食品的安全性等，都在普通公众直接认知的范围外。这些问题涉及的知识门类复杂、专业度极强，而且存在短期影响和长期影响的区别、剂量多少、阈值多少的问题。这些问题的答案直接关乎风险的感知和痛苦的程度，于是在风险社会中，外部知识（尤其是专业知识）直接决定了风险的程度、危机的范围、爆发的征兆、引起的痛苦和恐慌。风险社会创造了一种新的奇观：事关自身的痛苦，自己却没有管辖权和判断力。风险的要素遍地都是，但人们却无法凭经验和直接判断，消除潜在的不确定性，只能依靠外部的知识生产者进行解释和限定。

（三）科学传播——危机中的有效沟通

在公共危机治理中，除了组织机制和法律保证，在政府和公众之间进行有效的信息沟通是有力的保障。危机预警时期，需要搜集和掌握科学信息进行分析和预测；危机爆发时期，需要科学信息来满足公众的信息需求；危机恢复时期，则需要科学信息来帮助公众学习知识、积累经验。信息作为沟通的中介，关系到危机应对的效率和后果，有效的沟通在危机中是社会恢复秩序的"稳定器"。沟通是科学传播在危机情境下的一种特殊的传播形态，科学传播与危机沟通中的政策沟通、法律沟通、健康沟通等一样，是一个具有指导意义的沟通领域。

---

① 福柯.福柯说权力与话语［M］.陈怡含，编译.武汉：华中科技大学出版社，2017：245.

在公共危机治理中，要正确处置危机，首先要对危机建立起正确的认知，对危机的认识是采取正确应对方法的前提。如何认知需要科学的思维和方法，除了对危机本身和发展的认知，对危机节点的研判也影响着危机应对的结果，时机和关键点的研判，需要综合各项因素和条件进行实证分析；危机爆发的阶段，运用科学的方法正确地处理，需要科学的决策；在危机恢复阶段，从危机治理到危机学习，依然需要坚持科学的方法。

公共危机治理是主体们对危机的共治，要解除危机的威胁，最终恢复稳定的秩序，就要采取一系列的手段和方法。而治理区别于管理的特别之处不仅在于应急管理体系的建立，还在于常态管理体系的建立。具体方法包括政策和制度的制定、相应措施的实施、社会动员、危机沟通，所有措施最根本的指导思想是科学方法。科学方法中的"科学"不是名词"科学"，而是形容词"科学的"，科学方法不仅指做自然研究的"科学"，更强调的是不以人的意志为转移的、客观的、可被怀疑的、可被批判的方法。无论是危机的预测、发生、恢复，还是学习阶段，每个阶段的危机解决都必须遵循科学的判断和理智的决策。在危机事件中，无论是"事件与事件的关系""事件与人的关系"，或是"人与人之间的关系"，科学的应对和处理都是危机治理主体最根本的出发点。

危机沟通的主要目的是帮助人们获得真实情况后做出谨慎的判断和行为选择[1]。在此过程中，科学传播具有重要的作用。一方面，科学共同体拥有科学知识，能够掌握最新的科学信息，在危机中能够为管理者提供智慧支持。在危机来临时，可以利用拥有的专业知识提供权威信息和指导。科学共同体组织与危机治理的职能部门实现信息供给联动机制，可以为危机治理中的危机沟通能力增加更多的砝码。另一方面，公众的态度和行为对于危机的处理至关重要，因此需要危机沟通来使公众获得认知、改变态度

---

[1] 曹刘庆.我国公共危机管理中的沟通机制研究：以新型冠状病毒肺炎疫情为例[D].杭州：浙江大学，2020.

和采取行动。公众的科学素养状况影响着危机沟通的效果,科学素养高的个体更有能力甄别信息的真伪,有能力更快理解沟通的内容。对于科学素养并没有达到一定水平的普通公众来说,提升科学素养,尤其是在危机中用以指导行动的科学知识,掌握科学思维方法,这是危机中科学传播应该完成的任务。

二、研究意义

(一)理论意义

相比于常态的科学传播,本书是对特殊情境下科学传播机制和模式的探讨。尤其在智能化、社交化的新媒体的媒介场域中,科学传播在理论和实践中都有了新的变化和发展,从危机治理的角度进行剖析可以更加有的放矢;对于危机治理来说,丰富了治理方式的可能性,强化了危机沟通的作用和功能,并在实践中指明了科学作为内容中介的重要性。科学作为沟通的要素和方法,是一种在现实中被证明有力的方式。

对于突发公共危机,科学传播在信息选择上要更聚焦,设置与信息内容相适应的议题,运用符合传播媒体的形式,通过立体化传播渠道向公众传播科学知识。与常态科学传播相比,突发重大事件中科学传播的内涵被进一步拓宽和丰富,强化了时效性、精准性和目标导向性,对所有社会资源进行了融合,以进一步服务更多的受众。因此,对于突发事件的危机沟通和危机治理的研究,不应该只停留在社会学、心理学、传播学层面,而应该从科学传播的视角来进行危机治理。在全面、开放、多元、互动的社交媒体时代,面对突发公共事件,公众应该如何应对?科学传播者,包括媒体和依靠自媒体进行传播的科学共同体,又该采取什么方式?在危机治理的基础上更进一步,升级创新科学传播的方式,让科学不仅在危机时成为传播科学知识和辟谣的利器，而且从被动走向主动，将科学传播常态化、广泛化，以润物无声之势深入公众的生活中，提高公众的科学素养，才是科学传播的目的。通过科学传播研究的视角，在认识论上重新界定科学传播的特点和机制，为科学传播的理论研究提供一种可能路径；在方法论上为公众理解科学、公共参与科学以及传播者如何进行科学传播提供新的思路，理顺科学、媒体和公众之间的关系。

（二）现实意义

现代社会总是伴随着危机事件，危机的不可预测和不易监管本身就是一种不确定性的体现，危机的来源、发展的进程、时间节点、解决方式以及最后的结果都在动态发展中隐藏着巨大的不确定性。在当前社会发展的过程中，面临的社会环境也愈发复杂，在这样的情况下，公共决策必须要科学地进行，倘若决策出现偏差，将会产生无可估量的后果，造成巨大的损失。一个完善的决策参与和运行机制，让有效的决策信息和意见交流贯穿于政府、科学家以及公众三者之间，从而有利于支持和完善我国公共决策的科学化、民主化。公共危机的治理无疑需要科学力量的加入，首先，以科学家为核心的科学共同体在公共决策的制定中起到智囊团的重要作用，其专业的决策依据，为政策实施提供支持、扫清障碍，在危机管理中是关键角色。其次，科学共同体也在危机发展各阶段不断向公众进行科学教育和科学传播，促使公众运用科学知识来指导生活，对公共事务积极参与。[①]

---

① HILGARTNER S. The dominant view of popularization: conceptual problems, political uses [J]. Social studies of science, 1990, 20 (3): 519-539.

第二节 文献综述

一、公共危机治理中的科学传播研究

由于我国对公共危机治理的研究基本开始于2003年SARS("非典")事件之后,因此关于危机与科学传播的研究也相应迟滞。在2004年的论文集《科技·媒体与重大危机应对》中,国内学者围绕SARS事件带来的影响,开始分析科学、科技等因素在危机中的作用。但对于危机中重要的科学信息和科学思维等的传播,鲜少在危机沟通的研究范围内,仅在部分公共事件和科技事件中有涉及。例如《科技危机传播中政府、公众与媒体关系的探析——基于科技危机事件的案例研究》关注了科学技术的争议而引发的危机,试图以此探讨三者之间的关系构建。与常态环境下的科学传播不同,突发重大事件下的科学传播被一些学者称为"应急科普"和"突发公众事件中应急科普",强调它的紧迫性和重要性,在事件发生后及时开展应急科普宣传,并形成一种应急机制,构筑全社会共同参与的应急科普体系。[①]也有学者强调在面对突发事件时,科学传播的主体需要扩大,将政府管理、媒体传播和科学共同体发声整合起来,多元主体通力合作。有研究

---

① 林兆彬.建立突发公共事件中应急科普体系的思考[C]//中国科普研究所.中国科普理论与实践探索:公民科学素质建设论坛暨第十八届全国科普理论研讨会论文集.北京:科学普及出版社,2011:82-87.

者强调以受众为中心,通过公众的高度关注,及时开展科学传播活动。突发公共事件发生后,首要解决的是满足公众的信息期待,及时有效地填补信息缺口。

从2009年开始,面对突发事件,科学传播的作用渐渐被认识到,政府和相关部门也制定了"应急科普"的政策和措施,可见对于科学传播的重视提高了。在学者吴宜蓁看来,媒体在对于危机事件的报道中,不自觉地塑造了人们对事件的认知,而媒体传播中,科学传播的部分对危机应对有着至关重要的作用[1]。学者马健明确提出了危机事件中科学传播的模式,他以SARS事件为研究对象,尤其指出特殊情境下知识的类型(内行知识和外行知识),以及知识在危机中所发挥的作用。[2] 杨霜对于危机中科学传播的研究,看到了其缺失的部分。她认为,科学传播中所体现出的不确定科学影响了公众的理解,传播媒介的科学素养也存在欠缺,而科学家作为内容的提供者,与公众的沟通严重不足,这些都影响科学传播发挥正面作用[3]。石国进在《公共突发事件应对中的科学传播机制研究》中探讨了在公共突发事件中科学传播的三种传播模式,即线性的传播模式、系统论的传播模式和控制论的传播模式,既有自上而下的传播,也有系统内的平行传播,还有循环论的传播机制,三者彼此独立又互相统一,在突发事件中,既能够单独存在,又能够同时存在。张红方在《我国社会热点事件与科学普及的互动关系研究》中将社会热点事件和科学传播做了"嵌入关系"的探讨,通过"政治嵌入""关系嵌入""认知嵌入"等模式,科学传播具备影响社会热点事件的能力和条件,在改变舆论方向、引导事件演进、防止

---

[1] 吴宜蓁.危机传播:公共关系与语艺观点的理论与实证[M].苏州:苏州大学出版社,2005:13.

[2] 马健.危机事件中的科学传播:基于"SARS"与"禽流感"疫情的研究[J].科学学研究,2008(3):487-492.

[3] 杨霜.危机事件中的科学传播与民意:基于"互媒体性"视点的考察与分析[J].新闻大学,2013(6):83-90.

危机扩散等方面都具有重要作用。在2023年的科学传播的文献中，可以看到几种关注的角度。但可以看出，以往的文章中大多关注在突发事件、危机事件、公共安全事件等的发展中，科学传播的必要性和重要性，以及关于如何进行科学传播的手段、方法、对策等，国内外科学传播研究文献基本上没有涉及重大公共事件的危机治理中科学传播的地位、模式的讨论；少有讨论在新媒介技术所建构的包括大众传播、网络传播、自传播和智能传播等多种传播机制交错叠加的复杂格局下，科学传播的独有现象、新特点、存在的新问题以及传播下映射出的科学、媒体与公众的关系，尤其是认知和信任的关系建立。对于科学传播的观照并不全面和具体，缺少对科学在突发事件中的分析视角。

但值得注意的是，在关于公共危机治理的探讨中并没有丰富的科学传播的研究。截至2021年底，在知网中以"公共危机治理"+"科学传播"进行搜索，共显示具有相关性的文章51篇，对"危机治理"+"科学传播"，共显示具有相关性的文章92篇。但仔细辨别，仅有5篇论文与本书的题目比较接近，其余文章没有直接将二者联系起来，可见将两者结合进行研究的先例还未出现。而对科学传播的研究也较多放在新媒体的环境中，大数据时代等技术演变的前提下，对于特殊情境，比如重大危机和灾难等的研究，也较多局限在科学传播的特点等宽泛而模糊的论述中，将二者结合起来进行论述和探究的论文寥寥无几。因此本书将在一定程度上填补研究的空白，提出一个新的视角和方向，针对一个被忽略的现实问题，探讨一种解决方法。

危机治理的概念来自危机管理，是危机管理理念的升级。20世纪60年代美国学者提出了危机管理，最先出现在外交领域和国际政治领域，从一种应对方式到发展成一门学科，体现了危机管理者的决策思想和策略。20世纪60年代早期，西方政治学将危机理论研究当作一个研究课题，重点聚焦在政治制度变迁、政权与政府变更、政治冲突和战争等政治领域的危机。

发展到20世纪80年代，随着各种重大公共危机的爆发，危机管理的研究范畴也从政治范畴转向社会、经济范畴，从自然灾害范畴向大众危机事务范畴扩展。而后，研究危机管理成为一个学科，构成了以企业危机管理和社会危机管理两个范畴融会的学科分支。危机管理学者罗森塔尔对危机管理的方法提出意见：不应该将公共危机看作一个具体的事件，而应该将其看作一个发展的过程。全局性、动态性和系统化应该是面对现代化风险社会中公共危机应有的态度和视野。随着公共危机的发生频率越来越高，公共危机的定义也经过了深化和扩展，单纯的"事件说"不足以解释更加复杂的危机，学者转而提出"状态说"，同时应对公共危机的本质策略也经历了从"政府单方面控制"到"全社会协同治理"的变迁。

按照全球治理委员会的界定，治理是公共管理和个人管理共同联合，同时采取应对策略，共同进行事务管理的诸多方式的总和，主体各方的利益虽然各异但又能够相互协调，它是一个联合行动的过程。[①] 从理论层面看，传统公共危机治理强调国家（政府）在公共危机处理中绝对的主体地位；从实践层面看，传统公共危机治理着重面对危机的应急管理，危机中临时设立特殊的机制、机构、体制、政策等体系来应对突发的事件。治理理论与管理理论的最根本区别在于：一是在治理理论体系中，治理主体的多元，是以政府为核心和主导，其他社会成员共同参与的；二是不同主体之间平等的关系，以及平等地位下的开放性和互动性。而就社会治理的需求来看，共同生产式的科学大众传播模式正是治理理念与实践转型的一种反映，即从自上而下的行政化、科学化、技术官僚式治理转型为参与式的社会治理。可以说，治理理论是对于变幻莫测、复杂交错的公共事务的一种动态应对，一种依靠共同协作来实现目标的特殊管理方式。

---

① The Commission on Global Governance. Our global neighborhood: the report of the commission on global governance [M]. New York: Oxford University Press, 1995: 2.

在《没有政府的治理》和《21世纪的治理》中，学者詹姆斯·N.罗西瑙指出治理是"一系列活动领域里的管理规制，它们虽未得到正式授权，却能有效发挥作用"[①]。治理理论学者库伊曼和范·弗利埃特认为，"治理的模式和结构是依靠多个主体相互作用发生影响的，而不是靠外部强加的力量来发挥作用"。许多学者提出了危机治理管理的相关理论来源，包括全球化理论、现代风险理论、危机周期理论、社会安全阀理论、社会燃烧理论、文化领导力理论、紧急状态下公私平衡理论等。

国内的危机治理研究和实践大多来自国外的经验，在21世纪以后，随着国内危机的凸显，有关危机的管理理论随之发展。学者大多立足国内现实情况，结合中国国情，从制度、政策、公共关系论、全面整合论等视角提出了我国公共危机治理的基本观点。许文惠、张成福两位教授较早涉及了这个话题，在1998年出版的《危机状态下的政府管理》一书中，分析了转型时期的社会中危机的形成原因和政府所采取措施的依据，并提出了一套危机治理的理论研究范式。[②]危机管理专家薛澜教授等，在《危机管理——转型期中国面临的挑战》中，指出我国将处在一个危机频发的阶段，并以全球危机的类型变迁为基础，分析了我国危机的本土特点，结合我国的国情提出了相适应的危机管理框架。在迟福林主编的《警钟——中国：SARS危机与制度变革》一书中，作者从危机与制度的关系入手，探讨危机解决的方案。学者刘霞、向良云在《公共危机治理》中提出了管理向治理的转变趋势，并总结了我国社会结构的变化与公共治理的条件和可行性，提出从危机的应急状态到常态化的管理理念，指出基于当代公共治理理论和我国社会政治结构的变革，以一个更基本的水平为起点，有效、全面、

---

① 罗西瑙.没有政府的治理［M］.张胜军，刘小林，等译.南昌：江西人民出版社，2001：46-48.
② 许文惠，张成福.危机状态下的政府管理［M］.北京：中国人民大学出版社，1998：32-35.

系统地控制各种风险因素，并积极加强和改进应急管理。武超群在其研究《网络环境下公共危机治理研究》中系统地分析了西方国家和中国研究危机治理的整体背景，区别了公共危机、公共危机治理和网络环境下公共危机治理的异同，在对此进行对比分析的基础上，研究危机治理的趋势。在融媒体时代，公共危机利益相关者的构成更加复杂，不仅包括传统的政府组织、非政府组织、企业组织（或市场）、公众，还有网络环境下的融媒体、普通网民和网络舆论领袖等。通过对网络环境下公共危机治理主体的研究，可以探究公共危机的多元主体在群体行动上是否具有协同效应，以及实现多元主体的利益均衡策略。

综上，对于公共危机治理的研究，更多聚焦主体如何协同、多方力量如何平衡、共同发挥作用等问题，而关于治理的方式并没有引起更多的注意，也没有更加开拓的视角。危机沟通作为一种不可忽视的治理手段，它在新时代具有了新特性，新内容、新方式都应该注入新的内涵，其中科学传播在科技社会的背景下，已经逐渐被认识到其重要性。而其在危机沟通中的地位和作用，也应该得到更多重视。

二、对话理论在传播领域的研究

米哈伊尔·巴赫金是20世纪苏联的思想家和文艺理论家，他认为"言语"是人类表达情感、进行沟通的最本质的基础，对话的存在有其必然性。他认为"两个声音才是生命的最低条件，生存的最低条件"，对话无处不在，广泛而深入，"在每一句话、每一个手语、每一次感受中，都有对话的回响（微型对话）"，而且，"人是作为一个完整的声音进入对话。不仅以自己的思想，而且以自己的命运、自己的全部个性参与对话"。[①]对话是沟

---

① 巴赫金.巴赫金全集：第5卷[M].钱中文，主编.白春仁，顾亚铃，译.石家庄：河北教育出版社，2009：33.

通的基础，也是根本，他的对话理论主要强调在文本层面，文本的发出者以文本为中介，对读者来说，阅读文本是与作者的对话，在其他领域这种关系也对应存在。马丁·布伯聚焦对话的平等性，他对对话的定义有一定的现代感，认为发生在人与人或人与世界之间的关系是平等的，对象之间不分是否具有生命，也不应该视其为客体，而应该是平等的主体，两者之间发生相联系的关系就是对话。[①]英国的物理学家、思想家戴维·伯姆则认为："对话仿佛是一种流淌于人们之间的意义溪流，它使所有对话者都能够参与和分享这一意义之溪，并因此能够在群体中萌生新的理解和共识。"对话追求的不是单方面的胜利，而是"一赢俱赢"，"在对话中，人人都是胜者"[②]。只有去掉思维定式中的禁锢才能开展此类的对话，如果我们在对话中获得了极具力量的精神感受，对话不仅能解决具体问题，还能改变个体，乃至改变更深刻的关系。

巴赫金的对话理论起源于文学评论，但它不仅应用在文学领域，也在其他领域产生了非常深远的影响。他认为人对于观点和价值的表达是在与他人进行对话的过程中发挥功能的，只有经过了对话的交流，才算形成某种表达。他说对话是人类的基本生存方式，对话的过程形成公共话语空间，不同的表达组成了差异，差异中形成了复调，他认为"生活就其本质说是对话"。与对话相反的是独语。对话既是手段又是目标，对话在于主体的参与，对话者通过交谈使彼此产生改变，如果没有发生交流，则无法称为对话。巴赫金将对话当作一种世界观和方法论，对话是人进行言语相互作用的形式之一，是进行交往的基础，他将对话关系视为"一种特殊类型的含义关系"。他强调对话的最根本原则是"差异""复调"："差异"是承认对话各方之间的独立性和区别度；"复调"则用来比喻相互独立、具有差异性的声音可以融合在一起的统一的复合声音。对话理论既是一种理论，又是

---

① 布伯.我与你[M].陈维纲,译.北京：生活·读书·新知三联书店,1986：55.
② 伯姆.论对话[M].王松涛,译.北京：教育科学出版社,2004：2.

一种方法。在巴赫金看来，对话也是生活的本质和思想的本质。

在巴赫金的基础上，肯特将对话理论发展到公共管理的领域，认为对话理论是关于组织、媒介与公众的互动关系，对话是关于观点和意见的互动，而对话的有用性是衡量标准，对话是否对三者产生"有用的"作用，是对话需要从内容和方式上进行设计的依据[①]。将对话理论引入传播学十分契合和自然，二者都注重关系的建立，强调双方的沟通和交流，是在沟通中建立的关系，"传播是人类通过符号和媒介交流信息以期发生变化的活动"[②]。

国内对于对话理论的研究主要聚焦文学评论等领域，在教育领域也被广泛使用，尤其关于教育方式、课堂教学、语文教育等方面，对话在理论和实践上都有着较为充分的探讨，在知网上搜索相关文章，自2010—2020年，以对话理论视角探讨教育方法的文章达500篇左右。近些年来，在传播学中的探讨有所增加，学者王怡红在其论文《"得一门而入"——对话研究及其方法论指向》以及著作《人与人的相遇——人际传播论》中深入研究了人际传播中对话的作用和意义。王怡红指出，对话是人类一种特殊而深入的交流，也是人类最高层次的传播，作为人类相互了解差异的一个途径，对话尝试和平解决当今人类冲突问题。在对话与传播的关系的研究中，赵彦红的硕士论文《巴赫金理论视阈下的对话传播初探》将对话与传播的关系进行了梳理和对照，指出了二者之间的关联。与传播相关的研究还涉及对话理论与社交媒体的关系，在周翔、户庐霞的文章《我国主流媒体Twitter账号对外传播的对话问题分析》聚焦了对话在网络传播中的作用，以及在社交媒体中的内容和形式问题。除此之外，对话理论与电影（综艺节目）中的对话，也作为对话与传播研究的一个分支，在学者的研究中有所涉猎，但较为单一和薄弱；在对话与公共传播、公共管理等方面的研究

---

① 宫贺.对话何以成为可能：社交媒体情境下中国健康传播研究的路径与挑战[J].国际新闻界，2019(6)：6-25.

② 邵培仁.传播学[M].北京：高等教育出版社，2000：102.

更为突出，如研究公共治理的胡百精教授，关于对话与危机治理的文章包括《危机传播管理的对话范式》《公共协商与偏好转换：作为国家和社会治理实验的公共传播》等，都较为详尽地探讨了关于危机与对话的内在关系与实践策略。他认为，对话解决了危机事实层面和价值层面的问题，对话在危机传播和危机治理中具有重要作用。

三、科学传播的对话研究

科学传播与科学理论、科学技术的发展一样，伴随着人类的发展进步，一同成长。但科学传播从概念到形式都在不断地变化，古代有关于科学的传播从属于社会的知识传承，到近代慢慢成为社会传播的一种特殊形态，如在欧洲出现了科学学会、科学院等组织以及专业的科学组织。作为一门理论学科，科学传播的理论研究和实践研究的历史不足百年。近代学者弗朗西斯·培根认为"知识所能发挥的作用不单是通过其自身价值的多少来进行判定，同时也取决于它所传播的范围和未来发展的情况"。20世纪30年代，英国学者贝尔纳在《科学的社会功能》一书中首次扩大了科学传播的范围，他认为科学传播不仅应该是科学家之间的交流，也应该包括科学家与公众的交流，同时还强调了报纸、广播、出版等媒体对科学传播的重要作用。这是科学传播作为一个理论被讨论的起点。另一个具有标志性意义的报告是1985年英国皇家学会发布的《公众理解科学》，此报告内容更为详尽，并提出公众需要理解科学的观点，"科学总是好的，公众对科学有更多的理解也是好的，公众越理解科学，就会越支持科学，所以社会各团体组织都应该积极为促进公众理解科学而努力"。2000年，英国科技办公室在调查了公众对科学态度后发布了《科学与公众》的报告，报告定义了科学传播是"发生于政府、媒体、科学共同体、公众、其他机构等不同群体或组织之间的传播"。报告同时强调了科学对话的重要性，认为科学需要在国家层面进行广泛讨论,科学家和政治家也不能在没有公众参与讨论的情况下做出决策,科学决策必须充分吸收公众的意见。在科学传播的研究领域,《公众理解科学》报告、《科学与社会》报告都是极具学术价值的研究成果,也是各国学者的研究依据。

(一)从缺失模式到对话模式的转变

1939年,在《科学的社会功能》一书中,关于科学传播的研究被分为三个派别:以贝尔纳为代表,传播学中以科学内容的传播为主的研究;以罗杰斯为代表,传播学中以科学的内容和技术扩散为主的研究;以美国技术传播学会为代表,以科学、信息、技术等传播技术实务为主的研究。[①]19世纪后半叶,科学技术的进步带动了西方经济的飞速发展,甚至改变了西方世界的政治格局。科学成为一把打开新世界大门的万能钥匙,为了向大众宣传科学技术的重要性,科技宣传者开始对大众进行科学知识的普及和宣传,这就是自上而下的单一的、强硬的科学普及,其以政府利益为立场,并不注重传播内容、传播方式以及传播效果等因素。真正推动科学传播成为一个学科的,是1985年英国皇家学会《公众理解科学》报告的发布,随后学者们创办的《公众理解科学》学刊和《科学传播》学刊主要围绕着如何使公众理解科学,让大众支持政府为提高科学技术而投入资金的相关政策,以及提高公众的劳动素质和创造能力,同时让他们理性对待科学技术事业。"公众理解科学"运动是以美国学者杜兰特提出的"缺失模式"为指导的社会实践,基于公众对科学掌握程度的数据调查,包括公众是否掌握科学知识、掌握知识的多少、对于科学的态度,以及是否支持科学等。他认为科学是绝对至高无上和唯一正确的,公众因为缺乏科学知识和对科学不理解而怀疑科学,甚至抵制科学活动,以此推之,他认为科学传播的任

---

① 贝尔纳.科学的社会功能[M].陈体芳,译.桂林:广西师范大学出版社,2003:9.

务就是要提高公众对科学的理解。但"缺失模式"并不全然是坏事，基于这种观念，美国科学素质中心研究出了一整套测量公众科学素养的模型，包括公众对于基本科学概念的理解力、对于科学原理和规律的理解力，以及对于科学与社会关系的态度等。①

这一理念和做法很快就引起了学者的批判和反对，神化科学、"科学为中心"、"科学万能论"和"技术决定论"的声音被日渐矫正。在现实中，科学在促使社会进步的同时也带来诸多风险，如生物问题、气候问题、转基因问题等，公众发现科学并不是完全确定的，也并非都是优点，科学让公众开始恐慌、忧虑、担忧。公众对科学态度的转变使得研究者们质疑"缺失模式"的正确性，公众似乎并非了解科学就能够理解科学，面对科学知识的不确定性带来的风险，公众与科学之间的关系亟须被重新调整。传播模式改变才能重新赢取公众的信任，学者们认为公众理解科学要在一定的语境中，并与科学家和科学进行互动，要达到情感上的接受和认同，而不是自上而下的灌输，学者们不仅反思了科学的唯一性，也反思了作为科学传播对象的受众，对科学的态度并不一定只来自对科学知识的掌握。研究者们引入心理学研究，探讨了公众对待新兴技术的态度和社会心理因素，包括信任、知识、风险感知、收益等31个常用的影响公众对新兴技术态度的社会心理变量。②

"有反思的科学"模式是这一时期的主题，并提出"公众参与科学"的观念，鼓励公众在科学政策的制定、科学知识的发布、科学方法的应用等方面献计献策，用实际行动的参与使得公众更接近科学，科学家也必须通过平等与公众对话来进行交流，以共享科学的成果，在制定科学政策时取

---

① MILLER J D. The measurement of civic scientific literacy [J]. Public understanding of science, 1998（7）: 203-223.
② GUPTA N, FISCHER A R H, FREWER L J. Socio-psychological determinants of public acceptance of technologies: a review [J]. Public understanding of science, 2012（21）: 782-795.

得支持。①这种双向互动的模式也被称为"民主模式"。2000年以后，随着科学在社会中作用的不断扩大，科学给社会造成的政府方面的影响也非常之大，此时，鼓励公众参与科学成为最新的传播科学的模式。②在《科学与社会》报告中，作者提倡公众积极参与科学对话、讨论和交流。科学传播在这一阶段的模式被定义为"公众参与科学"，就是希望公众能够与科学家进行平等的交流和对话，不仅是出于信任，还能够通过对话加深信任，这种信任必将影响公众对科学的认知和态度。学者们甚至认为，信任是比理解更关键的因素。③

表0-1 英美两大具有代表性的科学传播研究范式

	20世纪70年代	20世纪90年代	2000年以后
英国研究范式	公众理解科学	反思科学	公众参与科学
美国研究范式	缺失模式	语境模式	民主模式
研究核心	科学神圣化 公众对科学一无所知	意识到公众在具体的语境中理解科学	提倡鼓励公民参与科学决策

（二）"科学的科学传播"概念的提出

科学传播研究议题正发生迁移。在公众理解科学和公众参与科学的议题之后，国际研究领域又提出了"科学的科学传播"（Science of Science Communication）的概念。美国科学院在2012年、2013年连续两年举办了"科学的科学传播"研讨会，随后在《美国科学院院刊》（*Proceedings*

---

① IRWIN A. Construction the scientific citizen: science and democracy in the biosciences [J]. Public understanding of science, 2001, 10 (1): 1-18.
② VINCENT B B. The politics of buzzwords at the interface of technoscience, market and society: the case of public engagement in science [J]. Public understanding of science, 2014, 23 (3): 238-253.
③ 迪尔克斯，格罗特.在理解与信赖之间：公众，科学与技术 [M].田松，卢春明，陈欢，等译.北京：北京理工大学出版社，2006：145.

of the National Academy of Sciences of the United States of America，PNAS）中以专辑的形式讨论了"科学的科学传播"。其中文章更多以实证研究的方法，以社会科学、心理科学和行为科学为依托，试图以人类普遍的行为规律来解释科学传播的特点和规律，为既有的科学传播研究带来重要的补充，"科学传播的科学"对各种心理认知模式的研究，并将之应用到更为广泛的议题上，丰富和发展科学传播研究的视野。[①]科学传播国际研究热点经历了从新闻报道框架、传统媒介、科学素养、生物技术等传统议题到新议题的转变，包括公众与前沿科技、社会热点议题、新媒体视域下（社交媒体场景）的科学传播研究、诉诸视觉的科学传播、新技术风险（气候变化、纳米技术、基因编辑）等议题，正在成为科技传播领域的国际研究新热点。[②]从具有国际影响力的学术期刊《科学传播》近十年的议题梳理中，可以发现公众参与科学和公众理解科学仍然占据较大的分量，分别出现了44次和29次，包括公众对媒体的理解、争论、辩论等。其中，公众对新兴技术发展的参与和知晓出现29次。值得注意的是，探讨科学不确定性的议题有所增加，包括探讨科学不确定理念下的健康传播出现了19次，危机传播出现了5次。例如，公众对纳米议题的关注出现了33次，公众对新兴技术的信任出现了28次，公众对风险议题的舆论极化现象的探讨出现了34次。

对话模型在实践中体现为公众参与科学传播活动的形式和程度。活动包括形式各异的大众活动和专业活动。面向大众的科学节，如科学周、各种主题科学日、科学嘉年华等，开展了众多的科学传播活动。针对学生开展的科学传播活动，包括课内的STEM课程和课外的科学俱乐部等，科学与艺术活动的结合、博物馆的活动、科学家发起的科学调研活动（公民科学），公

---

① 贾鹤鹏，刘立，王大鹏，等.科学传播的科学：科学传播研究的新阶段［J］.科学学研究，2015，33（3）：330-336.

② 王国燕，岳朦朦.管窥科学传播的十年国际研究趋势嬗变：基于SSCI期刊*Science Communication* 2008—2017年文献分析［J］.科普研究，2018，13（5）：5-11，39，106.

众在活动中与科学家互动并积极参与科学研究，激发了参与者对科学的兴趣和热情，培养了参与者对科学的态度、能力及扩展相关知识领域。博耶特（Boyette）等人以来自美国14个科学博览会的5498份参与者的调查数据为样本，使用概率模型对其进行了分析。结果表明，有过与科学家互动的受访者对自己经历的评价要比那些没有与科学家互动过的受访者更积极，在这些大型公共活动中，科学家可以积极地影响公众对他们经验的感知。[1]

（三）具有中国特色的科学传播

科学知识在中国的大众化实践已久，具有现代意义的科学传播在中国开始于17世纪，传教士将西方科学技术传到彼时科学与技术都相对落后的中国，传教士和中国文人以个人办刊办学和创办出版社为主要方式，对公众进行科学技术的传播；民国初期的留美学生学习西方创办科学技术期刊和团体，将先进的科学技术引入中国；20世纪30年代，知识分子意识到"科学普及"的意义，第一次提出"科学社会化"和"社会科学化"的思想；新中国成立后，国家以立法形式（《中华人民共和国科学技术普及法》）将科普事业放到文化建设的重要地位。20世纪80年代以来，我国的科学传播一直是政府主导、协会执行，以发布自上而下的统一行动为基础。目前，我国已经建立了一套成熟完备的官方科学普及系统，包括中国科学技术协会和各级地方科协、科技部门、科技普及机构等。而从学术上看，科学普及最早是由研究科技史学、科技哲学的研究者开始着手的，当时对科学普及的研究并没有涉及传播学，更多是关于社会学、哲学、史学等方面的。将科学普及与传播学相联系的是学者翟杰全，他认为应该以"科学"作为主要内容，将其如何生产、如何传播、传播方式和传播效果等作为一个学

---

[1] BOYETTE T, RAMSEY J. Does the messenger matter? studying the impacts of scientists and engineers interacting with public audiences at science festival events [J]. Journal of science communication, 2019, 18（2）: A02.

科进行研究。学者吴国盛秉承贝尔纳的理论，并在他的基础上，将科学传播的研究内容扩充为包含科学圈内部的传播、科学家面向大众的传播以及科学文化与社会中其他文化的传播三部分。学者李大光认为，在我国科学传播的模式应该更注重本土化，其中公众对科学的认知、态度以及公众和科学的关系，都是需要着重关注和研究的。学者田松认为，根据中国国情，不应摒弃科技传播，应将其纳入科学传播的行列中，让科技新闻和报道与科学传播形成互补。学者刘华杰呼吁，科学普及的模式作为一种自上而下的单向信息传播，是不适应社会发展的，应该尊重公众，实现科学与公众双向交流的科学传播模式。不同的是，国内科学传播研究的"普及范式"和"创新范式"是我国学者根据国情总结和归纳出的科学传播模式，为我国科学传播模式的建立提供了有力的指导。21世纪是网络化的时代，科学传播形式多元，果壳网等非政府科学传播组织和机构越来越活跃，中国科学技术普及开始融入国际化的大社会传播模式。就我国科学传播研究而言，一方面，正在紧跟国际研究前沿，重视对脑电技术、计算社会科学等研究方法的运用，提升我国科学传播实证研究水平，探讨智能媒体环境下科学传播、环境传播、健康传播等议题；另一方面，努力发挥学科交叉优势，聚焦热点话题中的科学传播议题，解答重大社会事件中的科学公关、科学危机传播、科学情感传播等现实问题，深入思考新时代科普工作战略、规划、政策等关键问题。

表0-2 中国科学传播发展脉络和范式

研究范式	时间	背景	焦点
科学普及	新中国成立后	"科技强国"的号召	科学知识的普及
科技传播	20世纪80年代起	从传播学视角研究科学传播及实践	传播机制和效果研究
科学传播	20世纪90年代起	对传播内容和主体的关注	传播内容和主体研究

中国传统思维方式对知识体系的看法影响了中国人对待科学的态度，强调经世致用、注重技术，不注重科学精神和科学价值。我国传统技术讲求实用，而忽视原理，因此在近现代历史中引入外国科学技术时秉持的理念是"中学为体，西学为用"，虽然承认西方科学技术的强大，也愿意去学习使用，但只把它当作一种西方的科学知识来学习，而忽视了科学知识背后科学方法的学习，并没有利用这些科学知识创造出更多的知识，尤其是知识的体系和方法，与西方科学相比还有不小的差距。

根据贝尔纳的总结，西方的"传统科普"与19世纪西方科学建制化成熟、职业化科学家诞生密切相关。由于科学知识集中掌握在科学家手中，为推动社会发展，民众也需要了解基本的科学知识，"传统科普"才应运而生。科学传播所依托的"公众参与科学"范式本身也面临着理论与实践的双重挑战。因此，科学传播的核心价值与中国丰富的科学传播实践的关联性、实现的可能性以及科学传播本身，都需要放置于中国语境下重新讨论。

第三节　概念界定和理论基础

一、概念界定

（一）公共危机

"危机"在西方语义中，是希腊语中的Krinein，指一种介于生死之间的状态。学者从不同角度界定了它的内涵。巴顿（Barton）认为：危机是对组织和个人的资产、服务、声誉等造成巨大伤害，具有潜在负面影响的不确定事件。罗森塔尔（Rosenthal）等人认为：危机是在极短时间内产生的不确定的事件，它的不确定性将对社会系统带来巨大冲击，严重程度可能威胁到社会架构和价值体系。桑德里尔斯（Sundelius）、斯特恩（Stern）和拜楠德尔（Bynander）也认为不确定的复杂环境是危机产生的前提，但他们认为危机不是一个事件，而是面对高压的一种情境。在赫尔曼看来，危机是一种出乎决策者意料的形势，这种形势发生得很快，威胁性很大，决策者必须立即做出反应。中国学者的释义角度则更为侧重危机的"动态性和不平衡性"。我国学者薛澜认为公共危机是一种状态，决策者和价值观念受到严重挑战和打击，相关信息不足，事件发展具有明显的不确定性，需要立刻决策等不利状况和情境的汇聚。学者许文惠也认可"状态说"，认为危机是失衡导致的冲突或矛盾的体现，它表现出一种不平衡的状态。美国学者库姆斯从认知主体的视角出发，将危机定义为一种认知，认为危机是处于其中的人感受到的存在，这种存在对利益相关者造成了一定的负面影响。如果利益相关者感受到这种威胁，那么危机就存在。[1]在认知主体视角的基础上，又有学者以"话语"来定义危机，认为危机是"共同体话语被打破"，危机传播旨在通过不断的话语调适、内化来重建新的社会共识。[2]我国学者胡百精倾向于基于事实—价值二分法的框架，危机是事实和价值维度所遭遇的双重威胁和破坏。无论是"事件说""状态说"，还是"话语说"，根据学者从不同角度对危机做出的界定，我们可以看到危机具有"决策时间有限、重要目标受到威胁、负面影响不确定"等特点，从总体上可以概括出危机的共性，即紧迫性、威胁性和不确定性。因此，本书认为危机是指"极具紧迫性、威胁性和不确定性的某个事件或一系列事件所导致的非正常社会秩序的场景和状态"。

公共危机，则是危机的一种更为特殊的形态，"公共"即可看出其涉及的范围更广、影响更大，对于社会中的大多数人群产生影响，属于公共领域的一部分，公共危机除了一般性危机所具有的紧迫性、高度不确定性、危害性等特点，还具有影响范围的社会性和扩散性的特点，公共危机突出的是危机影响程度之深以及影响范围之广。严重威胁公共利益和安全，以及严重威胁社会系统的基本价值观和行为规范，是学者对公共危机最多的共识，这种对整个社会系统以及社会中的人员构成巨大威胁和影响的情境，往往需要更多的管理和干预来解决。突发性、紧迫性、广泛性、威胁性是这些事件的共性。发生领域包括重大自然灾害、安全事故、社会事件、公共卫生事件等。本书所研究的公共危机是指由对社会公共财产、安全、利

---

[1] COOMBS W T. Ongoing crisis communication：planning，managing and responding［M］. New York：Sage Publications，2007：12-16.
[2] 陈虹，秦静.多元语境中的话语场：危机传播研究新视野［J］.编辑之友，2019（2）：80-85.

益造成巨大破坏或影响的某个事件或一系列事件引起的，具有公共性、紧迫性、威胁性和极强的不确定性，将影响社会稳定和公共安全，因此需要政府或管理部门及时做出决策并采取应对措施的一种危险状态。

公共危机具有五大特点：破坏性，即危机的发生一般都会造成生命或财产等方面的重大损失，使得社会正常运行秩序受到影响，对人们的身体和精神带来较大震撼和冲击；不确定性，即危机的起因、发展、后果、影响都是动态发展的，包含着很大的不确定；持续性，即危机往往是一种危险状态和危险过程，不是一个孤立的事件，也不仅仅是系列事件，而是事件引起的状态的持续；公共性，即危机涉及的人数多，范围广，影响巨大，则发展成为公共性的危机；复杂性，即公共危机并不只是某一领域的单纯事件，在危机蔓延的过程中，往往汇聚了各种元素，使其相关领域被卷入，由此而引发次生危机，而且危机发展中的不确定因素也促使了危机构成的复杂和多变。

根据《中华人民共和国突发事件应对法》，突发事件分为四类，分别是自然灾害、事故灾难、公共卫生事件和社会安全事件。突发事件往往容易演变为公共危机。总的来看，这四类事件又可分为两大类：人与事件的关系的危机、人与人的关系的危机。而无论是哪种类型的公共危机，都需要在危机处理中应用科学知识、方法、思维和精神，这些都是科学传播的覆盖范围，即使是社会事件等公共危机，也在人与人的关系中存在着需要进行科学解释的内容，也需要用科学的思维来进行研判，所有类型的公共危机治理都需要借助科学传播的辅助和支持，因此所有类型的公共危机都在本书所探讨的范围之内。

（二）公共危机治理

学术界和实务界对治理的定义有多种理解，但基本共识是认为治理是管理方式的一种变化，管理者在如何进行掌握和控制事务上有了提升，管理者的角色也变得不同[①]。公共危机治理，以政府为核心，多元主体参与，共同协商、互动，共同解决危机。公共治理理念的核心是通过社会多元主体的合作、协商，从而实现对公共事务的有效管理。

公众危机治理的对象，是具体的事件以及事件影响的社会的秩序、人的心理等因素。有学者将其分为物理事件和物理世界的秩序两个层面。比如自然灾害、事故灾难、公共卫生事件和社会安全事件等本身不具有"感觉质性"（sensory qualities）的客观事件"归为"（classify）物理事件或现象事件的范畴，将事件造成的秩序上的失衡和混乱"归为"物理世界的秩序或现象世界的秩序的范畴。[②]从危机类型可以看出，自然灾害属于客观的自然事件，反映的是自然世界中"事件与事件的相互关系"；事故灾难则有了人的参与，是客观事件与人的关系相互作用的结果；公共卫生事件，是始于自然客观的事件，又有人的被迫参与和主观的应对；而对于社会安全事件来说，则完全是"人与人之间的关系"。因此，对于危机治理来说，要指向的治理目标不仅是事件，还有人的因素，更准确地说，危机治理的是关于物与人以及人与人之间的关系。

公共危机治理的目标是保障最广泛公众的切身利益，包括生命、财产、安全、健康等权利的实现，保证人的生命财产健康等不受损害或者将危害降至最低，帮助遭遇危机的人解决这种非常态的混乱、不安和恐慌，恢复正常生产生活秩序，最根本的落脚点是解决危机中人的问题。危机治理的最终目标是对于人在整个危机过程中的需求（包括物质需求和精神需求）的满足，是制定一切政策、方法、手段的前提。危机往往不是单一事件，而是由此而来的一系列事件引发和衍生的更多事件的组合态，是一种非常

---

① STOKER G. Governance as theory: five propositions [J]. International social science journal, 1998, 50 (155): 17-28.
② 刘琳.危机管理研究路径中的"科学主义"反思：一种哈耶克的视角[J].中国行政管理，2019(2): 102-108.

态，也是一个复杂系统。对于危机的处理，首先要将其看作一个系统工程，对于管理者来说，必须条块区分、权责明确，既要把危机看作一个整体，又要将其每个部分进行区别对待，分步骤、划重点、系统性地解决危机中的问题。进行危机治理的主体，必须具有责任感、权威性和领导性，表现出的姿态应该是在危机的整个过程中主动承担，全面考虑危机的影响和意义，掌握权力并行使权力，能够制定出符合危机处理的政策和方案，能保证始终如一的执行和贯彻。由于危机的复杂系统，它不仅是一个客观事件，还涉及主体各方利益关系的失衡和重建，包括政府、媒体、公众、组织等，对于管理者来说，并不存在一个完全完美的方案来兼顾所有主体的利益，危机中主体之间的利益平衡和博弈是管理的重点，也是解决方案实施的前提。

关于公共危机治理的任务，有如下的划分。按危机发生的时间阶段划分，可分为危机前、危机中和危机后。美国学者罗伯特·希斯（Robert Heath）提出的危机管理模型，比较全面、准确地描述了危机管理的整个过程。[①] 危机管理的目的是风险，在进行风险评估之后要做的就是危机管理。一般的危机管理分为三个阶段：预防阶段、反应阶段和恢复阶段。预防阶段主要在于准备实现的预案。有些危机的发生是不以人类的意志为转移的，如自然灾害的发生，但人类可以在危机来临之前做好预防与准备工作来应对危机，将危机可能造成的损失降到最低程度。反应阶段主要是危机发生后如何面对与处理，首要是隔离危机与管理危机。恢复阶段的首要工作是要使受危机事件影响的地区恢复生产、生活和社会秩序。危机发生前，最需要解决的问题是，传达信息进行及时预警，采取一定的预防措施；危机发生时，在有限时间内调整混乱的秩序，提出及时有效的应对办法，指导公众如何应对，客观全面地呈现问题和解决方案，以达到稳定人心的作用，

---

① 希斯.危机管理［M］.王成，宋炳辉，金瑛，译.北京：中信出版社，2001：32.

保证将危机的危害性降到低点；危机解决后，着手进行正常秩序的恢复，同时防止新的危机产生，随时准备处理新的问题。

（三）科学传播

科学是关于万物规律的纯粹理性，它揭示了表象背后的奥秘和真理。从科学的特性来说，它本身就是有趣的，而绝不是枯燥无聊的，之所以我们对科学抱有高冷严肃、艰深难懂的刻板印象，是源于科学在成为一个专业化的职业以来，被划分为具体而专精的细小分类，大众无法窥见其专业深度，也无法了解它的本质，从事科学的人与大众的界限越来越清晰，科学被宣传成只有少部分从事的人才能了解的事物，而非一般大众能够了解也不必去了解的领域。

进入网络时代，科学的发展进入了"后学院科学"的阶段，科学向大众化方向传播，面向大众的传播变得重要，而"扩大化的科学共同体"也使得科学传播的主体范围更广，科学带给大众的印象不再只是科学家的专属，也不再是晦涩艰深的，科学可以也应该更通俗易懂，更多地被公众了解，更好地指导公众的生活。

科学传播的定义众说纷纭，但有一个共识，即面向公众，是"科学知识从科学家到公众的迁移"，是科学家将"小范围的知识共享"转化为"社会共享知识"，通过知识的传播促进科学技术的发展和社会的进步。科学传播属于大众传播的一个分支，是一种与科学相关的交流共享活动，在大众传媒手段出现之后，便开始大范围地向公众传播。有研究者认为科学传播是观念转变的产物，是对于科学态度的一个开放的表现：一是更注重科学的传播，二是传播的方式更多元、更开放。[①] 有学者将其看作一个公共行为，"科学传播主要研究非专业的受众获取与科学相关的题材和信

---

① 刘兵，侯强.国内科学传播研究：理论与问题[J].自然辩证法研究，2004（5）：80-85.

息的公共传播过程"①。伯恩斯等学者的"科学传播"的定义更具目标感。他们认为,科学传播应该是一种能给人们带来诸多反应的活动。这些反应包括意识、愉悦、兴趣、观点和理解。意识,主要指对科学的认知;愉悦则是指因为科学而产生的兴奋的情绪;兴趣是指主动接近科学以及参与科学的意愿;观点则是因为科学形成的观点和态度,可以看作对于科学内容和过程重新形成观点,或者确认与科学相关的态度;理解,则是对科学的内容、过程,以及社会要素的理解②。英国现代传播学学者莎拉·戴维斯把科学传播定义为一种有组织的活动,目的是传播科学知识、方法、过程和实践③。可见,在一部分学者看来,科学传播不仅是一种知识的传递,还是一种在传递知识时进行的关系建立,本质上是科学与社会之间的互动,涉及多种不同性质的主体,以及各个层面、不同场景和社会环境因素。在科学传播的实践当中,国内外根据不同的社会背景有不同的表现方式和规律。

笔者认为,在重大公共危机的情境下,科学传播的目标更确定,就是保障公众的生命安全、身体健康和切身利益不受伤害。而科学传播的内容也更加聚焦,就是能够指导公众进行危机中防控、应对、学习的信息和知识,包括具体的科学知识(基本常识、背景知识、特殊知识),也包括科学方法、科学思维和科学精神等对公众产生潜移默化影响的"知识"。科学传播不仅是科学家向公众的单向传播,也是各主体之间的平等交流和传播,它没有方向性,也没有地位的差别,科学传播不仅是传递科学知识,而是沟通和共享,强调主体之间的平等享有。因此本书认为,科学传播是以科

---

① PALEN J. Review: science in the public eye [J]. Bioscience, 1999, 49 (1): 75-77.
② 伯恩斯,奥康纳,斯托克麦耶.科学传播的一种当代定义 [J].李曦,译.科普研究,2007(6):19-33.
③ 戴维斯,霍斯特.科学传播:文化、身份认同与公民权利 [M].朱巧燕,译.北京:科学出版社,2019:5.

学为中介的，基于科学知识、方法、思维和精神的沟通共享过程，并在沟通和共享过程中构建的一种特定关系。

二、理论基础

（一）对话理论

对话理论肇端于对自我和客体之间的关系协商，包括自我与客体以及自我与他人之间。巴赫金论述对话在传播学中的应用，与传播学的本质是息息相关的。对话原本就是人际传播的一种，传播的目的和对话的目的也是一致的，都是建立某种关系、共享某些信息；对话双方的构成与传播双方的构成也是一致的；对话的文本与传播的内容是相对应的，促使需要另一方进行主观解析的，每个人的理解是不一样的，对话强调差异和复调，与传播中不同主体的传播和不同受众的接受也具有相似性。对话理论强调的是主体之间的平等交流与知识共建；它改变了原有的关于主体与主体之间、主体与客体之间、客体的本质等方面的思维定式。

二者的相同点主要是：人类发起和主导的活动；借助一定的媒介展开的（文字、符号、声音等）；对于信息的交换；具有一定的目的性。传播的目的是"产生变化"，对话的目的也是"对方听到"，对话总要有人听到、接收、回复，并不断进行，才能称为对话[1]。巴赫金强调人对于文本的建构，再经过与之对话的人的建构，最终形成意见，人与文本不是彼此脱离、独立存在的，是相互作用的关系，强调双方的共同作用，这与传播学如出一辙。面对信息，传播者和接收者都对信息做出建构。文本不仅仅是独立的个体，它存在于特定的社会环境中，因此具有社会性；对话理论将双方看

---

[1] 巴赫金.巴赫金全集：第4卷［M］.钱中文，主编.白春仁，晓河，周启超，等译.石家庄：河北教育出版社，1998：36.

作独立自由的主体，与传播中传受双方的关系类似，对话要求参与的人地位平等，赋予同样的话语权，处于传播中的传播者与接收者在网络时代也是地位平等、价值相当的，这改变了传播传统的自上而下的传输方式，在网络时代的大众传播，充分尊重个人的差异性和平等性，传播者和接收者一体化，二者日渐平等，公众可以自由地参与传播；去中心化的传播改变了宣传式的灌输，所有人都有机会公平地发表言论；对话意味着与他人交换思想，思想的活力也存在于循环的对话和反馈中，传播的开放性和包容性本来就具有沟通、交流、影响思想的功能，在传递中潜移默化改变人的思想、意识和观念。思想的对话即思想的传播，是传播的目的之一。

巴赫金的对话交际模式在强调对话双方互动的同时，还提出了统觉背景、他人表述和社会环境等因素对互动结果的影响。统觉背景是考虑到对话人自身的经验、认知和感觉对对话内容的影响；他人表述即对话人在对话中受到的来自"他人"的直接影响，而影响对话双方之间对内容和形式的理解；社会环境是指除对话系统以外的其他因素的影响，巴赫金对于影响对话的因素观照得如此细致，不仅肯定了内在因素的影响，也没有忽略外部因素的潜在影响。

对话本就是人际传播的一种，传播与对话的本质和目标也是一致的，因此将对话理论引入传播学是契合的，而将对话作为方法论来指导传播也是一种本质上的回归。

（二）交往理性理论

如果说巴赫金是基于话语和文本的对话论，那么哈贝马斯关于对话的论述则更多是基于交往。他不仅主张交往，更主张理性交往。交往理性（communicative rationality）理论就是他在批评工具理性的基础上提出的以人为主体、以语言为中介、以理性为基础的交流和对话。交往理性的提出背景是工具理性理念的盛行，在工具理性的支配下，社会以效率为目的，一切以实现利益为目标，技术被视为社会运行和变革的关键力量。人的力量被严重忽略，人与人的关系不被重视。因此，哈贝马斯颠覆性地提出用交往理性替代工具理性、用交往行为代替策略行为、用主体间的对话替代个体意识的独白、用共识型真理替代符合型真理、用话语型的程序民主弥补自由民主与共和民主的缺陷，来重塑人们对现代性的信心。

交往理性是对工具理性的一种反抗，它批判了物与人的关系，尤其是物对人的控制和影响，而强调了人与人的关系的重要性。哈贝马斯相信人与人在互动交往中产生了巨大的能量，这是推动社会前进的动力。与巴赫金的对话理论相似的论述在于都认为人是主体，语言是交往中必需的中介，人不仅要发挥自己的作用，还要注重与他人产生的联系，交往行为包括对话、沟通，以及在此基础上达成的理解和共识。哈贝马斯的交往理性着重于将理性贯穿于对话始终，以实现理解和达成共识为目标。哈贝马斯的交往理性的重要特点体现在三个方面：第一，强调人的平等、自由、参与是交往前提；第二，强调人与人之间自由的、非强制性的沟通和协商，只有彼此都是自由平等的，才能促成对话的达成，因此交往是一种开放的、自由的、更具包容性的交往；第三，理性是一种对话的要求，也是一种目标，理性从语言、哲学范畴转向实践范畴，合理化的交往是"去重建一种更平等的、非强制性的交往"。要实现理性的交往，哈贝马斯认为要满足三个"真"：第一，对话所用语言要具有可理解性，明确的语言才能保证互动的理解；第二，对话的内容要保证是正确的，正确是合理的前提，正确也是理性判断的基点；第三，对话的语言要是真话而非虚假和欺骗，真实才能提供对话的环境。对对话主体也有要求，既要遵守共同的规则和道德，彼此尊重，又要求具备理性思维，能够明辨是非，有判断能力，能够理智地沟通。

可以看出哈贝马斯对于对话的要求更进一步，对人的要求也有更高的标准，理性、真实、正确看起来是不容易完全实现的，毕竟人的特质不同，素养存在差距，如何才能保证对话都是理性的，这似乎只是一个美好愿望而没办法实现。所以，人们对于他的理论存在争议和质疑，认为只是乌托邦的梦想，只存在于人人高尚、具备较高水平的文化素养和知识水平基础之上。但这种理想并非完全不能实现，至少以此来指导实践是有利的方向。本书认为，工具理性和交往理性并非二元对立，而应该统一辩证来看。科学是一种工具理性，无疑能够给人们带来效率和切实的利益。但科学的传播并不一定要遵守工具理性的逻辑，恰恰相反，传播是人主导的行为，科学传播应该是工具理性和交往理性的结合，既不否认科学理性的现实作用，又看重人与人交往的能量和后果。在理性对话的基础上，以主体间相互理解的方式实现关于科学的"话语共识"。科学本身就具有批判性、质疑性和开放性，科学的未完成性需要不断地对话，从辩论、质疑和讨论中不断确定，当然这种讨论基于理性的讨论，而这种对话的最终目的是求真、求实和走向完全的理性。科学又是关于真理的不断论证，正如苏格拉底认为真理通过对话的发展而实现，真理常常在主体间的对话过程中慢慢完成。而检验真理的方式也是通过合理的沟通和协商，不断打破自我的偏狭、突破各自的局限，最终达成理解和共识。

（三）危机管理理论

危机管理理论在各个学派学者的阐述下，拥有不同的管理观念和方式。公共危机管理最基本的三阶段模型是按照危机的发展顺序将其分成危机发生前、危机发生和危机消退后这三个大的阶段，每个阶段中又包含不同的子阶段。随着全球化的深入和扩展，国家之间的联系愈加紧密，国际交往愈加频繁，危机的发生也愈加不可控，由此，危机管理的研究地位也愈加突出。美国危机管理专家罗伯特·希斯用两个模型概括了危机管理的范围及其主要内容，使其著作《危机管理》成为构建危机管理理论体系的重要一部分，而后，他又提出了危机管理的4R模式——缩减力（Reduction）、预备力（Readiness）、反应力（Response）和恢复力（Recovery）[①]，在减少危机的攻击力量和影响的情况下，他将缩减力作为危机管理的核心，减少危机情境的攻击力和影响力，使企业做好处理危机情况的准备，尽力应对已发生的危机，以及从中恢复。巴顿在《组织危机管理》一文中进一步加深了危机管理在企业领域的应用，也强调了危机沟通的重要性，并为非营利组织的危机管理提供了重要的借鉴意义。1986年，史蒂芬·菲克（Stephen Fick）出版的《危机管理——对付突发事件的计划》是这一时期的另一代表作，如果说泰诺胶囊事件的相关研究确定了这一时期危机传播研究的方向，史蒂芬·菲克的研究则奠定了这一时期危机传播研究的基石。在他的研究中，作者全面而系统地阐述了危机管理的基本理论，以及他在美国三哩岛核事故过程中的经验。同时，作者将理论与实践相结合，列举了多个案例，对社会风险问题进行了分析和论证，具有实用价值。他把危机的生命周期划分为四个阶段：第一阶段是潜伏期，是危机预警的阶段，预示着危机也许会发生；第二阶段是急速发展期，危机发生并急速扩展；第三阶段是危机延续期，危机的影响一直持续，危机也在发展中不断消退；第四阶段是危机恢复期，危机已经得到处理，并逐渐向常态恢复。他特别关注社会中紧急突发情况的蔓延与扩散问题。从具体措施的角度，他详细描述了危机预防与危机应对计划、危机识别与危机隔离、危机处理与危机沟通以及危机决策等方面的内容。1989年，罗森塔尔等学者对紧急事件和危机传播管理的概念以及紧急突发灾难事件的分类进行了研究，并发表了研究报告《处理危机：灾害、暴乱及恐怖主义管理》，认为危机正在创造社会系统的"基本价值"和"行为框架"。那些需要在高度及时性和不确定性的情况下做出重大决策的事件以及组织结构与危机之间的关系首次出现，这凸显了危机对有效响应社会的影响。危机管理专家米特罗夫（Mitroff）将危机

---

① 希斯.危机管理［M］.王成，宋炳辉，金瑛，译.北京：中信出版社，2001：66.

分为五个阶段（1994），依次为信号侦测阶段——识别危机发生的信号；预警阶段——预告风险以及尽力减少潜在威胁；发生阶段——努力使危机不扩散，不影响更多的人群；恢复阶段——使状态从危机中恢复出来；学习阶段——总结和学习危机管理措施，将它作为经验和基础。

（四）语境模式理论

"语境"一词来源于语言学，原义为"上下文"，即指关联文章中的词、句、段落所共同构成的因素的共同体。其内涵扩展到社会领域，将文本或理论与社会、经济、人文、技术、历史等多要素集合，强调文本和理论所在的环境，即社会性。情境认知是个人对一定时间和空间内情境要素的掌握、理解和判断，包括对环境因素的知觉、理解、规划和预测。随着情境的变化，人会不断地根据外界因素来调整自身对于目标的看法和可能的行动策略。情境认知既是一种思维过程，也是一种思维的结果。本书认为"语境"和"情境"在此处的所指一致，下文的情境即为语境。而在情境中，人们对于信息的认知与在常态中的认知有明显不同。在情境中的信息不仅是事实或者知识，还是一种动态的建构与组织。公众对于信息的认知与所处的环境（物理环境和心理环境）密切相关，人们的意识、潜意识以及无意识可将突发事件中的信息进行加工，分为有动机加工和无动机加工。个体无意识加工是根据自身的处境对信息所做的直接取舍，受众对信息的加工处理往往会将碎片化的东西按常识进行加工处理，这种加工处理以一种非常模糊的方式出现。这种方式不仅由语言的模糊性决定，也由思维的模糊性决定。对信息进行归因，这种信息处理方式主要是将信息作为一种链条看待，认为任何事物均非无源之水、无本之末，必然存在联系，从而在事物之间形成因果关系。人们无法接受不确定的事物，而往往追求确定性，简单、线性和确定的结果能给人们带来安全感，因果论是人们擅长使用的思维方式，用以解释复杂的、模糊的、非线性的事件，人们不喜欢复杂和逻辑,对于不确定性无法容忍,必须找到一个确定性解释才算找到结果。

在语境模式中,知识由专家代表的内行知识和公众拥有的外行知识组成。由于专家在科学范式和规律的支持下,获得的知识往往是科学知识,但一般公众由于不一定具备科学素养,专业知识水平较低,他们掌握的知识也被称为外行知识或者地方性知识。[①]地方性知识并不是指任何特定的、具有某个地方特征的知识,而是指一种不同于标准知识的、多元化的建构知识,它通常是更适应某种情况、某个地区,与标准知识存在偏差,但仍适应于当下情境的,对标准知识是一种解构。很多学者认为,不应在专家知识和公众的地方性知识之间进行评判,如果认为专家所掌握的"科学知识"是绝对正确的,那将使得科学家与公众的距离越来越远。布赖恩·温进一步强调,即使是在具体的情境下,科学本身也并不是完美无瑕的,其他知识仍然会影响理解科学的完整性和准确性。情境化的认知是处于某种环境下具体的、动态的认知,将影响公众的认知和决策。布赖恩·温曾间接指出语境之于科学传播的重要性,他认为,公众对科学的态度反映的是公众对科学所在的社会的态度,社会关系、社会构成、社会运行方式等对科学的影响也影响着公众对科学的判断。[②]因此,情境认知对科学传播研究有着重要的意义。

综上,科学传播作为连接科学与社会的一种关系建构,受环境和人的影响,具有具体性和复杂性,不同情境下的科学传播呈现不同形态,具有不同的传播机制,其中的科学、媒介和公众都有着具体的认知,也形成了特定的关系,其复杂性和动态性也表征着它的情境特征。科学传播在特殊

---

① 潘玉.沟通"不确定性":转基因议题的知识建构研究[D].上海:华东师范大学,2019.
② 刘兵,李正伟.布赖恩·温的公众理解科学理论研究:内省模型[J].科学学研究,2003,21(6):581-585.

语境下的传播，已经走向了"对话模式"，它的出现来自对科学传播中另一种范式的反思，即"缺失模式"。缺失模式是一种教条理论，源自传播者作为掌控者精英视角下的俯视，强调科学的至高无上和公众的一无所知，而实践中的科学传播并不是一成不变的，它与社会、经济、心理等因素密切相关，在面对突发公共事件时，科学传播的语境强调认知主体与环境的相互作用和整体性。学者齐曼、怀恩、诺瓦特妮也提出"社会情境"的重要性，他们认为公众对于科学的理解是随着社会中不同因素的变化而变化的，这些因素包括政治、文化、历史、宗教、经济等，科学知识自身的不确定性也随着社会因素而变动，因此公众对科学的态度将不得不取决于传播的媒介、周遭的舆论，以及自身的认知。社会情境还影响着人们对风险的判断、对科学的信任，以及对科学价值和意义的认可。[①]

---

① 刘翠霞.解读科学与公众关系的四种理论模型[N].中国社会科学报，2017-10-23.

第四节 研究思路和研究方法

一、研究思路

面对复杂多样的公共危机，本书提出以科学传播作为一种决策依据进行危机治理的必要性和重要性，在科学传播的方法上又尝试以对话的方式进行，以达成更有效的传播，进而协助公共危机的治理。尝试以对话理论为框架，探讨在公共危机的特殊语境下，如何进行以科学为内容的对话，构建对话各方的平等关系，建立对话文本，构建对话的场域和途径，在大众传播、网络传播、自媒体传播和智能传播等多种传播机制交错叠加的情况下，建立科学传播共同体，包括科学知识共享体系的建立、"专家—媒体—公众"多方信任的建立、"政府—媒体—科学共同体—公众"共同治理的体系，在对话和交流中共享科学知识，以更"科学"的科学传播为手段，最终实现主体对公共危机的全面治理。

绪论主要进行了文献梳理和定义界定，对于框架理论和研究方法也进行了阐述；界定了公共危机、公共危机治理和科学传播的定义，梳理了对话理性、交往理性理论、危机管理理论和语境理论，并制定了研究思路和研究方法。第一章首先阐述了科学传播在公共危机治理中的重要作用和功能，以回答此研究的本源问题，即科学传播在特殊语境——公共危机中的特点和作用体现在哪些方面。其次，从传播与对话的关系入手，分析了基于对话理论的传播的合理性，并论述了对话对于危机治理的重要意义。最后，引出在对话理论视域下观照公共危机治理中的科学传播，将科学传播看作一种对话，并分析了以对话的方式进行传播的意义，回答了危机中为什么要开展以科学为中介的对话的问题。第二章对公共危机中科学传播的新特征进行了阐述，分析了科学传播作为对话的特点，阐释了在公共危机中所包含的对话主体，它们各自在这种语境下的特点，以及在这种语境下进行对话的前提——"在场"和"相遇"，剖析了主体之间对话关系的建立，以及科学对话建立的过程。在公共危机中，科学传播的对话呈现出新的形式和特点。第三章阐述了科学传播对话在危机信息治理空间中所发挥的作用，包括在危机生命周期各阶段进行的全时性科学对话，面向全空间的包括物理空间和网络空间的科学对话，在危机中发挥着信息满足、信息共享和信息矫正的作用。第四章阐述了在危机治理中科学传播对话的"复调"和"狂欢"，探讨了科学对话不仅在信息治理上具有不可替代的作用，还深深影响着危机中各方的关系，以及对于人们价值观的改变。科学对话在面向舆论和谣言等爆发中发挥作用，在关系管理中构建协同网络、重建角色形象，同时具有重塑公众价值体系的功能。第五章根据面向公众的调查问卷和面向传播者的深度访谈的数据梳理，总结了目前在公共危机中科学传播对话中存在的问题，分析了进行有效的科学传播的建构能力要素。科学对话体现了人文关怀和重建信任的重要性，潜移默化地对各方产生思想上、精神上更深层次的影响。第六章尝试提出一套有效的科学对话机制，包括建构科学传播共同体的社会共治体系，建立一个拥有共同的科学传播责任伦理、具有一整套完整科学传播机制的知识共享共同体。

本书所要聚焦的内容主要分为三个方面：第一，公共危机治理视角和方式的拓展。危机社会已然成为一种常态社会，对于危机的普遍、复杂和动态的存在状态，需要科学传播，使公众对于危机的理解更清晰，而非一味不安、恐惧、躲避以及由此产生的对媒体、政府、社会等危机处理部门的不满和怨愤。对于发生的具体的危机事件，需要科学决策、科学布局和科学处理，此时的科学传播既能够满足公众的信息需求，又能缓解焦虑、恐惧情绪，还能培养公众的科学思维，使公众对危机的认识更加科学、理性，这些都是在危机社会和危机事件出现后传播主体必须进行多元合作、通力协同的原因。第二，对科学传播本土化发展理论和实践进行了思考和总结。风险社会的背景下，面向突发事件的科学传播具有什么新特点，传播机制有什么演变，在中国又有哪些本土化的特点。第三，本书提出了对话作为一种更科学的科学传播方式的探讨，分析了目前科学传播中的对话特征，各主体之间的对话现状，包括对话的空间、途径和策略等，总结了对话所发挥的作用，包括在信息管理上和关系管理上。本书同时指出了对话实践中存在的不足，以及继续开展对话的条件和建立的基础，并提出一套以更科学的方式进行科学传播的方案。

通过对话建立科学传播共同体，建立知识社会治理体系，实现社会危机协同，这一思路的转变是破解当下危机传播与危机治理难题的关键。科学传播共同体的建立是科学传播的需要，也是危机协同的需要，对政府而言，需要建立科学管理体系，支持、鼓励科学事业；媒体应该成为科学传播中的桥梁、科学传播中的话语建构者、推动社会共识形成的主要力量；科学共同体作为重要的内容输出者和有潜力的传播者，应该发挥更积极的作用；而公众，作为对话的主要参与人，积极能动的建构者，是科学传播的有力参与者，也应该成为国际危机传播、树立国家形象的主体之一。

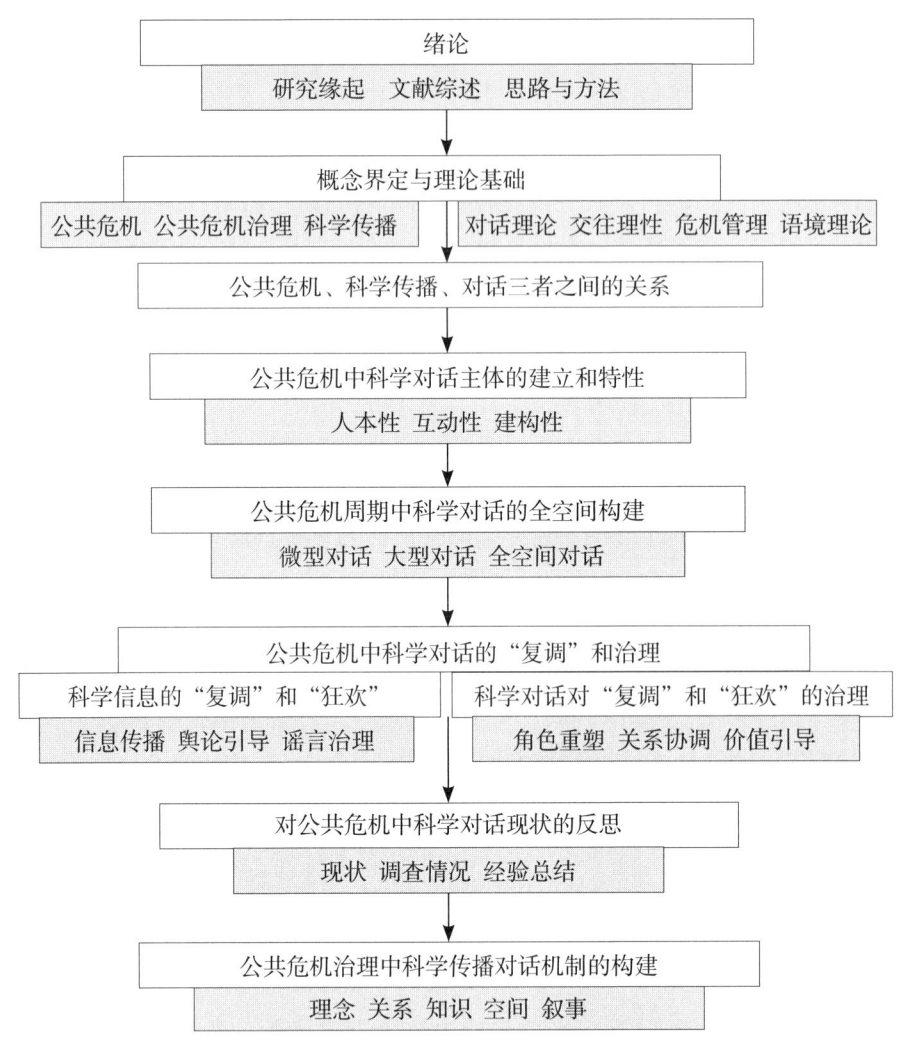

```
绪论
  研究缘起  文献综述  思路与方法
          ↓
     概念界定与理论基础
公共危机 公共危机治理 科学传播 │ 对话理论 交往理性 危机管理 语境理论
          ↓
  公共危机、科学传播、对话三者之间的关系
          ↓
    公共危机中科学对话主体的建立和特性
        人本性 互动性 建构性
          ↓
   公共危机周期中科学对话的全空间构建
        微型对话 大型对话 全空间对话
          ↓
    公共危机中科学对话的"复调"和治理
科学信息的"复调"和"狂欢" │ 科学对话对"复调"和"狂欢"的治理
信息传播 舆论引导 谣言治理 │ 角色重塑 关系协调 价值引导
          ↓
     对公共危机中科学对话现状的反思
        现状 调查情况 经验总结
          ↓
   公共危机治理中科学传播对话机制的构建
        理念 关系 知识 空间 叙事
```

图0-1 公共危机治理中科学传播的对话机制研究逻辑框架

二、研究方法

（一）文献分析法

通过阅读传播学、公共关系学、社会学、心理学等各个学科的经典著作和文章，广泛收集国内外公共危机管理、公共危机治理、科学传播、对话传播等相关的资料和数据，包括公共危机相关报道的新闻资料、相关研究、政府颁布的法规政策等。通过梳理和分析文献资料，筛选有效信息，界定公共危机治理、科学传播等基础性概念，为科学传播的对话机制的建立、公共危机治理中科学传播共同体社会治理体系的构建等关键问题提供理论支持。从传播学研究来看，包括媒介研究在内的传播学研究领域，大体有实证研究、诠释和批判研究，社会科学领域使用实证研究较多，而人文学科对于诠释、批判研究使用较多。以文献分析的方法通过对涉及传播理论、对话理论、社会学理论等研究经典文献成果进行梳理，同时搜集、使用一些比较前沿的研究成果，批判地吸收、借鉴其研究成果，对公共危机治理中科学传播的对话机制进行诠释性的研究。

（二）案例研究法

案例分析是指选择公共危机中的科学传播相关的现象进行分析，找到其生产、传播、内外因素等相互关系，以形成深入全面的认识和结论。本书对一些典型案例进行分析和比较，深入探讨科学传播的对话机制和过程。其中以7·20河南暴雨事件、日本福岛核泄漏事件等公共危机为例，研究具体事件中科学传播的特点和变化，结合科学传播理论对案例进行研究，分析在危机事件中科学传播发挥作用的成功经验与不足之处，对其进行总结概括。在案例分析中还对科学传播具体报道的内容进行了分析比较，通过对文本特征进行系统而客观的识别和分析，弥补对于文本信息等微观内容层面关注不足的缺陷。

（三）调查问卷法

针对科学传播的有效性问题对公众进行问卷调查，以确保得到真实的反馈和声音，围绕公众对于传播内容的认知、态度和行为等最直接反映传播效果的因素进行，进而对科学带给公众的影响进行归纳和总结。本书是关于公共危机事件中，公众获取科学知识的状况以及知识获取与对科学的认知、态度的影响的研究。哪些科学知识具有正面作用，哪些具有反面作用，公众的认知又是否与媒体的宣传策略有关，科学传播在公共危机的沟通中起到了怎样的作用。调查的有效样本为430人，男女比例分别为53.44%和46.56%，其中25—35岁的人群占比最大，为47.54%；其次为35—45岁的人群，为24.26%；25岁以下占23.61%；45—55岁占比1.31%；55岁以上占比3.28%。其中接受过高中教育的人群占比最大，为38.69%，初中教育为34.43%，大学学历以上的人群占比18.36%。

（四）深度访谈法

本书对22位从事科学传播以及在公共危机事件中活跃的传播者进行半结构化的访谈，以期得到其关于科学传播的内容、方法、问题和思考等经验。从传播者角度探讨科学传播有效性的方式和途径，最终找到问题，并提出解决方法。本书联系的科学传播者，用各自的方式传播着科学，也在不断地根据公众需求调整传播方法、提高自身能力。访谈的目标是了解他们传播的内容、方法和效果。为了达到更好的传播效果，让公众对科学感兴趣，理解科学和信任科学，进而参与科学，他们又会怎么做，他们自认为的问题、难题在哪里，有什么解决方法，未来还会有什么新的传播方法。

被访人员都是活跃在一线从事科学传播的人士，15男7女，年龄分布在27—58岁，学历为硕士以上，职业分布为科普人士、科学家、科学媒体工作者、科学传播研究学者等。被访者的工作区域大多为北京、上海、广州等一线城市，个别被访者来自杭州、天津等城市，外地人士不足，一是与科普环境不佳有关，二是与访谈不便有关。被访者中半数以上来自高校或研究院所，主要是高校教师，课余时间做科学传播。被访者的学科专业分布广泛均匀，源于基础科学研究而不是应用技术和工程领域，主要在物理学、高能物理、生物医学、天文等领域，总体上这些学科也是我国科学传播的热点领域。科学传播相关的工作者分布也较平均，有传统平面媒体的编辑、新闻报道记者、科学类节目制作人、科普活动策划以及自媒体科普作者，从大众媒体、网络媒体到新媒体全部覆盖。除此之外，还特别关注了科学传播相关研究者的视角和科学传播管理者的视角，力求从不同角度反映科学传播的传播问题。

三、创新点

本书所做研究较该领域研究现状而言，有三个显著创新点。

第一，在研究选题上做出了新的尝试。目前，国内有关特定情境下的科学传播的相关研究较少，尤其是在重大公共事件中科学传播的理论和实践研究方面，系统分析其传播理论和实践规律的研究很少。在新媒体发展的智能媒体阶段，科学传播呈现出了新的特点，传统的科学传播模式已经不适应现阶段的问题，需要在更新的媒体环境下考察科学传播。第二，在研究框架和理论上做出了新的尝试。本书将科学传播置于公共危机的语境模式下，从对话理论的角度来考察科学传播在公共危机事件中的作用和效果，强化了语境模式，强调了以公众为中心观照科学传播的效果，推导科学传播的实践方式，进而进行科学传播范式的新思考。对话理论原为文学批评领域的理论，也在公共管理领域多有应用，但在传播领域被关注并不多，尤其在科学传播中还没有被采用，但对话理论与科学传播之间却十分契合，对话在当今社会，尤其在本书研究的公共危机的语境中，是非常适合的方式。对话理论本身也颇为广博，它既是一种观点，又是一种方法，在本体阐述和方法指导方面都具有重要的意义。第三，本书提出了科学传播的新转向。通过大量现实案例和一手素材的理论剖析，以及实践规律的归纳总结，阐述了科学传播在新时代的新模式转向——"多元主体协作的知识传播",指出建立科学传播共同体的必要性和重要性,在智能媒体时代,科学传播具有新的模式,多元、共享、参与是这个阶段的主题,也是科学传播得以更"科学"传播的必由之路。

四、选题难度

目前国内科学传播的研究时间短,研究视角较窄,文献不丰富。而关于公共危机中科学传播的研究更是寥寥无几。其中牵涉到社会学、心理学、政治学、传播学等多个学科的理论,又因为它的主体不是个人,而是组织或群体,对于不同人群的分析也需要更多维度的考察。对于传播活动不仅要了解其表象,更要深挖其背后的原因;对于科学传播的理论和实践,学者也各有观点和争议,在此基础上探讨如何进行更有效传播,也将是一个难题。

第一章

对话理论视域下公共危机治理中的科学传播

危机是由一系列混乱符号组成的不稳定的信息系统，是一个充满不确定性的复杂过程。交流是特定领域中基于共同的符号系统和意义空间的社会关系，是信息共享的过程，是一个主客体关系在交往过程中不断变化的完整系统。在这个意义协商和交换的过程中，信息、人和现实相互作用，形成理解意义。危机是一种不稳定的状态，而非单一事件，因此危机具有一个发展的时间序列，在危机不断孕育生发的整个过程中，治理模式全程发挥作用，而非仅仅作为应急的策略。具体表现在前期监测、预防、应对公共危机的爆发、学习危机中的经验教训等。危机治理是对整个危机演变过程的全程掌控，尤其是对其中关键节点的预判和决策，这些关键时间点决定整个决策的有效性。治理的模式是一种量变到质变的过程，必须将风险管理、风险要素管理、应急管理和灾害管理整合，形成一个动态、循环的全过程、全要素的公共危机治理框架。

信息在危机这种特殊情境下，表现为一种"建构行为"，危机中的组织作为信息的使用者建构信息，危机中的人作为信息的需求者也在建构信息。[1]危机中的科学传播，与科学自身的发展和传播技术的发展，以及政治、社会因素息息相关。大众传播普及之前，危机中对于科学的传播分量少、途径少，每逢自然灾害、社会公共事件等危机突发，科学并不能及时起到作用，大众自然也并不了解科学的作用和价值。直到大众传媒时代，危机被更大程度地呈现，危机的治理也被当作公共事务呈现在公众眼前，政府的治理手段更加公开透明，有效的处理策略被公众所认可。

科学的地位上升，科学传播被重视，尤其在危机的治理中，科学技术和方法发挥了巨大的作用。比如在地震、飓风、雾霾等自然危机频繁发生的时候，政府进行专业权威的科学解释，能够给危机中的公众普及知识，减少恐慌，制止谣言。2003年，"非典"（传染性非典型肺炎）突发流行并

---

[1] 吴颢.复杂性视角下的危机传播：从危机管理到危机学习[J].理论月刊，2011（1）：59-62.

最终波及全球。在这场公共卫生突发危机中，中国开始建立了应急系统，在危机治理中逐渐摸索出自己的方法。其中科普知识，让公众了解传染病的传播途径、预防措施、治疗方法、注意事项是最先提上日程的部分。媒体在对公众的传播中增加了科学知识的输出，并将艰涩难懂的知识转化为公众较易理解的表述。这些关于传染病的防护知识不只是在当时满足了公众的信息需求，也变成了公众掌握的基础知识，以应对未来可能发生的同类事件。在同一年发生的三鹿奶粉事件，也让公众了解到某些生僻的化学药品知识，这些知识看似远离人们的生活，但在某些方面也对生活具有指导意义。2008年及之后的几次震级较大的地震，例如汶川地震、玉树地震等，也成为大众学习应急知识的契机。有关地震的概念、如何自救、避险知识以及震后恢复的知识从应急知识转变为常识。2011年日本福岛核泄漏事故发生时，公众由于缺乏相关知识，道听途说、夸大事实，不仅流言散布，甚至做出了不理智的行为，各地的抢盐风潮一时兴起。在媒体进行大范围、高密度的知识普及后，公众对相关的知识有了一定了解。这些知识普及了包括海盐和矿盐的区别、盐的作用、核污染的危害和防止的办法等，有效遏制了某些公众的不理智行为。

第一节 公共危机治理中科学传播的功能和作用

一、科学传播的专业性和公共性

科学来自"science",指的是自然科学（natural science）。近代科学来自古希腊,古希腊是一个崇尚理性的国度,并将一切理性视为最高追求,科学是纯粹的理性和自由的学问。在数学家笛卡尔看来,科学是可被数学化证实的理性存在;在爱因斯坦看来,能被称为科学的必须具备两个条件:一是内在的完备,二是外在的证实,即同时具有逻辑理性和可被证实的经验。默顿关于科学的总结具有极大的共识性,即科学要有四个特性:一是普遍性,科学定理必须是放之四海而皆准的,能在所有同等条件下被证实的;二是公有性,科学属于全人类共有,而非某些人独有的东西;三是共享性,科学带来的福利是给所有人的;四是怀疑主义,对科学可以保持有条理、有根据的怀疑。但是,近代科学将科学的边界扩大,科学的目标是诉求效率和力量的理性,[1]但也有科学家认为,科学本身就不是关于知识的,而是关于概率的。布赖恩·温认为,科学如果脱离了具体的情境,不仅不会起到引导作用,反而会起到破坏作用,降低科学以及科学传播机构的公

---

[1] 吴国盛.反思科学讲演录[M].长沙：湖南科学技术出版社,2013：12.

信力。布赖恩·温进一步强调，即使是在具体的情境下，科学本身也并不是完美无瑕的，其他知识仍然会影响人们理解科学的完整性和准确性。对此，哈拉维也有相似的观点，他认为我们的知识都是情境化的，知识与我们所在的地方有着深刻的联系。①

对于科学的认知论，经典的确定论和库恩的不确定论，关于二者的辩论，让更多人看到了科学的不确定性。科学的发展总会伴随着时代认知和情境局限下的谬误，因此科学是可以犯错的，是存在着不确定性的。正如数千年被认定的真理被后来的科学实验证实是错误的，但这种错误不能抹杀科学的作用和意义。当然，若把科学视为唯一正确，并试图使用其指导一切生活的科学主义也决然是不理智的。科学不是唯一正确，也不是永远正确，科学是一种理性的知识和体系，一种被证实对于生存生活、历史发展和进步有用，而且是大有裨益的存在。

对于科学的传播是随着科学的大众化而开始的，科学不再只是少数专业人士讨论和知晓的知识与信息，是大众应该了解，也有权利知晓的范畴，因此对于科学的传播带着公共普及的目的。科学的属性不仅是服务于少数人的专业性信息，还是具有公共性的、服务大众的信息，兼具专业性和公共性的科学传播成为普惠大众的公共传播的一种。科学传播逐渐成为围绕公共议题面向公众、服务公众的传播，并且更加重视传播与公共空间、公众权利、公共议题、公共利益和公益价值之间的关系。

二、科学传播在公共危机治理中的角色和作用

公共危机中的科学传播，无论是科学领域内的传播，还是面向公众的大众传播，都是贯穿整个突发重大事件始末的，是信息共享、资源协商、

---

① HARAWAY D J. Primate visions: gender, race and nature in the world of modern science [M]. New York: Routledge, 1990: 98.

关系共建的重要组成部分。掌握科学信息是政府决策的前提，遵循科学规律是制定有效对策的基础，运用科学思维和科学方法是面对一切不确定问题的解决途径。危机常常威胁公众生命或财产安全，公众面对突如其来的灾难，往往陷入混乱、恐慌、焦虑的状态中，特殊的情境引导人们在突发性灾难事件下对科技知识的寻求、处理与记忆。

公关危机治理强调及时的决策和有效的执行，这种决策必须建立在对危机的科学理解之上，其中一个重要环节就是政府与公众的沟通，连接政府与公众的桥梁就是危机传播。但政府与公众有效沟通必须有一个关键的前提，即公众对危机的认知。要提升公众的危机认知能力，则需要增加公众的科学知识，以及训练他们的自救能力，这一学习过程要在危机前、危机中、危机后完成。传播提供了信息沟通和知识共享的可能性，但传播内容的接受程度和效果则要依靠系统的自适应学习。科学被证明是最具可靠性的知识，没有可靠性就没有任何科学，如果科学所依靠的基础不正确，那么即便最精巧的自然世界模型也会毫无用处。因此，为了产生最接近于"好科学"的科学，科学家提出了高度精确的程序和方法，用以测试和交叉检查、验证结论和理论，对可靠性知识的寻找是嵌套在基本的科学信仰体系中的，这不是一个外部强制，它体现在概念上，也体现在实证的研究活动中，最终要经过普遍的同行审查制度的检验。科学的传播，是促进公众建立认知、培养理性的有力方式。

公共危机治理的核心是危机决策，信息是危机决策的基础和保障，贯穿整个公共危机治理全过程。信息来源是否可靠，信息生产是否准确，传播是否及时，信息到达的效果如何，都对危机决策起着重要作用。信息随着危机的不断发展变化而变化，对于信息的采集是决策的第一环节，信息采集的全面程度、准确程度，信息的深度和对公众造成的难度，是管理者首要面对的难题。掌握信息才能向公众传递信息，这对信息处理者的能力提出了很高的要求。同时，公共危机中公众对于信息具有巨大需求。公众对于危机的认知影响着危机治理的处理方式和效率。公众对于危机的认知从接触到的信息中获取，危机的不确定、巨大的变动都使确定信息变得珍贵而必需，了解危机才能做出行动，因此对于危机的信息获取是公众最大的诉求。

表1-1 危机治理不同阶段决策的信息需求

危机生命周期	潜在期	突发期	蔓延期	恢复期
危机治理过程	预防阶段	准备阶段	响应阶段	恢复阶段
需要的相关信息	社会信息 地理信息 经济信息 应急保障信息 预警信息	起因信息 比较信息 空间信息 图像信息	可行性信息 指挥调度信息 现场反馈信息	直接结果信息 间接结果信息 必需资源信息 善后信息

信息沟通的模式分为：线性传播模式（以拉斯韦尔的5W模式和香农-韦弗模式为代表），在这种传播模型中，传播包含主体、受传者、媒介、内容，是内容从传播者到受传者的一种直线形式，被描述为一种直线性的单向过程；循环模式（以奥斯古德和施拉姆的循环模式为代表），与线性传播相比，其注意到了受传者的反馈，更强调传受双方的相互作用、地位平等，都是传播者，也都是受传者，角色在互动中交替，互动是对于内容的彼此交换，而非单向传播，在传播过程的不同阶段双方角色不同；系统模式（以赖利夫妇的沟通过程模式为代表），将传播过程看作一个系统，这个系统处于社会这个大系统中，受社会环境的影响，也影响着社会环境，与社会中的其他系统是既对立又统一的关系。这一模式强调了传播过程的环境影响因素，是一种更为宏观的信息沟通模式。总而言之，不论哪种信息沟通模式，包含的基本要素是一致的。结合危机决策的情境，再加上反馈和噪声，反馈是沟通主体对彼此产生的反应，噪声是在信息沟通的整个过程中对信息沟通效果产生影响的障碍和负面因素。

信息沟通贯穿危机治理的全过程，连接危机中的主体，是一个互动循环的过程。危机信息沟通描述的是危机信号、征兆从政府组织不可感知和不可控制的情境范围，向可感知、可控制的情境范围转移的动态过程。[①]有效的危机信息沟通首先能够满足不同层次的危机信息需求，其次能提高不同部门协同应对危机的效率。但从实际的情况来看，危机发生后，信息的需求与供给往往不对称，不仅是信息的总量不足，信息的可靠性和时效性作为危机治理主体决策的关键因素也常常不确定。科学传播在信息的供给、信息的可靠性和时效性方面都具有天生的优势。科学传播是关于科学知识、方法、思维和精神的传播，是在危机中最需要的信息承载，是对不确定危机状态的确定性回应，是对公众信息恐慌的填补。

可以说科学传播是危机沟通的一种有效方式，危机沟通也是科学传播的一个重要议题。在突发重大事件中，首先要做到满足受众的信息需要，需要自上而下的高强度、大密度、快速度的科学信息的传播，此时中心扩散模式作为传统的科普方式，通过传统权威媒体告知广泛的大众，能够第一时间传播科学知识，具有高效的传播效果。以SARS为例，最初作为一个公共事件，更多地表现为医学难题，但这一个难题很快演变为全社会必须面对的复杂问题和挑战。首先是医学和科学上的应对，如病毒的病理学、药理学、如何检测、如何治疗、如何预防；其次是制度层面的挑战，社会应急制度的建立问题，如何控制疫情、管理社会、保证秩序的正常，怎么形成有效的应急管理机制；再次是文化层面的挑战，科学观、伦理观、文化观如何平衡，公众利益与个人权利的协调，公众的知情权等。世界各地政府在一次次危机应对中，逐渐形成了完善而有效的应急体系。尤其是关于突发公共事件中科普体系的建立，

---

① 孙华程.基于信息沟通模型分析的公共危机管理组织模式研究[J].情报理论与实践，2009，32(4)：33-36.

在面对重大自然灾害、公共卫生事件、社会事件等时，根据不同程度的危机，以不同的预案进行应对，方案中包含知识普及、科学防控、科学学习等，科学传播体系的建立还在各方面不断完善，发挥切实有效的作用。

但也应该客观地看到，科学传播在危机治理中并不占决定性的地位。危机是一系列事件组成的复杂问题，危机治理是复杂情境下基于科学证据的复杂决策问题，而非单纯的科学问题。危机治理事关公众行为、社会稳定和产业运行以及社会秩序状态等，需要考虑方方面面，既要保障人民生命健康财产安全，又要考虑政治稳定、经济发展、社会影响、国际形象等各方面的问题，这本身是一个平衡问题，需要各方面的平衡取舍。科学是决策中的一个关键环节和重要依据，而非唯一的决定要素。因此，关于科学的大众传播也显然不能作为危机治理的唯一方式。作为与政策传播、健康传播等并驾齐驱的一种公共传播，科学传播是危机传播中一种不可或缺的存在，发挥着不可替代的作用，但也必须与政府决策、社会情况等紧密相连、有力配合，综合社会背景做出平衡，才能最大地发挥作用。

三、危机决策全过程情境下的科学传播

从危机治理角度来看，科学传播有助于构建和谐有序的社会秩序，实现科学有效的社会管理，科学传播能够在复杂的危机中减少公众对不确定的认知，在信息洪流中正确面对舆论和谣言的冲击。公共危机治理的步骤可分为：危机认知（识别和评估）、危机决策、实施决策和决策评估。无论在危机发展的哪个阶段，要应对危机，都需要这四个步骤。科学传播，对每个步骤的顺利开展有着重要的支持作用。

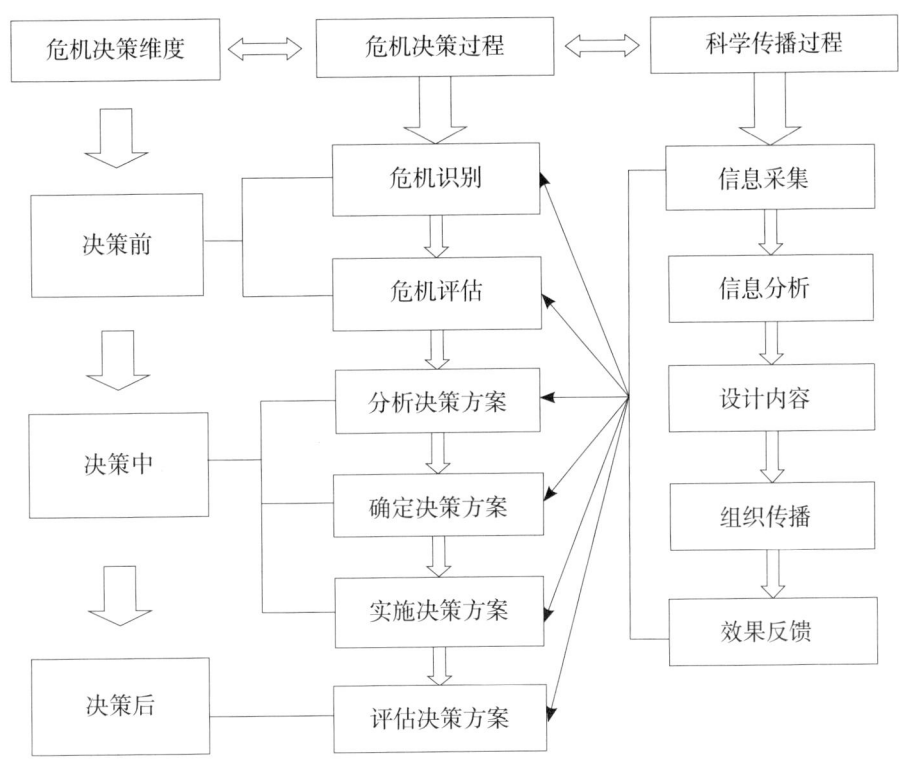

图1-1　危机决策全过程情境下的科学传播

危机认知上，危机发生前都会出现不同程度的征兆，及时发现危机前兆信号很有必要，识别和确认危机能够为危机的后续治理奠定良好基础。在这个阶段，更多的是科学共同体与决策者之间，以及决策部门之间的传播，科学传播能够第一时间传播准确信息，保证认知目标的清晰。其一，在危机识别上，如何识别某些事件是否会发展为具有重大影响的公共危机，必须借助专业人士的数据收集和经验判断。专家通过对危险源的信息进行监测，包括地理数据和环境状态数据监测、网络舆情监测等，采集信息进行科学分析，并将信息提供给决策部门，为危机信息预警决策提供科学依据。信息预警是在科学预判之后做出的第一个决策，将危机来临的信息运用多种方式在第一时间主动地向公众发布，预警内容必须是经过科学论证的，具有科学性的真实信息，而不仅仅是预警的客观情况，应对危机来临的科学方法也是这一阶段科学传播带给危机治理的重要方面，传播内容注重减轻危害的常识，并以科学的信息引导舆论，指挥公众应对危机。其二，在危机评估上，对于管理主体来说，危机的严重程度往往无法用经验来判定，而必须引入专家的专业视角。在对危机程度的评估方面，也需要科学传播的力量，让科学信息在不同部门之间流通，不同部门根据自身情况进行判断和协调统筹，完成对危机情况的最终评估，并形成科学的、准确的危机认知。

危机决策上，科学传播能够为决策的制定提供科学依据，起到指导作用，以便决策部门全面采集信息，并完成信息的分析，最终形成决策方案。决策部门要掌握各方面的信息，必须进行横向和纵向的沟通。信息沟通作为一个双向互动的过程，在危机决策中扮演着重要角色，贯穿危机治理的始终。信息共享需要在政府体系内的从中央到地方的垂直信息流到政府内部不同部门之间的横向信息流，以及非政府体系的其他社会信息流三个方面实现。公共危机决策的依据是客观事实和科学规律，危机决策者需要的不仅是一般信息，更重要的是科学信息、科学常识、科学规律，以及科学思维。信息采集后，需要将不同领域的信息科学整合、科学筛选，对于存在冲突和矛盾的信息，在科学的判断标准下进行整合。危机中，科学信息是科学家基于研究得出的确定结论，因此对于危机的应对具有指导作用，决策需要不断的科学判断，并在实践中检验判断，再进行校正，使得应对的方法更加科学。

实施决策上，科学传播能够在具体的执行上给予更清晰的指引。公共危机治理，需要多部门、多机构、多主体的共同协作，如何协作决定着危机解决的效率。决策制定后，在执行阶段，需要多主体的配合，这种协作不仅是行政体系上的推动，还有信息管理上的协同。协作的基础是统一的认知，对于危机的科学认知是统一大众的有力武器，大众对科学的信任度决定了危机发生后大众选择的倾向。此时，科学传播能够统一危机中各方主体一致的认知和行动路线。不仅是作为行动的指导思想，科学传播还能在决策的实施过程中起到解释说明、社会动员和舆论引导的作用，让公众更清晰地理解危机决策。

决策评估上，科学传播能够通过科学思维和科学方法的应用对决策和效果进行评估。对决策的评估贯穿危机应对的全过程，决策一边被执行，一边被反馈和评估。在危机初期，政府做出预警决策后，会进行信息的评估，并依据公众反馈的意见和建议进行不断调适。政府运用各种技术手段收集和分析信息，尤其是对公众的舆情信息的监测，监测内容包括舆情人群构成、舆情动态发展、时间线、地理位置等。依据现实情况综合比对、探析、研究，以科学方法得出科学的结论，为下一步的行动提供可靠的依据。然后应用专家知识和经验做出的判断最终形成了危机决策，但决策实施后还会带来不确定的结果，针对可能出现的各种危机情境，做出不同的应对和预案，以科学思维分析不确定性问题和突发问题。科学传播之所以科学，不仅仅在于传播科学知识，还有科学地传播知识，包括传播确定的信息和危机中的不确定信息，这也是危机的一部分，科学的传播也是公众得以拥有完整认知的基础。

第二节　公共危机治理中对话的功能和作用

公共危机治理中多元治理主体通过网络协作，借助所形成的网络协作系统，在共同治理中发挥各自作用。对话强调的是人的作用和价值，人是解决危机的根本，对话是路径。公共危机治理是多元主体共同参与，通过对危机的共同治理，改变危机的状态，使其恢复为常态的过程。危机传播管理原本注重的是宣传、说服和管理，而非沟通，更非对话，但为何要以对话作为沟通的方式？从技术的角度来看，以对话作为沟通的方式是传播技术的变革和升级；从观念的角度来看，以对话作为沟通的方式使公众拥有了更多的话语权；从危机治理的角度来看，危机中最大的诉求是解决人的问题，使人的状态趋向稳定。在危机的应对中，对话是反映危机的一个载体，也是建构危机治理的一种方式，它置身于危机的全过程中，在无形中规约着各方的力量，也引导着危机解决的方向。

一、对话是公共事务的协商基础和共识起点

以对话进行危机管理，第一，对话注重人的地位和作用，是人作为主体的主观能动行为。"人"是弥补危机中的客观世界与价值世界被威胁的唯一因素，"人与人的对话实践"完成了事实与价值的统一，也就解决了危机

带来的事实层面和价值层面的威胁。①危机中的人是永远的主体,不仅是危机管理的主体,也是危机中被管理的人,但二者并不再是对立的关系,或者说对立中仍存在着统一。对话是地位平等的交流,这就意味着对话中的任何一方都不再具备话语霸权,不再是传统传播中的输出者,而只是对话的发起者。

以对话面对危机中的公众,对于管理者来说,是解决危机的有力方法,也是汇聚民心的有效手段。危机的到来,不仅影响人的实在利益,更深刻影响着人的精神状态和价值构成。组织和领导者的对话,将为处于危机混乱和恐慌状态下的公众带来心理慰藉,其社会动员的作用强于一切说教和宣传。哈贝马斯认为对话应该成为解决各个领域问题的有力工具。在地位、机会、话语平等的情况下,主体之间的对话是建立对话伦理的稳定基础。②

第二,危机管理的最终目的是人,是人的生命健康和利益的保障,解决一个个事件的背后是人的利益,而解决人的问题,最好的办法是面对面,对话是最合适的方法。危机主要涉及的几个方面,主要影响的是人的生命、财产、安全、权利等,受到最大威胁的也是人。因此对于危机管理者来说,解决了人的问题就是危机解决的最终要义。人在危机中会有多方面的诉求,信息需求、行为指导、心理需求等,人们对于需求的提出,以及管理者对人们需求的反馈,都需要借助合适的方式。对话能够反映危机中公众的需求,同时,也能及时反映管理者对诉求的理解。对话能够发布管理者的政策、制度、信息,也能在第一时间反馈公众对于管理方法的意见和建议。在对话中,管理者与公众进行着互动,在不断的对话中,走向

---

① 胡百精.危机传播管理对话范式(上):模型建构[J].当代传播,2018(1):26-31.
② 哈贝马斯.在事实与规范之间:关于法律和民主法治国的商谈理论[M].童世骏,译.北京:生活·读书·新知三联书店,2003:78.

危机的最终解决。

第三，对话是一种合作，是面对冲突的正确姿态。对话是一种善意的开放和态度，无论对于危机管理者还是危机参与者来说，保持一种开放的心态才有助于解决危机，才能够达成协商和合作，能够抵达共同的目标。对话并不谋求相同，因为它是汇聚不同声音的合奏，这体现了多种意见的竞争和多种思想的碰撞。对话是一种动态的过程，它的"未完成性"要求对话者不断磋商和创造，这是危机管理者必须具备的素养和应该遵守的规则。阿佩尔也肯定了对话在现代社会的地位。在他看来，对话是面对多元冲突时的有力手段。对话能够促使讨论，能够确立责任，也是打造危机解决共同体的重要方法。[1]危机的解决不是一个部门或一个组织，更不是某个人可以做到的，而是需要不同部门、不同组织、不同群体协同合作、有效沟通，才能最终完成危机的共同治理。无疑，对话是连接彼此的有效方式。

第四，对话强调双向互动、平等沟通，这意味着信息传递的效率将大大增加。危机中最大的问题是信息的不透明、不公开、不及时，信息流通不畅将阻碍各个环节的应对，如若以对话的方式连接各个部分，则信息可以畅通无阻，保持对话，加强合作，则会促成危机的化解。

在风险社会的背景下，"参与民主"也是贝克的一个基本设想，在他看来，要应对风险和危机，必须依靠所有人的力量，包括普通公民在内的所有利益相关者，人们应该建立互通、协作的公共决策机制和风险治理网络。[2]对于危机管理的效果来说，对话可以更有效地汇聚多方面的力量，有机会获得更优的解决方案，也能在对话中让管理者以合作者的身份而凝聚，即使出现矛盾和冲突，也可以借助对话进行解决，危机中冲突时有发生，

---

[1] GRIFFIOEN S. What right does ethics have?—public philosophy in a pluralistic culture [M]. Amsterdam：VU University Press，1990：17.

[2] 胡百精.互联网、公共危机与社会认同[J].山东社会科学，2016（4）：5-12.

让对话代替冲突,让危机在治理中更加平稳和高效。①

在公共危机中,对话主要解决的是两个方面的问题:信息的治理问题和关系的管理问题。这也是构成危机的两个主要方面:一是构成危机的事实,二是处于危机状态中人的关系。对话作为一种路径和手段能够在信息传播、舆论管理、风险认知管理、关系管理和价值重建等问题中发挥不可替代的作用。②

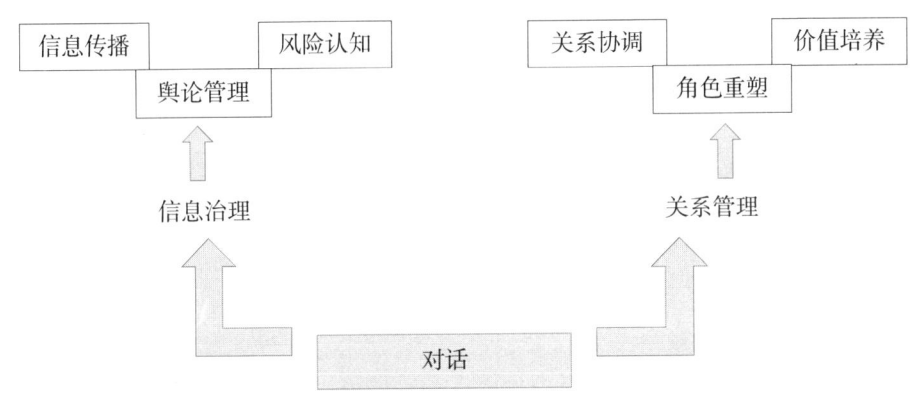

图1-2 对话在公共危机中的效果图示

二、对话是公共危机中改善各方关系的利器

(一)主体间平等关系要求对话

科学传播是关于科学知识、方法、精神和思维的传播,也是科学家与公众之间的一种对话,将科学传播放在对话理论视角下,有助于让科学传

---

① 薛晓源,刘国良.全球风险世界:现在与未来——德国著名社会学家、风险社会理论创始人乌尔里希·贝克教授访谈录[J].马克思主义与现实,2005(1):44-55.
② 胡百精.危机传播管理对话范式(上):模型建构[J].当代传播,2018(1):26-31.

播中的主体平等交流、彼此互动,通过对话建构知识、共享知识。一项有效的科学传播政策的基本目标是在科学与社会之间建构一种知识和信任互惠的环境或氛围,同公众建立一种真正的、"非表面"化的对话。社会建构论认为知识并不是源自某个人,或者个人的经验总结,知识不是恒久不变的。[1]人类的知识是被建构而来,非既存而被发现的;知识与意义是人们解释历程的一些方向,参与者之间的关系基础是由他们共同完成并一起协商而得的。知识是通过人们的对话诠释分享及关联自身主观经验而建构创造出来的。

人与人的社交靠对话完成,交流的本质是反馈。公众的双向参与可以通过许多不同的方式实现,但随着时间的推移,活动的有效性水平会提高[2]。较长的公众参与期为公众提供更多参与过程的机会。这种参与给了公众挑战和批评科学的机会,从而产生了对特定问题、科学探究和合作过程更多的兴趣和理解。更长时间的参与还有助于科学家花更多时间去了解那些科学潜在受益者,以便更好地理解参与者的需求。

(二)公众、媒体与科学之间的不信任呼唤对话

对话是一种平等、理性、真实的交流,更容易传达真实的意思,也就更利于信任的建构。科学传播是连接科学家、政府、媒体和公众的一种关于科学的对话,以科学的客观真实为内容,进行真实理性的交流,能够重构各方的信任关系。要将公众当作平等对话的对象,进行合理有效的沟通,使公众逐渐理解科学,并真正参与到科学中来,这些程序并不是一步接着一步按顺序进行的,也不是因果关系,而是交叉叠加、互相作用的,理解、

---

[1] 许维素.范式转移的代表:焦点解决短期治疗的咨询哲学[J].心理技术与应用,2014(4):41-44,46.

[2] CROOKS C V, CORTENS D E, BURM S, etc. Two years of relationship-focused mentoring for first nations, Métis and Inuit adolescents[J]. The journal of primary prevention, 2017(38):87-104.

信任、参与是公众与科学之间相互进行、循环促进的。基于对话的方式和视角，遵循对话的理论，解析在对话的基础上如何建立公众与科学的理解、信任和促成参与。

目前，专家的权威性和可信性正在受到挑战，一定程度上存在专家信任危机。[1]究其原因：其一，科学家与公众对于风险的社会建构存在极大差异，由于知识水平和科学素养不同，专家对科技风险评估基于知识判断和科学发展规律，容许风险和不确定的存在，而公众对科技风险认知更多基于情感、情绪而非专业知识，往往不能接受风险性和不确定性，因此造成两个不同群体之间的冲突，严重时会出现信任危机；其二，公众对专家的不信任源自科学家被认为是"带着任务的信源"，进行着有目的的传播，在一些公众看来，专家不是纯粹地传播科学知识，而是有倾向性地普及，他们服务的对象是某个机构或者政府的某些部门，因此公众并不买账。[2]公众对科学家的信任来自科学的权威和正确，这一正确系统带来的可信度决定公众的态度，除此之外，也来自对科学家的知识和态度的敬仰和崇拜，但是当科学家不再是客观公正的代表，不再是绝对标准的正确和权威，他们的可信度就遭到了怀疑，更由于科学与经济利益的相连，不再纯洁中立，这成为导致专家信任危机的重要因素。

科学家对媒体的不信任由来已久，媒体的大众化要求其传播策略是吸引受众，为此媒体常常用夸大的语言导致科学内容本身的不实，这使得科学家对于媒体又爱又恨，一方面，有了大众媒体的宣传有利于科学的大范围传播，受众会更快地了解科学家从事的工作；另一方面，不实报道也使得科学家对媒体不愿信任，所以往往在面对热点科学事件或需要科学家证

---

[1] 郭飞，盛晓明.专家信任的危机与重塑[J].科学学研究，2016，34（8）：1131-1136.
[2] MOLOTCH H，LESTER M. News as purposive behavior: on the strategic use of routine events, accidents, and scandals [J]. American sociological review, 1974, 39（1）: 101-112.

实背书的时刻，科学家都比较犹豫是否要通过媒体进行发声，并非故意的扭曲和曲解时有发生，使得科学家本身的形象也大有损伤，甚至科学家本人也会不被受众信任。

媒体对科学家的不信任基于四个方面。一是知识占有量的不均等，双方的沟通以共同知识为前提，但显然媒体并不具备与科学家均等的知识占有量。由于国内的科学记者数量较少，往往不具备专业的科学背景，对于科学知识的掌握不够深入和全面。因此，他们在科学问题传播的准确性和专业性上不被科学家所信任。二是对于不确定性理解的差异，科学家因为对科学的认知，能够较客观地看待风险，他们会严格描述在什么样的条件下风险的控制概率。而媒体人则倾向于强调"不确定与风险"的分量，以引起大众的注意。三是媒体的科学素养和科学家的媒介素养之间的落差，媒体人不具备较高的科学素养因而不能准确无误地报道科学知识，科学家群体不具备较高的媒介素养，因此无法跟大众建立良好的沟通。四是媒体议程设置的差异，媒体对于科学议题的选择往往是具有争议的话题，能够更好地吸引大众眼球，或者选取科学选题中某个片段局部进行发挥，而这在科学家看来并不重要或者不是最关键的问题，二者对于传播内容的判断存在差异。

（三）"公众参与科学"的范式要求对话

"公众参与科学"的范式仍然是未来一段时间内科学传播的方向。2004年英国皇家学会的《社会中的科学》报告中，把"公众参与科学"作为一种新时期的科学传播范式提上日程，认为公众有权利也有能力参与公共事务，尤其是科学事务，科学政策的制定应该在科学共同体、政府、企业、公众等各方的平等对话协商中进行。鼓励公众参与科学事务，近距离接近科学，以帮助公众更好地理解科学。而公众参与科学的方式也不仅局限于参加研讨会、投票，应该是多种方式，包括讨论、辩论、活动等。在国务院发布的《全民科学素质行动规划纲要（2021—2035年）》中也强调了公众参与科学的重要性，希望公众能够通过各种方式参与科学事务。

从科普阶段到公众理解科学再到公众参与科学，反映的恰恰是每个阶段所侧重建立的关系方式。科普阶段为自上而下的灌输说教方式，由政府主导，面向一般大众，大众被视为不具备科学能力的群体，因此也被称为政府立场时期。[①]19世纪时科学传播中的主要关系模式是，政府和科学共同体主导下的公众无意识的不对等关系。科学家作为精英群体，负责将"绝对正确"的科学传播给"一无所知"的公众，以达到对公众的启蒙。20世纪，科学迅猛发展并带来了很多危机和隐患，科学技术作为一把"双刃剑"，公众开始不再完全信任，疑虑和担忧逐渐萌芽。传播者经过反思意识到公众的重要性和个体化，希望借助有效的传播手段使其获得科学知识，进而理解科学，更关注如何吸引公众的注意力，从而实现公众从知识到态度的转变。因此，这一时期也被称为科学共同体立场时期，此时的主要关系模式是日益被重视的公众观点和情感，传播者与公众的关系有所倾斜。公众参与科学的阶段，科学家对科学进行了反思，认为科学不是唯一正确，也不必然必须被理解，同时公众的公平意识和科学意识都开始觉醒，公众不再是逆来顺受的接收者，而是科学唯一正确论的质疑者。于是，科学家提出：科学传播要进行对话和"公众参与科学"，只有开诚布公地交流，才能消除彼此的误解，科学要争取公众，要赢得公众的信任而不是对立和抵抗。传播者和政策制定者鼓励公众更多参与科学政策的制定、科学活动、科学研究等事务，用拉近距离的方式重新获取信任，也被称为公民立场时期，此时的主要关系模式是传播者与受众地位平等、共同协作的关系构成。

"公众参与科学"范式阶段强调"科学传播是社会各主要行为主体

---

① 刘华杰.论科普的立场与科学传播的信条[J].自然辩证法研究，2004（8）：76-80.

（如科学共同体、媒体、公众、政府及公司和非政府组织）之间就科技内容进行双向平等的交流过程"[①]。平等交流意味着公众的地位有了提升，在媒介网络化、传受一体化的基础上，公众不应该仅仅是接受者，也成为参与者。公众是复杂多样的，在社会和政治活动的参与中也必然是多样的，科学与公众并不是在单一语境中存在的，不同的公众在不同时代具有不同的兴趣和动机，因此必须拓宽多样性的理论框架和不同语境的方法论空间。公众对科学的参与不是表面上的形式参与，而是体现在政策制定、大众科学教育研究、大众科学实践等诸多方面。对于科学问题的理解会随着对话的不断进行而深入，科学的难度也会在具体的对话解决中变得更具亲和力。对话让原本的隔阂渐渐消除，让不坚固的信任重新塑造，科学传播的效果也从无形变为可感，公众通过对话实现了对科学的认知、理解、信任和传播。

（四）对话能够拉近科学与大众之间的距离

科学本身的专业性、深度和理性都是与大众传播相违背的。科学是一种纯粹理性，大众更愿意接受的信息倾向于简单、清晰、确定，因此科学并不在大众所能找到的信息范畴内。科学的复杂性表现在它需要缜密的思维和逻辑，是一个复杂的证明过程，或者需要一个复杂的解释行为，这都需要大众具备一定的科学素养来理解和建构。而从大众心理来看，大众更倾向于接受简单清晰的结论性信息，而非复杂的、需要深度思考的考证性信息，因此科学天然地与大众有距离。而对于这些问题的最好解决方式就是对话和沟通，科学家与公众的对话、媒体与公众的对话和沟通，以打破彼此的身份界限，去掉彼此的阻碍和藩篱，让科学以更轻松、更有趣的方式亲近公众。

[①] 刘华杰.大科学时代的科普理念［N］.光明日报，2000-11-02.

科学长期以来一直与理性紧密相连，是理性认识和规律总结的结果，而科学传播也沿用理性的方法，因而一度并没有达到很好的传播效果。传播是通过激活心理来分享意义的，情绪和感情会在心灵中相互连接，从而指导自我转向与自我内部和外部网络相关的个体决策[1]。情感不仅是感觉和思考的关键，而且它们对于社会性动物的交流来说也是必不可少的。从传播内容来看，情感的传播比知识的传播更易接受，以知识内容为主的传播要求受众具备一定的知识积累，因此存在壁垒，但共识则不需要对受众提出知识要求。意大利著名社会学家帕累托认为，感情是维系社会的一种有效方式。在媒体仪式的交流中，为了实现沟通的意义和创造更好的沟通效果，关系和情感往往被用作表达工具，情感是通信者与受众之间的内在联系，是实现沟通过程和沟通效果的主要工具。学者喻国明也说："民众在对信息消费的同时更加关注的是信息本身带给自身的社会情感体验和情绪按摩需求，在情感传播中实现情感交流和人际互动丰富了信息消费的新内涵。"[2]

（五）对话能实现更有效的科学传播

要达到有效传播，有三个层面需要满足，即认知层面、态度层面以及行为层面。科学传播最早的目的是指导人们的行动，因此对于人们行为的改变比知识的传达更为重要。学者研究发现，公众在认知科学和认可科学方面，受到不同渠道的影响。公众往往从大众传播渠道了解科学信息，但此时并不能形成对信息的认可。只有经过熟人网络、共同的圈子等其他更小众的渠道，同时也是更亲密、更值得信任的渠道，再次传播同一信息时，

---

[1] 卡斯特.传播力[M].汤景泰，星辰，译.北京：社会科学文献出版社，2018：111-117.
[2] 喻国明.社交网络时代话语表达的特点与逻辑[J].新闻与写作，2017（7）：41-43.

才会认可信息内容。公众因为对科学的了解而获得知识和方法，从而指导生活，这是一种有效性的体现。公众因为对科学的了解而更加关注科学、认同科学、信任科学，这也是一种有效性的体现。从结果的角度来看，公众是否因为科学传播而关注科学、信任科学、理解科学以及参与科学是一个衡量标准。科学进入大众视野，参与公共秩序的建立、精英视角的摒弃，公众对科学信息的建构和表达是一种民主实践。公众从自身出发，能够给传播者提供常人经验信息的思考角度，公众对信息的反馈也促使信息不断修正、解释、完善，达到与传播者多次对话交流的目的，这也打破了垄断话语建构的格局，在不断聚焦信息重点、补充不足问题之后，形成更广泛的影响。

第三节　对话理论视域下的科学传播

一、对话理论

对话理论在东西方都有着悠远的历史，无论在文化传承还是学术探讨上，先贤们都践行着"对话出真知"，用对谈的方式来构建知识和探索真理。中国古代的教育家孔子和古希腊的思想家苏格拉底都擅长用对话的方式来与学生进行沟通，可见对话对于知识和真理的探索是一种有益的手段。从宏观层面来看，对话被研究者作为一种理论，应用在哲学、社会学、文学、心理学、教育学等方向，研究内容也因为角度的差异呈现出多样化的形态。其中，来自苏联思想家巴赫金的对话理论，虽然始于文学评论领域，但也适用于传播学领域。对话既是一种行为，又是一种姿态，既作为动词代表着一种交流过程，也作为形容词展现着一种开放合作的态度。对话这种古老方式将在网络媒体的新时代再次受到重视，在新技术的加持下发挥更强的作用。

在巴赫金的理论中，"话语是一个人与世界对话的桥梁"，"对话作为证明一个人存在的本质条件，它是平等主体之间相互作用的特殊形式"[1]。对话是人与人之间最基本的行为互动，只有在与他人进行语言交流时，语言

---

[1] 巴赫金.巴赫金全集：第1卷[M].钱中文，主编.钱中文，译.石家庄：河北教育出版社，1998：55.

本身才有意义。同时，对话不仅是语言上的对话，也是精神上的对话、思想上的对话，是一种状态和理念。在他的对话理论中，有五个显著的特点。第一，对话的双方必须互不相同，独立个体才能构成对话，只有一个人只能是"独白"，而非对话。第二，对话发生在独立个体之间，即对话主体的地位是平等的，而不该有主客之分，对话双方是你来我往的交流，而不是单向的输出。第三，对话发生在一定的场域中，对话需要特殊的公共性的对话空间，而公共性主要表现在自由和平等，以及等级的消弭。第四，对话具有开放性，对话是所有人与其他人的互动，每个人都可以参与公共话题的对话，这是一种"向心力"的体现，但在对话过程中，出现自我、独立、不同的声音也是必然的，这是"离心力"的体现。第五，"复调"与"狂欢"，巴赫金在对话理论中聚焦多重声音形成的"复调"现象，他认为对话中出现多重声音是必然的，"复调"应该是对话的常态。尤其面对公共议题时，参与对话的主体多元而平等，各种观点彼此独立又相互交叉碰撞，每个主体都应该能够发出自己的声音，加入对话，"复调"对话可以激发公共理性的产生，是一种全方位的社会互动。而"狂欢"是指对于权威声音的反叛，指去中心化之后个体所产生的对话的自由性，它代表了对话来源的多元，但在某种情况下也会给对话带来噪声和谣言。

巴赫金的对话理论强调人的存在性、对话者的多元性以及对话的互动影响，因为多种声音的存在而形成"复调"，但作为独立个体的声音不可忽略，而对话是为了让彼此触动回复、相互影响。特别是巴赫金不仅把对话作为一种交往方式，还将对话上升到哲学层面，认为对话是生命的本质，也为思想的产生提供了动能。

二、传播与对话的关系

从传播学的角度看，首先对话是一种人际传播，是两人之间关系的建立和信息的共享，而如果对话者的人数众多、身份多元，则会形成更大范围的对话。其次，对话与传播在本质上是一致的，对参与主体的要求也是相似的。第一，对话与传播有着相似的组成部分。对话中最基本的组成是"说者""文本""受话者"，传播中最基本的组成是"信源""讯息""信宿"。第二，对话与传播的基本特点一致，都是一种人类基本的活动，这种活动需要借助符号和媒介，都是相互作用产生影响，都会发生相应的变化。第三，对话与传播都是人类的交往行为，都体现着人与人彼此影响、彼此作用的关系。

巴赫金的对话模式，与传播学中的循环模式十分相似。可以说，早于线性传播模式20多年提出的对话理论，已经更早地看到了线性传播对受传者的忽略和传受二者之间的互动。他重视肯定对话双方的地位、关系和权利，以及双向互动性，而从不强调一方的独特性和权威性。传播学理论在其后的20多年才提出了循环理论，看到了传播的互动与反馈，认为"传播是在双方的互动中循环往复的"。除此之外，巴赫金的对话模式还提出了"统觉背景""他人表述""社会环境"等概念，共同组成了对话的完整模式，这些元素的提出昭示着巴赫金不仅看到了对话过程中的各种内部因素，还看到了影响对话的外部因素。1970年，德弗勒将这种外部因素称为"噪声"，但所有复杂的外部因素都被概括为噪声，并没有分出其中的差别和层次。

对话的过程与循环模式下的传播过程十分相似。首先，对话是在人与人之间开展的，参与对话的双方是地位平等的，两人的角色是不断互换的，也是不断往复的，并在往复中既保持个性又相互影响。巴赫金说："对于话语来说（因此也是对于人来说），最可怕的莫过于没有人应答了。"[①]对话不是一个人的行为，一个人的话语只能称为"独白"，只有有所指向的话语才

---

① 巴赫金.巴赫金全集：第4卷［M］.钱中文，主编.白春仁，晓河，周启超，等译.石家庄：河北教育出版社，1998：32.

能构成对话，而只有对话才是人的行为的本质，是所有行为的基础。对话是关于人的指向性的活动，而人在对话中的位置是无可取代的，对话的双方或多方是彼此独立的，但在对话的过程中又对彼此进行建构和影响。

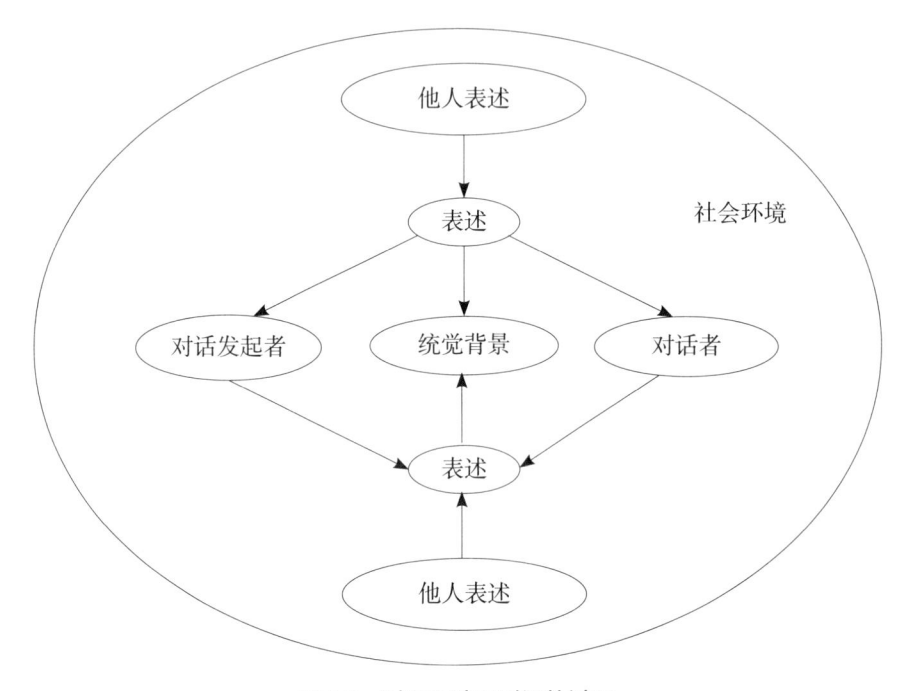

图1-3 对话理论下对话的过程

第二，对话模式中的"统觉背景"指的是对话参与者所具备的背景知识、自身的知识储备、习惯、性格、信仰、能力等。"统觉背景"的提出可以看出巴赫金对人本身的重视，他认为对话中的人不是模糊的，而是具有各自特质的。对话中的人是如此的不同，以至于影响每个人对于外界的感受，影响各自的认知。人与人之间的磁场、气质等都决定着一场对话的结果。在对话的你来我往中，"统觉背景"甚至影响着整个对话的风格，决定着对话中的人对彼此的理解程度。

第三，对话模式中的"他人表述"是指对话过程中不仅有对话双方的语言，还有他者的声音存在，而这种声音会对对话产生积极或消极的影响。

他人表述"作为另一个人的表述为说话者所思考"[①]。他人表述的提出与传播学中的"第三人效应""二级传播""意见领袖"等概念有异曲同工之意。巴赫金注意到了"他人"对于沟通效果的影响,看到了人们对于事物的认知不仅来自自身的知识和判断,还与外界的影响具有不可分割的关系。

第四,对话还受到社会环境的影响,这也是巴赫金提出的另一个影响因素,他指出"任何表述、任何表现的组织中心,不是在内部,而是在外部:在围绕个体的社会环境之中"[②]。巴赫金洞察了外部环境对内部交流的影响。外部环境既包括对话内部除主体之外的环境,也包含对话系统之外更大范围的环境,外部的环境涉及政治、经济、社会、教育等因素,所有因素组成的一个动态的平衡系统。对于社会环境的观照,在传播学中也被认为是影响传播效果的重要因素。

巴赫金的对话理论重视人的作用、主体地位和价值的平等、互动影响,主张对人的个体价值和多元声音的鼓励,强调对话作为一种沟通方式的重要性。这与传播的本质十分契合,也对传播的发展具有很大的启发性。对于传播来说,坚持平等性、开放性和思想交流是本质要求。传播不是一方向另一方的直线传播,另一方也不是被动接受的个体,而是拥有独立个性、能够发出独立声音的平等主体。因此,传播需要多元主体的参与、交流,需要多重声音的汇聚。对话的倡导也与网络时代的传播不谋而合。在媒介技术的加持中,传播已经不再是高高在上的传播者对受众的单线传播,受众也不再被看作毫无反应、毫无个性的被动接受者,二者之间界限越来越模糊,地位也趋向平等,传播逐渐变成了对话。这种对话不局限于一对一,也不一定是仅仅使用语言的,而是一种基于平等身份、在特定的公共空间

---

① 巴赫金.巴赫金全集:第2卷[M].钱中文,主编.李辉凡,等译.石家庄:河北教育出版社,1998:67-69.
② 巴赫金.巴赫金全集:第5卷[M].钱中文,主编.白春仁,顾亚铃,译.石家庄:河北教育出版社,1998:134.

进行的沟通和交流。人与人连接的网络化、人与人关系的去中心化都让传播者和受传者的地位更加平等，传播内容更加多元，对话空间日渐开放，网络对于普通人的赋权让传播更加多元化，"复调"的对话达成现实。在对话的理论下看传播，对话是符合网络时代传播特性的，也是达成传播的有利途径。由此可见，对话与传播在理论指导上是十分契合的。

三、科学传播与对话的关系

（一）科学传播的对话模型阶段

对话是科学传播从"缺失模式"向"民主模式"转向的必经路径。"缺失模式"片面地将理解知识看作科学与公众之间关系的关键，但"民主模式"则不仅要求知识，还包括价值以及权力与信任之间的关系。"民主模式"的实现是在科学家与公众平等的基础上，以及在此基础上进行辩论、协商和翻译的过程。[1]

科学传播在西方和中国的定义和发展阶段虽然存在差异，每个阶段有着不同特征的模式，但总体趋势却基本一致，各个阶段之间并不是顺序替代，而是有叠加、重合、融入，在不断的拓展和转变中，从"公众理解科学"走向"公众参与科学"，从传统的"科学普及"到"科学传播"，体现在传播过程由居高临下到双向互动，公众由完全被动到主动参与，传播主体由科学共同体转向了政府、媒体、科学家、科学共同体等共同进行的立体工程。科学传播的复杂性体现在作为一个生态系统中的异质性和多元性上，其中充满了不同形式的生命，以不同的形式互相联系，传播的网络既

---

[1] DURANT J. Participatory technology assessment and the democratic model of the public understanding of science [J]. Science and public policy, 1999, 26（5）: 313-319.

是独立的又是相互联系的，共同组成了一个更为复杂和庞大的网络。[①]

公众要参与科学，必须要对话科学。对话如何建立？英国下议院科学技术特别委员会的《科学传播与参与》报告中就提到了公众如何参与以及对话的问题。英国研究理事会（RCUK）将公众对话界定为："公众对话促进个体和群体之间争论和互动，并且创造一种人们讨论科学议题的氛围。从决策层面上来说，公众对话可能不会产生结果，但是它促使人们对这些议题的兴趣和意识。科学家可以与公众进行交流，公众之间也可以彼此交流。"可以说，公众对话在众多领域得到了广泛应用，包括公共管理、环境科学、立法、城市规划等，科学中的公众参与和对话也引起了人们的关注。在西方国家，政府机构和科学团体近年来都在寻找吸引公众参与对话的方式（例如国家级的协商、共识会议、平民评审团、利益相关者对话等），希望公众能够平等地参与并且愿意参与科学事务的商讨。[②]公众作为与科学家、政府平等的对话参与者进行科学探索，并作为一种模型的"公众参与科学""民主模型""对话模型"，成为新时期科学传播的范式。

表1-2 科学传播的阶段和范式

阶段	研究核心	方式	视角	模式
知识传播	科学知识的小范围共享	人际传播	科学共同体内部	扩散模型
科学普及	科学知识的普及	大众传播	传播者为中心	中心广播模型
公众理解科学	传播机制、效果研究	大众传播	双向交互	欠缺模型
科学传播	内容、机制、效果	人际传播、组织传播与大众传播相结合	受众为中心	对话模型（民主模型）

---

① 戴维斯，霍斯特.科学传播：文化、身份认同与公民权利[M].朱巧燕，译.北京：科学出版社，2019：6.

② 英国上议院科学技术特别委员会.科学与社会：英国上议院科学技术特别委员会1999—2000年度第三报告[M].张卜天，张东林，译.北京：北京理工大学出版社，2004：63-89.

传统的科学传播是一种精英式的单向传播，并不注重交流和沟通。全媒体时代，尤其社交媒体勃兴的时期，科学传播也随之到了新的阶段，呈现新的模式。一批科学家直接面对公众进行平等、开放、直接的科学传播，慢慢成为趋势，科学不再高高在上，科学家也不再必须借助媒体发出声音，他们可以利用新媒体进行直接高效的科学传播。这种方式不仅让知识普惠大众，也让科学家的个人形象得以建立，以此拉近科学与大众的距离，建立大众对科学的信任。科学家改变精英的高冷形象，走下神坛，与大众处于平等地位，并在传播中践行着对话原则，在二者完全平等的话语空间内进行交流和探讨，完成对科学的传播。科学传播在新的时代，表现出知识的共享性，知识在更大范围内被看到，也可以在不同的人之间互动流动，而非精英指向平民，流动的方式也不再是灌输和宣传，而是交流和共享，科学在平等的对话交流中不断扩大着传播的范围，影响着更多的人群。

（二）科学传播与对话理论的关系

表1-3 对话理论观点与科学传播对话性的对应性

本书章节	对话理论的主要观点	科学传播的主要观点	科学传播的"对话性"表现
第二章 危机下人与人的相遇——科学对话关系的建立	对话首先是对话关系的建立	传播者与接受者是传播过程的两端	人与人相遇 人与人在场
	对话是一种"主体间性"的表现	双向互动而非单向传播	平等技术赋权 主体体现
	对话分为"微型对话"与"大型对话"	多主体之间的传播	多元主体的对话
第三章 人在危机空间的交流——科学对话公共空间的构建	对话是在"公共空间"发生的 对话具有"未完成性"（持续性）	面向大众的传播	网络对话"公共空间"的生成 时间维度的对话

续表

本书章节	对话理论的主要观点	科学传播的主要观点	科学传播的"对话性"表现
第四章 危机中的"复调"与"狂欢"——科学对话议题的建构	对话在过程中具有"向心力"和"离心力" 对话具有"复调"与"狂欢"的特征	科学传播中具有异化特质，其表现为谣言	自由、平等、匿名狂欢 舆论合力与去中心并存
		科学传播能够影响舆论	
		科学传播能够影响传播者的关系和价值观	

科学传播在向对话的方向转变，也具有越来越多的对话特质。但也有学者认为，目前的对话很大程度上不是真正的对话，因为并没有让各方意见得到充分交流，真正的对话是要让科学家了解决策者的需求，据此给出专业的判断，以及了解公众的需求，以此传递准确的知识，只有有效对话，才能在治理中发挥有效的作用。[1]还有一些对话不是以沟通为目的的，而是以使得公众理解科学或者支持科学，而被迫进行的并不平等的对话，这仍然是秉持精英视角的优越的沟通，而不是与公众进行的知识平等对话。[2]虽然还有很多不足，但作为一种对话的科学传播，以及让科学传播更符合科学的对话，仍然是值得努力的方向。

---

[1] FISCHHOFF B, DAVIS A L. Communicating scientific uncertainty [J]. Proceedings of the national academy of sciences, 2014, 111（4）: 13664-13671.

[2] 贾鹤鹏.谁是公众，如何参与，何为共识？——反思公众参与科学模型及其面临的挑战 [J].自然辩证法研究，2014, 30(11): 54-59.

第二章
危机下人与人的相遇
——科学对话关系的建立

根据风险管理框架的内容，公共危机治理体系是一个以政府为主导，非政府组织、企业组织、公民个人制度化、协同、开放型的组织网络，以公共危机预防和治理为目标，对公共危机进行整体性、全局性的管理和控制，以求实现公共利益的最大化。权威的危机治理指挥系统是保证统一指挥和迅速采取行动的前提，政府部门占据危机处理的主要地位，其他具有自治性、独立性的非政府组织、团体或企业、个人等力量，都在各自的位置发挥积极作用，共同致力于危机的解决，在保障社会服务、进行沟通协调和监督执行等方面弥补政府功能的不足。公共危机治理的执行思路首先在于调整各相关主体的关系，从法律和组织结构的角度，明确各个主体的权利与责任，梳理和协调各主体间的权责关系。在保障系统整体性、系统功能性稳定运转的前提下，针对不同的主体在组织体系中的位置和作用，设定相应的行政程序、行动规范。在笔者看来，公共危机的治理者是多元的主体，治理方法具体而言就是不断地交流和对话，各主体在发起对话、参与对话、组织对话等过程中，协调与彼此的关系。在公共危机治理中，科学传播作为一种有效方式发挥着巨大作用。科学传播本身就是一场关于科学的对话，对话各方又在不断的对话中探讨科学。对于科学传播的对话机制研究，本书试着从对话主体的分析开始。

通过梳理已有研究可以看出，有关突发性公共卫生事件中的科学传播研究多集中在实践思考层面，缺少结合科学传播本身规律的学理探讨；对于科学传播主体的讨论主要集中在科学家和媒体，对政府部门及公众作用的讨论欠缺；以往研究多聚焦单一主体，如科学家群体，缺少对不同传播主体在具体实践中互动关系的思考。如前文所述，当前客观存在的科学传播模式，以及对特定科学议题的认知，是不同传播主体共同作用的结果。因此，应考察不同主体的传播实践及其互动关系，才能更准确地理解特殊情境下的科学传播模式。此外，也有研究从舆论引导的角度提到，应急科普传播主体间的关系混乱是应急科普舆论引导效果不佳的主要原因，这进一步说明了厘清多元主体关系的重要性。

第一节　人本性：公共危机治理中科学传播的对话主体

巴赫金的对话理论认为，对话首先是"人与人的相遇"[1]，人既有对话的愿望，也有对话的能力，人热衷于与他人进行对话，这种对话促使人不断地发展。人是对话的前提，人存在的形式就是相遇，这种相遇是建立在一定空间中，权力对等条件下不同声音的交织。在巴赫金看来，话语中的修辞特征作为一种组成成分与其他元素一起共同组成了小说，只有在对话中，这些成分才有存在的意义，若不进行对话，这些成分本身是毫无意义的。[2] 没有他人参与的对话只能称为独白，而独白无法对人的发展产生重大的影响。面对公共危机，不同的人群在同一个场域相遇，以各自身份开展对话，只有对话，才能使得彼此的话语产生意义。这种对话没有主客之分，是建立在平等地位和对等空间里的，对话是往复进行的，只有不停地对话才能促进问题的解决，因此对话又是"主体间性"的，在不断的互动交流中一直进行。

---

[1] 巴赫金.巴赫金全集：第4卷［M］.钱中文,主编.白春仁,晓河,周启超,等译.石家庄：河北教育出版社,1998：54.
[2] 刘晗,粟世来.话语的对话性与诗学问题：巴赫金话语理论研究之二［J］.吉首大学学报（社会科学版）,2008,29(6)：57-63.

一、对话者的"在场"

公共危机治理要求社会共治，多元的参与主体彼此协商合作，只有这样才能保证最大效率，共同度过危机。当代科学传播已经成为科学共同体、政府部门、机构、媒体、专业组织、公众等多元主体共同参与的实践领域，参与主体的多元化使得科学传播形成了开放互动的网络化传播关系，成为一个具有多元互动特征的、活跃的社会传播系统，与科学技术相关的知识和信息在这一网络系统中频繁流动，不仅公众是传播对象，科学共同体、政府、媒体、专业组织等也是传播对象。当代科学传播以科学为媒介，进行信息的管理，建立和改善关系，修复价值体系，重塑思维方式。参与同一场主题对话的对话者，各自扮演着不同的角色，在交流互动中进行建构，形成共识。

（一）对等的话语权是保证彼此"在场"的前提条件

人的社会地位决定了其对话的位置，在话语权掌握在统治者手中的时代，公众不具备与政府、媒体对话的话语权，因此对话也无从开展。但在互联网时代，人人都被赋予了平等的表达权，从技术上保障了对话的实现。公众对于自身权利的觉醒，也促使其勇敢站出来发起对话。在面对危机时，公众不再是受害者，媒体也不是唯一的媒介。所有人都可以平等地在这个场域进行对话。

政府既是国家权力的掌握者，也是公共利益的服务者。狭义上的政府则指统治阶级运用国家权力管理国家事务的各种机构。政府兼具公共管理和组织领导的功能。随着政治经济的发展，政府的社会角色也发生着变化，管理方式也随之变化。媒体作为对话主体之一，一端连接着政府主导下危机决策的发布，另一端连接着公众与社会。公共危机中，媒体既被要求用技术理性客观专业地判断危机，传达知识权威与政府的"官方发布"，又要为公众负责，反映公众的呼声。科学共同体作为对话主体之一，是由遵守共同的科学规范、拥有相同科学理念的科学家组成的群体。这个概念来自《科学的自治》一文，其后库恩又用"范式"的理念来解释科学共同体的存在，即一群使用共同范式但来自各个领域的专业研究者。[①]科学共同体包括各科学机构、科普组织、各地科学协会、科研人员、科学家、专家等。哈贝马斯认为社会公众是所有拥有身份、占有财产、接受过教育、有着理性、能进行听说读写的、有能力进行自由讨论的人[②]。从这个角度讲，哈贝马斯将公众的范围进行了一定的限制，且明显具有一定"精英主义"的色彩。本书所指"公众"包含社会中遭遇公共危机的所有人，他们是公共危机的参与者，也是解决者，是危机传播中的接收者和传播者。另外，在当代媒介化社会的环境下，公众除了作为个体存在，还通过一定的关系结成圈子，作为一个群体而存在。他们通过互动和交往，在不同的人与人、人与群体之间形成复杂的人际网络，表现出不同的组织样态。社会群体形成了比单个个体更为强大的力量，也是直接改变话语权结构的推动者。

对话的前提是主体的平等，但个体与政府、媒体之间，并不是完全去阶级化的、完全平等的主体。个体是单独的力量，在面对政府和媒体的时候，显得力量单薄，虽然在政治地位上是平等的，但在交流中很难看作完全平等的个体。但我们应该这样看待参与对话的个体，他不是具体的某个人，而是公众群体中的一分子，群体在与政府和媒体的对话中，具有更为强大的力量，可以与其他主体平等参与对话。

---

① 彭漪涟，马钦荣.逻辑学大辞典［M］.上海：上海辞书出版社，2004.
② 哈贝马斯.公域的结构性变化［M］//邓正来，亚历山大.国家与市民社会：一种社会理论的研究路径.北京：中央编译出版社，2002：163-164.

（二）"在场"是责任和诉求的反映

对话主体有各自的诉求和责任，但目标是一致的，都要面对同一个危机和挑战。政府参与对话的身份是管理者，它的任务是对危机全过程的管理，诉求是危机的解决和状态的恢复。它发起对话的主题是危机决策，而在关于科学知识、科学方法、科学思想和科学精神的对话中，它的态度和行为对其他对话者具有重大影响，包括政府对待危机科学研判、科学决策和科学管理的态度。政府坚持以科学的方法进行决策，并进行科学的管理，这种行为本身就向公众传递了尊重科学、信任科学的态度。

公众在对话中会受到"他人表述"和"社会环境"的影响，政府的态度、媒体的做法，都是影响个人选择的因素；媒体作为议题解读的对话者，也是社会意义建构与竞争的场域。它是记录者、沟通者和监督者，它的诉求是传递真实的声音、沟通客观情况、协助恢复秩序。媒体通过对科学议题的选择和建构，平衡冲突的意见，架构协商的基础，以及促成共识的达成。媒体以科学话语为内容，也在交流中建构科学话语，在对科学的不断磋商中，将科学知识传递给管理者和危机的遭遇者——公众。作为连接政府与公众的桥梁，在公共危机中媒体是政府与公众之间信息沟通和舆情互动的平台，是通过媒体最基本的信息传播以及议程设置的功能实现的[1]。科学共同体作为智囊团和传播者参与对话，它的诉求是以科学战胜谬误。科学共同体在突发公共危机中的角色定位分为被动型和主动型。被动型的科学共同体倾向于不主动参与对话，但会作为决策部门的依据来源成为危机管理的"幕后人员"，也可能通过媒体进行佐证，为政府和媒体提供必要的科学支持。主动型的科学共同体具有沟通的欲望，会主动参与对话，并在对话中输出自己的态度和观点，一般通过政府渠道或主流媒体、专业媒体

---

[1] 周榕.我国公共危机传播中的媒介角色研究[D].武汉：武汉大学，2013.

等方式。但随着社交媒体的发展,科学家使用微博、微信公众号、短视频等平台进行发声的群体越来越多,科学家开始直接面对公众进行对话;公众作为危机中的对话者,是危机的受害者,也是信息的传播者,还是共同治理者。公众的诉求是获取信息、理性行动和对抗危机。人们都希望通过跟他人的对话,来满足各自的诉求,通过对话交换彼此的思想,最终达成共识。公众作为对话主体之一,曾被认为是远离科学的外行群体,但同时公众又是科学技术的消费者、科技发展资源的提供者、科技应用结果的使用者,而科学技术的发展和应用最终是为了满足公众以及整个社会的需求。

科学传播不能把公众当作知识的灌输对象,事实上,公众是科学技术领域的参与者、对话者和合作者。况且公众已经不再是面目模糊的"大众",而是一个个具体而丰富的个体,他们拥有各自的信仰、知识、经验、情绪、判断力等,在对信息的建构中发挥着主观能动性,并以越来越多的方式诉诸实践。社交媒介的发展彻底改变了传统的传播者和接收者之间的关系。传播者和受众的界限甚至已经模糊,在互联网的网络连接中,每个个体都可以作为一个连接点,输出知识和信息,同时也作为信息的接收者,双重身份共存。

(三)"在场"的形式不是局限的

随着技术与功能的发展,"在场"的对话可以有多重形式。在巴赫金的理论中,对话主要指的是人与文学作品的对话,作品的背后是作者或者叙述者,延展到外部空间,则有人与人的对话、人与其他形式和内容的对话。而这种对话的"在场"并不局限于同一时间、同一个空间,如同巴赫金所说,有人与人的对话、人与作品的对话等。在新闻传播中的"在场"也不一定是即时性的对话,可以跨越时空的阻隔,实现虚拟"在场"。对话主体不一定同时处于一个场域,但这并不影响跨场域的接收。在传统传播空间中,公众的参与不是直接的,而是通过"他者"进行的。在危机中,代表政府或组织的媒体，作为中介，带着公众的需求，与权威人士对话，构成了对不在场公众的另一种对话。

媒介的形式决定着沟通和交流的方式，随着媒介技术的迭代，其所构建的关系也在不断变化。进入互联网时代，传播手段多元，多媒体生态逐渐形成，作为"人的延伸"的媒介越来越好地还原人的感知，不仅是视觉、听觉、触觉的单维度传播，还有融合方式的传播，而且随时随地、无处不在。随着智能媒体的发展，人工智能、传感器技术、5G、物联网的发展，人与人沟通的方式正在走向融合，不同于大众传播的一对多，也不同于人际传播的一对一，而是出现了多对多、多对一等多种既互相独立又相互统一的传播形态。文字、声音、视频、多媒体等花样繁多的形式，使得传播变得触手可及。社交媒体是互联网时代一个标志性产物，在英国学者汤姆·斯丹迪奇的《从莎草纸到互联网——社交媒体2000年》一书的论述中，无论是哪个历史时期或者地点出现的社交媒体，其根本基础就是人与人之间分享信息，无论使用何种技术，两千年以来的社交媒体中基础结构和发挥态势等方面都是相同的，都是双向的交谈环境[①]。社会关系的基本组成就是人与人的交往，强调的核心就是人的存在，即使人的存在无法具身，而是虚拟分身或者化身，但究其本质是关于人的关系的缔结。因此，社交媒体的本质是以内容为承载的关系的建构，社交媒体的网络不仅带来海量的信息，更在于链接了所有的强关系和弱关系，关系蕴含信息，决定传播的内容和方式，因此"关系网"将取代"信息流"在科学传播中的基础性和优先性地位。

二、对话者的"相遇"

公共危机让人群因为危机而会聚，这种会聚既存在于现实世界，又出

[①] 斯丹迪奇.从莎草纸到互联网：社交媒体2000年［M］.林华，译.北京：中信出版社，2015：5-7.

现在传播的网络。而群体的属性和职责使得群体分工不同，要共同面对危机，必须通力合作，缺一不可，公共危机中不同属性的对话群体得以相遇。

对话中主体关系的建立是开展对话的起点。公共危机中的主体因为共同面对同一个危机而共处一个场域中，各方共同努力改变危机的威胁状态，使社会秩序恢复常态是共同的目标。对话主体在公共危机中相遇，并在科学传播中通过不同的对话形式，在不同的对话空间，以不同的对话文本，建立对话关系，发出各自的声音，共享着信息和知识，发挥各自的作用。在对话理论视角下看科学传播，科学传播的主体是对话的主体，对话要求主体是平等的、独立的、多元的、具有主体间性的。公共危机中的科学传播对话主体也遵循着这样的规律。在应对突发公共事件的过程中，群体、受众和应对行为本身在科学传播实践中是通过碰撞来协调的。碰撞理论认为"日常生活的秩序表现为一种可塑性资源，是科学发展的积极力量"[①]。这种环境本身就是一种特殊的社会生活秩序。突发公共事件是日常生活秩序中的一种特殊情况，也是传播科学和科学发展的机会。

在危机管理中，政府要满足公众的信息期待，要得到确切结论，需要唯一、准确、权威和专业的信源带来确定的信息，这就要求科学传播的传播者必须具有可信度和专业性，能够准确掌握信息和传达信息。政府并不是一个知识机构，不直接掌握科学知识，因此不具备具体的科学知识，但可以借助科学家和专家的智慧，调动科学资源，使用科学方法做出决策；尤其处于危机的侦测期和预防期，政府相关部门往往会通过各种途径（比如突发事件的上报系统）最早侦测到危机的出现，作为权威部门，必须在这个特殊情境下做好积极的传播，行使传播者的权力，以防谣言的生发和扩散。政府强大的管理能力还体现在政策和制度的制定上，政府拥有行政权和管理权，能够在危机中最高效地调动资源，部署相关部门进行统筹规

---

① 皮克林.作为实践和文化的科学［M］.柯文,伊梅,译.北京：中国人民大学出版社,2006：138.

划；政府还具有强大的动员能力，在与社会的对话中具有一定的掌控力。

媒体对来自专家和公众两方面的信息同时进行收集和传递，采集来自专家关于危机情况的研判和解读，提供给政府和相关机构进行识别和处理，进而形成决策，传播给公众，以保证公众能够及时了解真实客观的情况。同时媒体也在收集公众的信息，将公众的需求反馈给政府和决策部门，为处置找到现实依据；沟通几方的声音，一是能将信息及时传递，尤其是科学信息，这是政府决策的基础，也是公众的认知基础和行动指导；二是引导舆论的方向，疏导公众的恐慌情绪，了解参与危机治理中的途径。公共危机中以主流的官方媒体为首，首先进行科学传播。主流媒体主要以国家行政部门、权威专家和机构、权威组织、第一线的参与者的信源为主，这些信源从各自角度的专业性和权威性、准确性得到公众的认可，而由于主流传统媒体本身的专业、客观，也使得这些信源愿意或者更倾向于在此类媒体发声，真实、客观的信源是建立与公众之间信任的重要桥梁。获得最准确的一手信息，再通过自身广泛的覆盖量进行最快速的传播。目前传统主流媒体的媒介形式也愈加丰富，除了传统的平面媒体、电视媒体，还有网络媒体，尤其是移动网络媒体，通过这些全方位的覆盖网络使得信息第一时间、最大范围的传播。

主流媒体包括官方媒体和专业媒体，除此之外，自媒体、社交媒体等，也在公共危机中发挥着各自作用，共同构成了一个多元的传播环境。随着媒介技术的发展，自媒体也构成了重要的力量，伴之公民意识的崛起，现如今媒体这个词中很大一部分与公众以及企业利益相关。本书所指的"媒介"与"媒体"的概念，既包括独立的报纸、广播、电视等传统媒体机构，也包含各种基于网络技术的新媒体，还包括代表公民和社会群体利益的自媒体。公众不是铁板一块，而是具有不同需求、不同背景、不同身份的差异化个体。媒体将这些独立的个体相连，可以促进彼此站在各自角度解析信息，对信息提出反馈和要求，以对危机管理者提出要求，全面地看待问题和解决问题。在危机发生之后，传播主体从以政府为核心，主流媒体为主要力量，到与其他媒体（包括自媒体等）共同进行传播，在网络时代，是"人人都有麦克风"的时代，人人都可以成为传播者，也应该参与传播，多元主体的传播能够满足不同群体的需求，适应不同群体的信息获取频率，满足不同群体的信息获取途径的需求差异。但内容的真伪、质量的高低，仍需要有"把关人"进行把关。

科学家的行政角色与专业角色存在着重合的可能性，因此在危机中参与对话的身份，有可能是作为行政官员、负责人，也可能是作为科学家。不同的权力体系也许影响着价值取向和方式，影响着对话的方向和风格；作为具备一定专业知识，掌握科学方法的知识拥有者，科学家也不拥有全部知识。由于专业分工的精细化，科学家对于知识的掌握仅限于专业范围内，也需要通过交流与对话，扩展知识面，获得其他专业领域的认知。事实上，科学家也是科学传播的对象；由于拥有知识，相当于在某些方面是权威，因此科学家在公众中的信任度较之其他行业更高，因此科学家在危机中拥有一定的话语权威。

公众作为遭遇危机的直接对象，需要相关信息进行行动指导，同时，也会对所获信息进行评价、交流、再传播，形成意见，与媒体和政府进行交换。参与科学传播的公众不仅是积极活跃的，也是各具特色的。公众通过社交媒体发布信息、表达情绪，甚至建构危机议程与风险议程，参与媒体、政府的风险沟通，拥有了与科学专家、知识权威和政府官员直接对话的机会。公众不仅得以更充分地获知危机的相关信息，学习对风险的评估与应对，还对危机决策提出疑问、批评与建议。危机决策过程的透明、开放与共同参与，也可以使公众对专家、政府的信任有所提升，强化社会内部的整体信任，降低风险对人们的心理冲击，从而减缓心理压力所引发的诸多非理性行为。

总而言之，政府部门在科学传播中占据核心位置，科学传播是其进行社会治理的有力辅助,而科学共同体作为核心科学信息来源,其对于科研成果的发布和阐释也主要服务于政府部门。官方主流媒体主要在凝聚共识方面发挥作用;自媒体一方面能够从形式或更加细分的话题进行内容补充,另一方面也可能挑起争论。而作为信息传播、接收的终端,公众在整个科学传播过程中是科学对话的有限参与者。

第二节 互动性:"转向他人"的"主体间性"的对话

巴赫金认为,在"我"与"他人"得以形成对话的问题上,"外在性"(outsideness)是一个必要条件。对话双方必定是站在自己的角度,但对他人来说是外部的角度,但"外"也不是绝对的"外",否则便会完全无法产生交集。任何自我都有自身的局限(无法完全认清自己),但也有他的"视域剩余"(surplus of seeing),得以看见他无法触及的视角。凭借彼此的不同视角和视域范围,对话双方能够互相看见,也能通过他人观察内在的自我。把主体的建构看成一种自我与他者的关系,正是巴赫金对话理论的特色。他认为,人在实现自我的完整性和主体性时,对于他人观点的采纳甚至"据为己有",是必须通过对话来达到的。

总结来说,差异是对话的前提和基础。对话建立亲密关系,意味着平等开放,突破圈层相互了解和交流。对话里体现的是人际互动话语的沟通而不是独白,对话具有针对性和目标性。对话是独立主体在公共空间进行多重声音的沟通,沟通的目的是信息和意见的交换以及价值的共享。对话是在平等主体间进行的,不同场域中的对话规范是不同的,但结果都是实现双方的平衡和协调,这种平衡是一种动态的均衡,而非绝对平等。[①]危机

---

① GRUNIG J E. Excellence in public relations and communication management [M]. Hillsdale New Jersey: Lawrence Erlbaum Associates,1992: 31-64.

中关于科学的对话不仅对信息传播治理的问题起到重要作用，也以科学的传播连接、整合，改变了各方的关系，同时，科学方法和科学思维的传播也改变了人的理念、认知和价值获得。

一、内部沟通：决策者内部的对话

在科学传播这个系统中，每个组成部分如政府、媒体、公众、科学共同体都存在各自的子系统，每个子系统在系统内部的互动中动态平衡，而每个子系统又彼此互动，在协作和博弈中构成一个系统，这个系统是多样性和统一性的融合体，并在动态制衡中不断发展变化。子系统通过不断与其他系统互动、交流、适应、磨合，而成为一个自洽的体系。这个过程是持续进行的，一直伴随着整个大系统的运行。由于复杂的环境因素，尤其在子系统与外部环境的互动中，会给系统的内部和外部都带来更多不稳定因素，最终影响决策的制定。科学传播连接的几个主体——政府、媒体、公众、科学共同体，在科学传播中通过互动和合作缔造的关系，包括科学共同体与政府、科学共同体与媒体、科学共同体与公众、媒体与政府、媒体与公众以及公众与政府彼此的关系，构成了公共危机治理的基本作用机制：政府在与科学共同体的互动过程中，为科学信息的权威性提供了背书；媒体在与科学共同体的互动过程中，为科学信息传播的及时性和广泛性提供了支持；公众在与媒体互动过程中，获取了科学信息，加深了对科学价值的认同，同时对其进行了社会建构，在理解和参与科学传播的过程中加强科学传播对危机处理的作用。几方之间的互动机制，依赖于制度保证和关系的协调，也受益于新媒体技术的广泛应用。科学传播在公共危机治理中表现出的社会动员能力和社会建构能力都为治理主体应对危机提供了有力支持。

公共危机中科学传播的对话包括内部传播和外部传播，这个内外之分是以管理者的视角来划分的，内部包括作为内容提供者和生产者的科学共同体的内部，作为传播媒介的媒体内部和作为主要决策部门的政府内部，内部沟通以对话的形式进行，是保证沟通顺利的有力手段。外部沟通是指面向公众的传播，面向公众的对话是另一种对话方法。

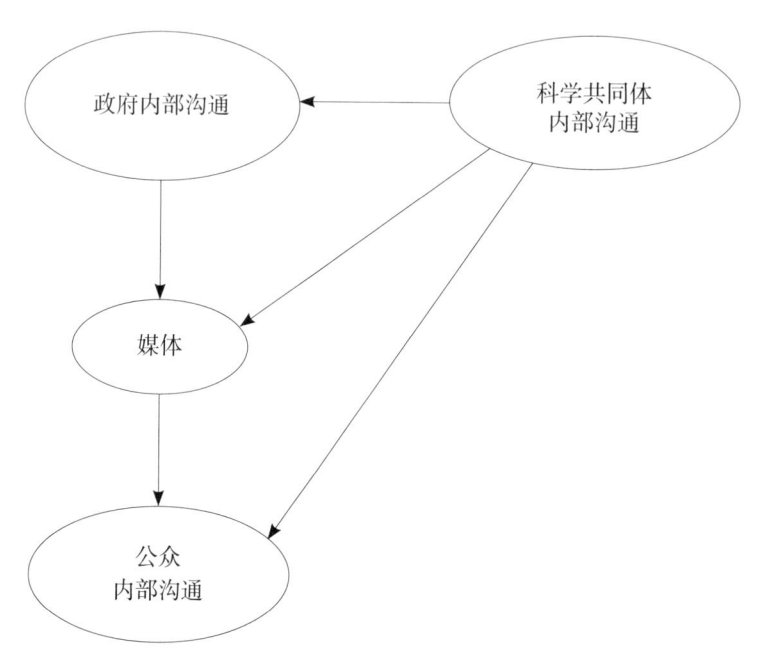

图 2-1　科学传播的内部沟通和外部沟通示意图

内部沟通包括科学共同体内部的对话和政府决策部门之间的对话。科学共同体内部的对话是指科学家在自己的学科领域就科学研究和发现进行交流，一般以论文发表或者论坛交流等方式，科学家就相关问题会给予意见和建议，形成小范围的交流，以达到知识和信息的共享。在危机发生时，科学共同体内部的对话是伴随着危机的预警、发生和恢复等整个过程的。在危机初期，科学共同体根据危机情况进行探讨、研判，彼此交流，意见交换，形成共识。科学的目标就是要实现最大限度的共识。科学因为是可被事实证明的、某种意义上趋向真理的认识，所以可靠是它的一大特点。

因此，为了产生最接近于"好科学"的科学，科学家提出了高度精确的程序和方法，用以测试和交叉检查、验证结论和理论，对可靠性知识的寻找是嵌套在基本的科学信仰体系中的，这不是一个外部强制，它体现在概念上，也体现在实证的研究活动中，最终要经过普遍的同行审查制度的检验。

科学共同体内部通过对话形成共识也并不是一件容易的事情。第一，专业的细化，导致科学分工细致，专业之间壁垒增大，科学共同体由于领域所限，无法直接对话，必须统一语言，在对话中进行翻译和转化，使得彼此能够理解；第二，扩大的科学共同体使得对话的主体更加多元，参与对话的人越多、声音越杂，科学的确定性越难统一；第三，危机中不确定性因素导致的误判，科学共同体之间对话的结果影响着公共决策、大众传播和危机管理。科学在多个主体的裹挟中，其独立性和客观性会受到一定程度的影响，尤其面对突发事件的管理和传播生态，复杂性系统下的科学无法独善其身，因此在复合主体的影响下，科学的呈现方式和价值构成也处于不确定状态。专家对它的认知存在不确定性、渐进性和反复性，不同专家之间的观点有时也存在差异，这使得在危机信息传播中出现了同一信源有时呈现前后矛盾、多重信源之间呈现观点矛盾、媒体报道信息出现前后"反转"的现象。作为决策依据提供给政府管理部门，此时科学不仅在科学共同体内部传播，而且开始向科学圈之外，进行更大范围的传播。

政府决策部门之间的传播是指在公共危机管理过程中，为了沟通协调组织，政府组织内部各层级、各部门之间的危机信息共享，包括中央政府与地方各级政府的纵向沟通以及各级政府内部部门之间的横向沟通。① 只有在横向或纵向的政府部门进行高度的信息共享，破除信息孤岛，才能满足公共危机中的无缝对接。决策部门之间沟通是否及时顺畅是决策制定、决

---

① 胥楠.政府应急信息沟通渠道的网格化整合研究［D］.成都：电子科技大学，2012：69.

策执行和决策评估的基本前提。[①]随着服务型政府的转型，公共危机治理需要多部门多机构的协调合作，协调的基础是沟通和共识，有效对话能够构建协同的公共治理网络。在部门和机构之间的沟通若决策内部沟通不够畅通，将影响决策的效率。在重大危机出现的时候，公共政策是关键的管理手段。科学认知提高了决策的效率和力量，决策效力为科学认知提供研究保障。在决策部门内部之间有关科学的对话，将为更迅速有力的政策制定提供科学的依据。在齐曼看来，科学的可靠性是因为在生产和交流新知识的过程中，科学家都必须接受特定的规则。如果知识生产得以发生的社会经济环境之间的社会关系抑制了信息的自由流动，共识就无法建立，生产可靠知识也变得困难。因此，决策部门内部进行对话既是对科学知识生产可靠性的一种保障，也是制造决策共识的一种手段。

（一）科学共同体与政府的对话

在公共危机中，科学共同体与政府的互动表现在作为危机中决策智囊团的角色，为危机的研判和决策提供最基础的根据；党和政府作为公共危机最主要的治理主体，具有统一指挥部署的能力，能够集中一切资源和力量，包括科学共同体资源，在与其互动的过程中，赋予科学信息以权威性。但二者之间的互动并不总是和谐的，如果科学共同体在需要提供依据时，并没有及时发挥作用，必然导致决策的滞后。但这其中的原因也不是非黑即白的，而是复杂多元的，科学共同体的判断不及时与对危机事件的前所未知不无关系，未能做出正确而及时的科学判断具有多方面的原因。而如果政府在公共危机中拒绝与科学共同体合作，不采信专家的意见和建议，靠经验或者其他依据进行判断，其结果也可能适得其反。一个典型的例证是美国政府在新冠疫情防治中对科学和科学家的态度，明显体现出政府对

---

① 林登.无缝隙政府：公共部门再造指南（中文修订版）[M].汪大海，吴群芳，等译.北京：中国人民大学出版社，2012：87-88.

科学的不信任和摒弃。如果政府与科学共同体无法进行有效的互动，在科学传播中将无法保证信源的权威和科学，因此，二者关系的建立和互动，决定着科学传播的根本质量。

（二）科学共同体与媒体的对话

科学共同体是科学信息的主要来源，媒体是对科学信息进行传播的媒介，二者的关系是密不可分的。但在实际的科学传播中，二者关系的建立影响着传播效果。两个群体在构成、价值取向、认知、行动方式等方面都存在巨大差异。媒体的方法框架与科学的严谨框架天然存在隔阂，媒体对科学和科学家的刻板印象一般是高冷、严肃、不好沟通、不懂传播规律。媒体从业人员由于科学素养不够，往往无法与科学家进行良好的沟通，专业术语的大量涌入也使得媒体在应对时无力招架，因此媒体对科学的态度从敬畏到崇拜再到批判。科学自身的不确定性也使得媒体对于科学产生了怀疑和不信任，尤其涉及科学成果的转化与经济利益挂钩时，科学也变得不再唯一正确，因此媒体对科学的不信任也渐渐生成。媒体是人们对于社会、文化等多方面认知的一个反映，媒体也在实践中积累了一些偏好，而给人留有刻板印象。[①]因此，科学共同体与媒体是相互建构的。这种关系表现在科学共同体依据媒体的规则所进行的"议程设置"，以及媒体根据自身素养和对公众期望，对科学内容所做的"再加工"，两种建构的最终结果以媒体呈现的议程设置为标准。科学共同体对媒体的传播也进行了建构，表现在对媒体的态度上，有的科学家选择沉默，不愿意通过媒体发声，也有科学家选择利用自媒体进行发声，而回避主流媒体。科学共同体与媒体之间的关系构建影响着公众的认知和态度。

---

① 马妍妍.媒介怀疑论信息时代媒介与受众关系研究[D].杭州：浙江大学，2013.

（三）媒体与政府的对话

在科学的传播中，媒体既是政府指定的发声者，又是连接政府与公众的沟通者，还是客观独立的监督者。媒介在危机中作为一种侦测手段，不断搜集社会各方面的信息，汇集各方的分析和预判，并将信息提供给决策者和公众。媒体提供有关危机信息来源的检索平台来预测和防范危机，为将危机扼杀在萌芽状态提供信息支持，为以最小的成本结束危机提供便利；在危机发展和爆发期，媒介通过各种渠道带来政府的声音、专业人士的建议和公众的反馈。这样，政府能够在防范危机的问题上得到公众的支持。在识别危机以后，媒体能够帮助政府动员社会各方面的力量，尤其是请专家学者对危机事件进行冷静理性的分析。政府在此基础上提出改进管理和政策的建议，并且协调社会各方面力量提供危机救助资源，进一步促进危机的平息。政府通过媒体告知公众对危机要保持观望和守护状态，不要放松警惕，动员群众巩固已经取得的应对危机的成果。

二、外部沟通：面向公众的对话

外部沟通主要是面向公众的大众科学传播。危机管理中的重要一环是危机沟通，是政府与公众之间的沟通，要解决沟通问题，必须及时、公开、有效地面向公众传播危机的相关信息、政府决策和应对方法。科学传播从科学共同体之间的传播到面向大众的传播，是一种传播理念的转向，也是一种现实需求。从科学传播伊始，科学家与大众的关系就处于传播链条的两端。科学知识是从科学家传向受众，而这背后的潜台词是科学家在专业领域内具有决定权、权威性和优越感，而受众不过是对科学一无所知的群体，这也就是"缺失模型"。一些科学家认为受众不理解、不支持科学政策，是因为他们不懂科学，不具备知识，而这种自以为是的想法也被事实证明并不正确。杜兰特对缺失模型进行反击,并强调要使公众理解科学,首先要重视他们的需求,并与其建立沟通渠道,改变自上而下的传受体系,平等交流沟通,达成对科学的理解。在面向大众的传播中为什么要运用对话的形式?这与危机的性质有关,也与危机中大众的心态有关。公共危机中,复杂的形势瞬息万变,要始终保持对话,及时沟通信息,才能保证秩序的动态平衡。大众平等意识的觉醒,以及对危机的认知和获取渠道的多元,使得大众要求对话的姿态,而如果是宣传、劝告甚至行政命令,则不利于稳定秩序和动态平衡。

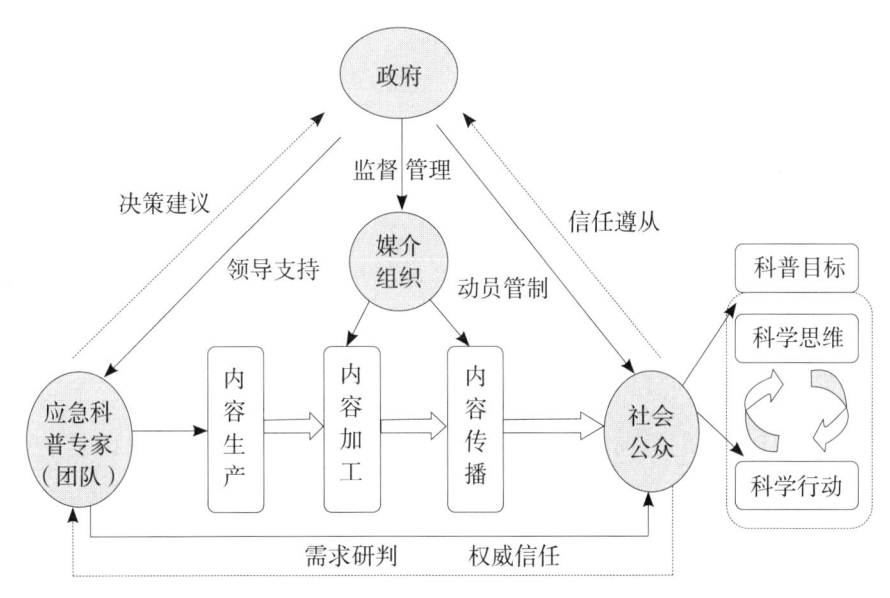

图2-2 公共危机中面向大众的科学传播的流程

(一)政府与公众的对话

公众作为危机治理中的接受者和反馈者,是政府最终服务的目标,政府对危机的防范,最终要落在政府和公众的共同行动上,因为公共危机治理最终的目标是公共利益,由社会各种力量共同治理是治理的基础。面对公共危机,政府和公众不是对立的关系,而是平等的关系,政府与公众都是危机的受害者，二者必须齐心协力，共同面对危机。在一定程度上，公众的地方性知识也在危机处置中具有不可忽视的作用，某些符合实际的自救方式也为政府的社会动员和推广提供了有利的依据。危机的承受主体不是某一个组织或者某一个人，而是危机中的每个个体。公众不但是接受者，还是参与者，在以科学为媒介而建立的关系中，公众的科学素养决定着其对政府决策的认知度和执行决策中的配合度，政府是否相信科学、如何使用科学也潜移默化地影响着公众对科学的态度。政府与公众在科学传播中的关系体现着公众对政府的认可度，以及对科学的信任度，二者关系的和谐建构直接影响着危机解决的速度和效率。

（二）媒体与公众的对话

一方面，主流媒体作为发布权威信息、传递正确价值的渠道，使政府和科学共同体所倡导的科学价值广泛传播。媒体通过议程设置来引导公众关注的重点，媒体选择报道什么以及如何报道直接影响公众的焦点。除了信息传播，引导舆论也是媒体的另一个职责和任务。媒介在汇集了公众的意见和声音后，进行舆论的回馈和引导。危机中，正确的舆论导向将为民众顺利度过危机树立信心。另一方面，公众通过媒体获取科学信息后，也会对其进行加工和再传播。科学信息的传播不是单向的告知，而是公众在与媒体充分互动的基础上，对其展开社会建构的过程。科学信息经由媒体发出后，经过公众的理解和再加工，并在转发扩散的环节完成了意义的再生产和再流通，由此加深了公众对科学价值的认同。第一，公众通过媒介来获得政府和专家有关应对危机的决策和方法，以立即展开自救或救助的行动。第二，公众通过媒介传递自己的声音，从而疏导危机带来的负面情绪。第三，公众通过媒介了解、参与危机治理。第四，公众通过媒介成为监督政府的角色，利用媒体强大的信息网络来进行对政府权力的监督。

（三）科学共同体与公众的对话

科学共同体一般通过媒体与公众对话，但随着科学共同体传播意识和传播能力的增强，以及媒介技术的加持，科学共同体直接利用自媒体与公众的对话也逐渐增多，如微博、微信公众号、短视频等，科学家直接面对公众的传播方式越来越丰富。这在近几年的公共危机中尤其明显，科学家利用自媒体在危机的进程中持续不断进行科普。

智能媒介时代，公众的科学素养已经有了大幅提高，对于科学的兴趣和关注度也随着科技的发展日益提高，尤其在发生危机时，公众在寻求解决方法时，对于科学的关注度更高，在与科学共同体的对话中，公众发挥主观能动性，对接收的信息进行建构后反馈给科学共同体，促进科学共同体对输出内容侧重点的判断，了解公众的需求是传播的逻辑起点。在面对重大公共危机时，双重沟通也可能同步进行，或者两者之间的时间差越来越短，两种传播流程越来越紧密，互相联系、互相影响，共同组成传播通道。政府通过自上而下的行政指挥将沟通以横向和纵向同时开展的方式，第一时间动员公众。传统媒体以强大的覆盖能力，不断将信息传递给公众。科学共同体也不再局限于内部交流，而是挺身而出，拿出自己的观点和态度，就公众最关心的话题进行近距离沟通。公众在不停的对话中，或作为提问者，或作为回答者，真正参与其中，也在对话中不断走向理性。不同的群体，通过各自的方式，进行一轮又一轮的沟通，每个群体都是对话的发起者，也都是对话者，对话并不一定是谁主导的，而是不断变换身份，这也是现代风险社会中参与者的常态。在多话题、多方式的不断沟通中，消除冲突和偏见，拉近彼此距离。

第三节　建构性：公共危机中科学对话的构建逻辑和路径

从不同维度来看，科学传播的目标各不相同。这些目标没有顺序和主次之分。第一个目标是单纯地分享科学成果；第二个目标是帮助公众理解科学如何推动社会发展和解决问题；第三个目标是为公众和决策者提供足够的科学信息，使其能够更明智地做出决策；第四个目标是影响人们的观点、行为和政策偏好，比如需要重要证据清楚地表明某些选择对公共卫生、安全或其他社会关切有重大影响的时候；第五个目标是让不同群体参与进来，以便在为影响每个人的社会问题寻求解决方案时，可以将它们在重要社会议题相关的科学视角考虑进来。[①]危机中，科学传播的目标是及时有效地传播科学信息和知识，以指导人们的行动。而要保证科学传播的有效，必须进行全面的考虑。风险传播专家、《美国科学院院刊》"科学传播的科学"专刊主编巴鲁克·费斯科霍夫（Baruch Fischhoff）认为在科学传播中要完成四个任务，才能使得这个传播真正有效。这四个任务分布在传播前、传播中和传播后，是彼此关联的四个步骤。其中包括找到人们最需要了解的科学（作为人们的行动指导）；掌握人们已经具备的知识和知

---

① 美国国家科学院、工程院和医学院.有效的科学传播：研究议程［M］.王大鹏，译.北京：科学出版社，2019：1-2.

晓的内容；设计传播方案来满足对未知内容的渴望；最后评估传播方案的效果。[1]

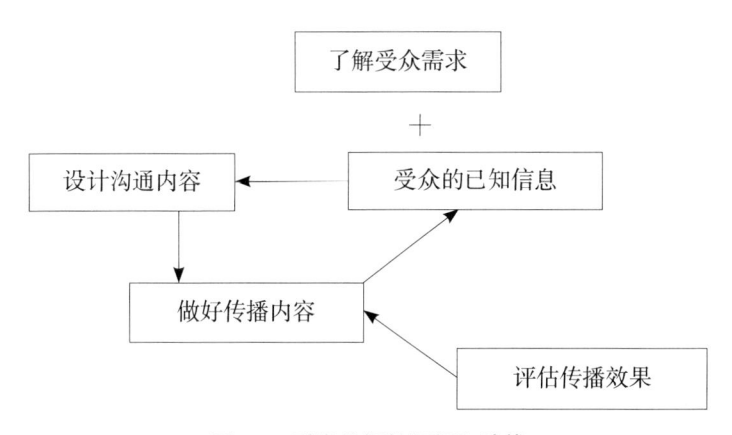

图2-3　科学传播的逻辑和路线

与常态的科学传播相比，危机中的科学传播具有更明确的目的性，根据公众的需求进行传播是紧急状态下的关键。危机中科学传播的步骤，包括识别公众的需求和已知信息、设计传播的内容、实施传播、评估效果以调整传播。

立足管理者，以公众的需求为导向，建立一个对话过程。对话发起者根据对话者的具体需求、接受程度、自身认知等因素发起对话。对话的基础是数据的收集和评估，了解对话者的特质，结合社会环境，制定一套对话程序，这是对话有效进行的前提。巴赫金在对话理论中提出的"统觉背景"是区分对话者的一个维度，它包括人的知识、期待、认知、习惯、信仰等。不同的人对于内容有不同的理解，从自己的统觉背景出发的解读，发挥自己的主观能动性，最终在对话中得到结论。但同时，对话也能够改

---

[1] FISCHHOFF B, SCHEUFELE D A. The science of science communication[J]. Proceedings of the national academy of sciences, 2013, 110: 13696, 14031-14110, 14031-14032, 14083-14089.

变一个人的统觉背景，这是对话者对彼此的影响，对话能够影响彼此的原有认知，对话者的统觉背景也是在对话中不断变化逐渐形成的。生活语境与科学话语语境的融合、心理情境的体验、理性与感性的结合、对话主体的知识和经验"统觉背景"、对话主体所处的社会环境，关注文化因素如何影响公众对信息的处理过程，如文化情境在沟通过程中，在公众、专家、大众媒体之间的互动过程中所产生的影响等。

在科学对话中，"统觉背景"的范围还应该包含对科学的信任。信任是公众信息筛选的一个安全阀门，在公众的认知范畴中，信任的信息才能继续使用，未能达到信任的会立即放弃。在传播学研究中，知识与态度的关系是一个被持续探讨的问题——人们在接受传播内容时，对于内容的掌握和理解程度，以及对于内容的态度之间究竟存在着怎样的关系。对于科学传播来说，由于科学本身的不确定性，对科学的态度直接影响人们的接受。学者贾鹤鹏等通过观察梳理，发现人们对于争议类科学问题的感知与知识水平并没有正向的相关性。比如，人们对于转基因风险的感知，知识信息并没有价值和情感信息所起的作用大，这也间接反映了人们的价值取向[①]。而这种变化会随着人群、文化、议题等的变化而变化。其中对科学是否信任的态度，决定了对于信息的接受状况，因此，我们在以对话理论对其进行观照时，受众的"统觉背景"不应仅限于知识、经验、文化、期待等方面，还应该考虑公众的态度，尤其是对于科学的信任因素在受众中的动态变化，是应该在考察和了解受众的统觉背景时所必须考虑的一个方面。

公众对科学不信任的原因来自多方面：第一，对科学不确定性的认知限制导致的不信任；第二，对政府或科学家本身的不信任；第三，宏观问题和具体问题的认知差异导致的不信任；第四，政策与执行之间的差异导致的不信任。2021年新加坡的一项实证研究发现，那些被认为组织良好、

---

① 贾鹤鹏，王大鹏，闫隽.媒体报道能否改变科学进程：对科学媒体化的反思[J].现代传播（中国传媒大学学报），2015，37（2）：25-27，33.

公平并且在重大公共卫生事件中传播明确信息的政府，获得了公众更高的信任。[1]该研究证明了对政府的信任能够促进公众的亲社会行为。在《信任的悖论：新加坡新冠疫情期间的风险感知和公众依从》的研究中，作者通过社交媒体追踪和在线焦点小组讨论，研究了2020年1月至4月期间新加坡公众对政府的信任、风险感知及其对疫情防护政策依从之间的关系，发现公众对政府的高度信任与更低的风险感知相关，但也进一步降低了个体采取防护措施的意愿。当然，研究者并不建议降低信任度，高水平的信任能够在大流行病或其他风险中提升公众的风险感知和行为规范。[2]这一结论揭示了信任的另一个维度，信任产生的影响有正面的也有负面的，信任是对的，但在危机中不能让信任的增加带来抵御风险能力的降低，政府在提升公众信任的同时也要向公众强调风险水平。信任一直被认为是风险沟通和管理的有利因素。因此，政府、机构、媒体等如何赢得公众信任是一个重要过程。风险研究也应当进一步探寻传播策略，建立信任的同时，维持公众高水平的风险感知并促使公众采取个人防护措施。

一、了解公众的统觉背景

在危机事件中，公众对于危机的认知往往来自已有的知识储备和风险认知，对于风险的认知既包含客观的风险也包含主观的判断，由于每个人对风险的感知而导致认知的差异。已有的大量研究证实了风险认知在不

---

[1] HAN Q，ZHENG B，CRISTEA M，etc. Trust in government regarding COVID-19 and its associations with preventive health behaviour and prosocial behaviour during the pandemic：a cross-sectional and longitudinal study [J]. Psychological medicine，2021：1-11.
[2] WONG C M L，JENSEN O. The paradox of trust：perceived risk and public compliance during the COVID-19 pandemic in Singapore [J]. Journal of risk research，2020，23（7/8）：1021-1030.

同人群中的差异，包括普通公众与专家之间的区别、男性与女性对风险认知的差异、受教育程度不同对风险的认知差异等。[①]掌握了公众对于风险认知的水平和能力是进行危机沟通的前提，也是科学传播的基础，只有了解了公众的已知和欲知才能进行有的放矢的沟通。尤其是在面对突发危机事件时，无法对目标公众进行实时的风险认知情况的了解，则需要通过对公众已具备的风险认知来开展危机沟通工作。不同性别、年龄、学历、阶层的受众科学素养不同，需求不同，接受程度不同。受众科学素养的构成是复杂的，知识积累、教育程度、价值判断等因素都对其科学认知和理解、科学思维方法等有一定影响。科学传播要根据受众定制内容和传播方式，以受众的需求和接受性为依据。以"90后""00后"为例，对于这样的"网生一代"来说，互联网思维是与生俱来的，他们年轻化，喜欢分享，对于互动和及时反馈的需求都需要媒体在传播时做出相应的调整和改变。危机中选取哪些内容进行传播取决于公众需求，如何进行传播也需要考虑公众的接受能力和范围。常态科学传播是不分学科、背景的，而在危机情境下，议程设置具有情境性，要找到公众最关心的议题，也要随着危机过程的动态变化而进行议题设置。

2022年，来自得克萨斯理工大学的学者在绘制公众对新冠病毒的认知图谱的调查研究中，从美国得克萨斯州的拉伯克、新泽西州的新不伦瑞克省和加利福尼亚州的旧金山抽取样本群体，并对样本观点进行采集和编码，通过主题分析和概念映射来分析参与者对新冠病毒的理解，揭示美国公众对新冠病毒的认知和误解。[②]研究发现，参与者对预防措施的态度、不

---

① COVELLO V T. The perception of technological risks: a literature review [J]. Technological forecasting and social change, 1983（23）: 285-297.
② STRYDHORST N A, LANDRUM A R. Charting cognition: mapping public understanding of COVID-19 [J]. Public understanding of science, 2022, 31（5）: 534-552.

确定性和混乱的科学传播环境是核心主题。这些主题启示当前科学传播需关注概念的基本解释、疫苗接种的安全性和有效性以及科学实践中的不确定性。其中，参与者的概念理解程度存在很大差异，这说明科学传播者有不同的受众，他们对新冠病毒的理解程度各不相同。对科学的不信任和误解表现明显，不信任几乎总是针对精英机构和专家，如疾病控制与预防中心（CDC）、美国传染病学专家福奇、新闻媒体、制药公司。在佩戴口罩方面，参与者对福奇和CDC前后矛盾的说辞提出异议，甚至怀疑"病毒可能是被故意投放的"。还有一些参与者认为疫苗不值得信任，"因为它们的开发速度太快了"。对于疫情的理解有一部分是误解，包括从朋友和家人那里听到的与新冠疫苗有关的理论。有参与者担忧疫苗会杀死免疫系统，这种担忧可能与对抗体依赖性增强（ADE）的恐惧有关；女性参与者担心疫苗会对"生殖健康"造成影响。一些参与者对疫苗产生了更普遍的误解，认为"它是可疑的、不安全的，并且它对减缓病毒传播没有影响"。还有参与者夸大了在户外和未戴口罩时感染新冠病毒的风险，认为"接触物体表面也极易感染新冠病毒"。但实际上这些论述被夸大，有相关数据证实，不戴口罩在户外感染新冠病毒的风险低于1%，而从无生命物体感染COVID-19的风险则不到万分之一。此外，研究发现叙述是强大的说服工具。叙事型科学传播（narrative science communication）增强了感知的真实性，但叙事效果也可能会支持不可信的来源。叙述还可以增强回忆、情感投资和群体认同感，因此包含错误信息的内容可能会继续在群体中传播，使其从中获得保护身份的意义，并且拒绝通过事实和推理进行纠正。

二、设计对话的内容

内容是对话的媒介，对话本身是方式，而非结果。科学传播的内容是要在综合考虑危机的发展、对话者的已知和需求以及影响对话者的接收因素的前提下进行的。在对话理论中，社会环境就是除对话的人以外的因素，在危机中的"社会环境"表现为危机的复杂和变化，"统觉背景"是对话者的背景，包括对话者的已知和需求。对话内容是依据危机的发展变化来调整的，是适应对话主体要求进行的，也是根据对话主体的统觉背景设定的。对话理论认为，内容是双方对话的基础，在各自的认知范围内的，是允许被建构的，这是对话者之间对于最终效果的提前衡量。除此之外，对话模式中，对话的内容还要考虑"他人"对对话双方的影响，以及对话的社会环境的变化对内容的影响。内容质量的高低对对话的形成有着极大的影响，优质的内容会提高对话者的积极性，有内容可探讨，从而推动对话"复调"的形成；"狂欢"的产生需要基于优质的科普内容，内容是形成科普"狂欢"的基础。从哈贝马斯的交往理性理论来看，他认为人们的交往行为发生在具体的环境中，这个环境即他提出的"生活世界"，在哈贝马斯看来这是有别于系统（国家统治的制度规约的世界）的，"生活世界"是交往对话者真实的发生场景，其中包含着对话者的背景知识，它决定着人们对话的方式，并通过对话不断改变。[①]以理解为目的的交往能够在主体间性的对话中充实对话者的知识，而对话者的认知、综合能力、心理因素等与社会要素一起，共同组成了对话的语境。

危机中对于传播内容的考虑尤其要关注三个方面。第一，如何使内容的科学严谨性和易读性达到平衡。科学内容往往高深艰涩，如何让公众在短时间内了解并理解，科学术语的使用如何通俗易懂、深入浅出，这是内容设计的重点。公共危机事件一般都是重大的灾难，关于灾难的科学知识都有复杂的解释，这就要求传播者具有深入浅出的传播能力。第二，传播对公众来说不熟悉甚至与公众既有认知违背的信息时，需要特别注意沟通的方式和策略，以最大限度地降低误解和拒绝的风险。危机沟通时，由于

---

① 哈贝马斯.公共领域的结构转型［M］.曹卫东，王晓珏，刘北城，等译.上海：学林出版社，1999：45.

危机的严重性和复杂多变，常常会带来前所未有的知识空白，传播者需要就不常见的风险和公众进行沟通。而对公众已有知识的矫正也是一个难点。比如，雾霾的成因到底是什么，汽车尾气是不是主要的来源，公众认知中雾霾来自冬天取暖烧煤的释放物是不够准确的，要对公众的认知进行矫正是需要传播技巧的。第三，如何表达危机中风险的不确定性。对于危机本身不确定性的科学解释是对公众认知的挑战，公众往往倾向于接受简单确定的事情，而不确定的事情则容易导致理解偏差，因此在传播中要注意传播的内容和方法。危机中的科学信息包括确定信息、不确定信息和辟谣信息，确定信息是科学判断和确定的规律和结论，是公众最希望得到的信息，能够最大程度减少公众的恐慌和疑虑。但是，不确定信息也是危机信息中不可避免的部分，尤其是科学信息中的不确定性信息，这与危机的动态相关，也与科学对于危机问题的应对密切相关，但不确定信息如何传播，是不可回避，不能不传播以掩饰问题的存在，也不能传播失当导致危机的发生，不确定性信息对于传播者来说是危机中必须解决的问题。而第三个重要内容是关于科学辟谣，危机发生时常有谣言相伴，且无法杜绝，科学传播能够及时清除错误信息，引导舆论方向，是危机中不可缺失的传播内容。

三、建构科学对话的文本

为了增强新媒体科学传播的亲和力、完成话语思维的转变，还应注重建立科学界的"专业话语系统"与大众传播的"大众话语系统"之间的话语转换机制。了解对话主体彼此的话语体系，建立彼此的和谐关系，是建立对话的基础。话语有针对性而不是千篇一律，叙事在科学传播中扮演了至少四方面的重要作用：拉近距离，帮助信息理解，提供替代性的社会连接，以及有助于突显情感与事实的议题。[①] 人类普遍通过故事来理解他们所处的环境和他们在其中的地位，而叙事往往是大多数意义创造活动的基础。会话交互可以从它们所构建的故事来研究，但除此之外，还可以从叙述性中看到复杂的文本和组织结构。

科学叙事传播强调遵从受众的文化差异，以公众本位建构科学知识与故事。美国的传播学家沃尔特·J.翁（Walter J. Ong）在《口语文化与书面文化：语词的技术化》中主要研究了"口语套话"，也就是我们俗话说的"顺口溜"。他在书中说，口语套话是在文字出现以前人类储存知识、记忆知识和传承知识的主要容器。我们每使用一个词、一句话、一个符号，都是在打造一个信息的容器。科学信息在传递时，尤其在进行口口传播时，避免使用书面用语，而使用易懂的口语，无疑能够拉近科学信息与公众的距离。过去很长时间之内，为保证科学的严谨和准确，传播者多为科学家或者科学工作者，但长期在专业领域的思维训练和语言表达，并不适合对专业知之甚少的一般公众，因此传播效果往往大打折扣。如何将高深科学变成大众语言进行传播，需要传播者的科学素养和准确表达。有研究者调查研究后发现，如果科学家使用较多概率性的或者看似不确定的表述，人们对此事的风险认知则会增加，如若用公众熟悉的事物进行说明，或者搬出类似的知识类比，则会减少人们对此风险的认知。[②] 传播需要采用共同的语言，因而应该避免出现技术术语，如果不可能放弃这些内容，那么应该解释它们的意思。科学家掌握着他们自己学科领域的知识结构和图谱，但是受众却没有，因此对于一个知识的解释往往不只是解释这一个知识，而是整个推理路线都必须适应受众的理解。

---

① 宫贺.对话何以成为可能：社交媒体情境下中国健康传播研究的路径与挑战[J].国际新闻界，2019，41(6)：6-25.

② 高健，陈玲，张会亮.科学家参与科学传播守则：浅析《科学家与媒体交流指南》[J].科普研究，2015，10(5)：51-55.

打破固有对话的圈层划分，用技术手段实现对话话语权的重构。确定好传播的内容后，需要考虑内容的表现形式，不同的表现形式会带来不同的沟通效果。同样的内容，通过文字和使用图片表达带来的沟通效果会不同。[1]不同年龄、不同职业、不同受教育程度的公众对内容的理解也会不同，需要精准地设计。对于受过教育较少的群体，通过图片或视频的方式比文字沟通更可行；对于儿童，动画的形式会比一般视频更有吸引力。总的来说，可视化的科学内容是适合一般大众认知的内容叙事。科学内容往往是由数据、原理、公式等组成的，说起来抽象难懂，但可视化技术可以将数据转化为动态图形，借助其他符号，如文字、声音、动画等组成一个形象的可视系统。

四、组织开展科学对话

开展对话主要包括两个大的部分：实施的主体和对话的渠道。在危机管理中，危机沟通的主体是由相关的政府部门和机构来主导的，如果涉及具体的专业知识，也可能是代表政府的专家来进行。沟通的人是谁很重要，因为公众对于传播者的信任和认可是影响沟通效果的重要因素。危机中公众对于传播者的权威依赖，使得传播者的身份必须专业，值得信任。而沟通方式的选择取决于沟通的目的。危机中传播的目的包括引导公众的行为和改变公众的态度，主要是就一些问题达成一致的协商。如果沟通的目标是引导公众的危机应对行为，则自上而下的"科学普及"式的单向信息输出传达得更有效率、时间最快、范围更广；如果沟通的目标是就某些问题达成一致的意见，则科学传播的"民主模式"协商比自上而下的强势输出更有效；如果沟通的目标是进行学习和教育，则科学传播的"互动参与"

---

[1] BIER V M. On the state of the art: risk communication to the public [J]. Reliability engineering and system safety, 2001 (71): 139-150.

比自上而下的强势输出更为有效。沟通渠道也随着媒介技术的发展越来越多元，如报纸、电视、网络等。

不同群体的媒体接触渠道和获取能力均不同，折射的是受教育程度、社会地位、职业特点以及年龄等的差异。选择传播渠道的时候，需要注重群体间的差异，对于特定群体的特定渠道传播和多渠道整合传播是值得考虑的方向。科学传播不仅要传播科学，还要用最合适的途径来传播科学，尤其在危机的情境下，及时、准确、广泛地传播科学，是媒介的任务。媒介的四通八达是科学能够到达所有公众的基础保证，无论是大众媒体、传统媒体还是新媒体，无论是广播、电视、网络还是移动网络，一切手段和渠道都应该大胆与科学结合，并根据不同公众的习惯和兴趣，进行精准的传播。无疑，在波及范围大的公共危机发生时，具有权威性和可信度的主流传统媒体是大多数人的第一选择，比如中央广播电视总台、新华社、人民日报等。那么科学传播自然也应该抓住这些最让人信任的媒体，进行及时而准确的传播。而随着危机的发展和恢复，各种媒体都应该有科学的声音，以形成合围之势，满足不同人的需求。

第三章
人在危机空间的交流
——科学对话公共空间的构建

在《陀思妥耶夫斯基诗学问题》中，巴赫金介绍了三个重要的概念——无法确定的自我、自我与他人的关系以及复调。巴赫金的不可终结性的概念尊重一个人可以改变的可能性，一个人永远不会在世界上完全被揭示或完全被了解。巴赫金曾指出："世上还没有过任何终结了的东西；世界的最后结论和关于世界的最后结论，还没有说出来；世界是敞开着的，是自由的；一切都在前头，而且永远只在前头。"在巴赫金看来，对话是开放的，未完成的，"存在就意味着进行对话的交际。对话结束之时，也是一切终结之日。因此，实际上对话不可能也不应该结束。"[①]一切都具有相对性，一切都是绝对变化的、未完成的，是不断交替和更新的。

这些都指向巴赫金对话理论中一个重要而内涵独特的概念——未完成性，它将对话指向未来的时间和空间，它包含未完结性和不确定性。在小说里，人物之间的对话是未完成的，主人公相对于小说家自主地发挥作用，并与小说的其他方面自然地发展；在小说外，作者与人物的对话也没有完成，读者与人物和作者的对话也随着作品的不断流传而变化。对话的这种未完成性、未论定性和自由的开放性，一反独白型小说封闭的、独语的单一模式，对话代表着一种生命觉醒和成长的过程。从巴赫金的思想中，我们推导出巴赫金的结论：对话是开放而持续，对话的持续需要接纳"复调"的加入，才能最终形成更具意义的对话。

从时间的维度来看，对话具有延续性，这也与危机发生发展的周期是相匹配的。对话持续存在于整个危机治理过程之中，也存在于危机发生和影响的所有空间，包括真实的物理世界、虚拟的网络世界。虚拟空间中人们因为危机而聚焦、发表意见、进行对话，由此可能带来信任危机和威胁。因此，危机的治理还是全空间的。同时，在治理过程中，对话的主体是多元和交叉的，对话的层次是融合和丰富的，因此在对话理论看来，是区别

[①] 巴赫金.陀思妥耶夫斯基诗学问题[M].白春仁，顾亚铃，译.北京：生活·读书·新知三联书店，1988：343-344.

于双方"微型对话"的多方"大型对话","大型"一方面表现在参与人群圈层的复杂性,另一方面表现在参与平台的全网互动、线上线下互通对话关系的构建以及观点、思想的交流。"大型对话"不是指一种具体的对话,而是指思想和立场的交锋,是一种全方位的社会互动。这种"大型对话"主要表现为"复调",是多重关系的对话与交流,并使得对话思想和观点具有对立性和联系性。危机中信息的不确定和不唯一性导致舆论的声音剧烈激荡,危机常常发酵于互联网空间,每个人都有自己独特的见解,最终众多声音形成争鸣,一时之间舆论难以达成共识。要引导舆论的方向,纠正谬误,也需要科学的声音以及以科学为主的多主体之间的对话。科学对话将在全时性治理、全空间治理和重点问题上有针对性地治理,串联起各主体,共同治理危机。

第一节 复杂大型对话：危机发生全周期中的科学对话

需求来自危机的不断变化，"社会环境"的复杂性，是人们建立对话内容的依据，根据环境的变化发展，开展有针对性的科学对话是第一要务。危机发生后，危机本身的演变、应对处理的进展等都是一个持续的过程。危机沟通应该和这一过程同步进行，并且成为这一过程的有机组成部分。危机沟通的紧迫性反映着信息发布的及时性，这对政府和媒体提出了更严重和紧迫的要求，主要体现在两个方面：一是及时完成，即在危机后的最短时间内，以最快的速度传播各种相关信息，所有公众关心的危机信息都要尽可能满足，这样不仅稳定了社会秩序，也能尽快赢得外界的援助和支持，控制危机，树立良好的组织形象；二是实现"实时性"和"全时性"，这是当今传媒社会对危机传播的新要求，"实时"意味着与危机发展同步进行，所谓的"全时"强调的是24小时不间断传播。我国学者童兵认为危机事件发生与新闻、信息发布的时间成反比，信息发布时间差越短，所取得的社会效果就会越大。[①]提供及时准确且真实性强的信息本身就是对灾难中的公众最大的人文关怀。

---

① 童兵.理论新闻传播学导论[M].北京：中国人民大学出版社，2000：173.

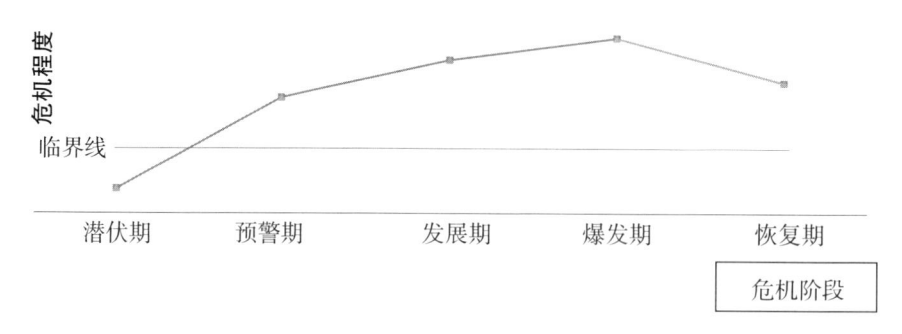

图3-1　公共危机中的演化特点与关键节点

按照危机的发展演进，危机存在四个特征明显的阶段：危机的预警期、危机的发展期、危机的爆发期和危机的恢复期。在每个阶段都有应对的不同关键节点，在不同关键节点选择不同的管理工具组合，进行有针对性的对话沟通，是科学传播对危机管理的有效路径。科学传播对话在以往被认为是对于科学知识、方法等的传播，更偏向于"科学"，即科学内容，对于"传播"，即传播方式、传播效果，尤其是时效性并不强调。但在重大突发公共事件中，科学传播的时效性更加凸显，它不仅针对科学内容，还注重传播的效率，时效性是区别于常态科学传播的一个关键要求。在突发事件发展的不同阶段，科学传播对话对应不同的传播策略，并以时效、专业、权威作为根本标准。危机发生的每个阶段都面临不同的棘手问题，需要多方面信息和知识的补充，科学传播必须保证在科学行动前提下第一时间传播，以填补每个事件节点最紧要的信息空白。满足不同人群、不同领域的信息需要，精准性也是区别于常态科学传播的另一个要求。有效应对表现在潜伏期的应急准备和发展期的危机预防预警机制的启动，以及爆发期的应急机制和恢复期的社会保障机制。

一、点对面式对话：预警期的科学对话

在预警期，危机刚刚露出苗头，人们往往对于危机的性质和影响还无

法判断。在这个阶段，最受关注的问题是危机的情况和进展，对危机的预判和分析，科学传播在这个阶段主要包括，应对方法的传播以及对公众的行为进行指导。通过相关知识的传播打消公众的疑虑，消除公众的恐慌，并让公众对危机有准确的认识。在识别了公众的信息需求后，科学传播必须第一时间设计对话内容，利用最多的、最具权威的媒介渠道进行传播，此时的科学传播以自上而下的"科普模式"进行点对面的对话，以政府相关部门为传播主体，主流媒体为媒介，以保证最短时间内最大范围的知识普及，也更能保证信息和知识的权威性和专业性，以防谬误的发生和混乱的传播。

在预警期，首先，需要建立风险认知体系。对风险发生的可能性和风险的危害程度进行分析和判断，预测风险结果以及做好预防风险的准备，形成风险应对矩阵。专家团队的专业水平和风险意识决定了风险认知的科学性和全面性，而这需要长期持续的基础研究作为支持。其次，风险教育和风险沟通必须科学、系统地开展。对于科学家和公众来说，由于本身的素养不同，对于风险的认知就存在极大差别。于公众而言，风险教育是一个系统化的过程，而非一蹴而就，必须经过专业方法，以公众易于理解的方式传授指导，不仅是教授风险知识，还有面对风险的态度。再次，风险学习的常态化。公共风险无处不在、波及范围广，对公众生活影响巨大。因此，公众必须学习生活和工作中的风险，以及风险的变化规律、作用方式、产生的影响等多方面的内容。

以2021年7·20河南特大暴雨为例，由于暴雨的突发性和波及性，对数百万人民群众的生命财产造成了威胁，形成了公共危机。

在危机从萌生到衰退的7月16日—7月25日，主流媒体发布的科学知识科普主要涵盖灾害科普、救援措施科普、辟谣、自救建议与问题回应等。在危机的初始阶段，公众需要第一时间了解事情的真实状态，自然灾害意味着巨大的不确定性，公众的不安全感剧增，在信息无法及时获取的情况下，公众倾向于以自身逻辑和经验创造一套认知，以此来指导自己的行为。

7月20日17时34分，《人民日报》发布了关于河南暴雨事件的微博，引起了更广泛的关注。7月20日关于河南暴雨事件的新闻数量是21条，包括《人民日报》刊文：河南暴雨考验治理能力，重建"防"体系任务紧迫；河南暴雨灾情严重，人民日报记者在场纪实；黄河水位继续上涨，许多河段超警戒水位，防汛形势严峻；聚焦河南暴雨灾情：水灾过后，如何重建家园成难题等。《人民日报》微博客户端详细报道了河南7月暴雨造成的灾情，以及政府和相关部门的救援和事后重建工作，通过大量的实地报道，使得外界能够及时了解河南暴雨灾情的最新进展和损失情况，同时也督促各级政府和相关部门在灾后重建工作中力保人民生命财产安全。

7·20河南暴雨发生后的3天，《人民日报》微博客户端共发布84条微博且38%属于新闻发布类型，日均发布量高达28条，其对事件权威并及时的报道满足了我国人民对河南暴雨这一重大突发事件发生后的信息需求。事件发生初期追求发布及时且权威的新闻以满足人们的知情权，进而降低暴雨导致的公众担忧和恐慌心理。

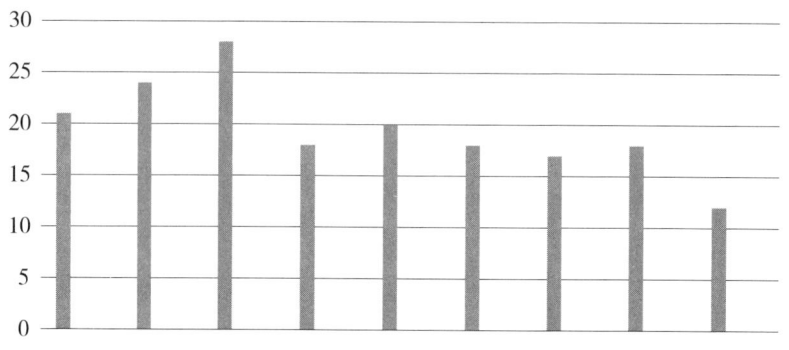

图3-2 《人民日报》微博客户端中7·20河南暴雨的报道数量走势图

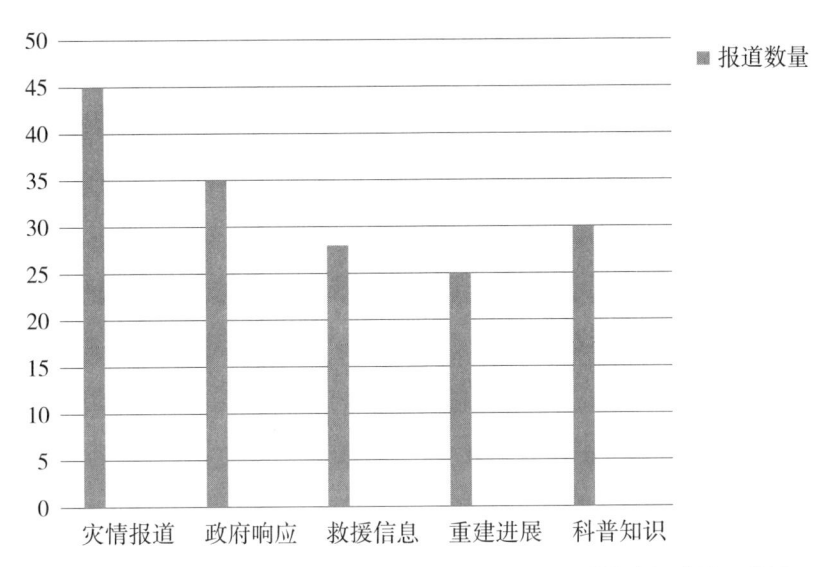

图3-3 《人民日报》微博客户端中7·20河南暴雨报道的主题分类及数量

二、融合式对话：危机发展期和爆发期的科学对话

危机发生后，社会将面临各方面的问题，不只是危机本身的专业领域问题，危机也将在相互联系的作用下，发生不可预料的动态变化。在这个阶段，科学传播在与公众进行沟通时，将全方面收集和反馈公众的需求，以政府为传播主体，联合其他媒体和自媒体等，通过多元的媒介和渠道，进行信息和知识的传播和普及。面对复杂的危机状态，不同公众根据需要选择不同的媒介获取信息，并在获取信息后做出反馈，以使得传播能够有的放矢，形成闭环，在继续以"科普模式"为传播范式的前提下，协商沟通下的"民主模式"也启动起来。从渠道类型与行为倾向的关系来看，中央级权威媒体在全民健康教育方面扮演了重要的角色，而信息更加芜杂的网络自媒体、网络论坛等，也在一定程度上起到了作用。在这个阶段，既有自上而下的辐射式对话，又有自下而上的平行对话，以及个人与群体、群体与群体等各种形式的对话，因此，总的来说，是融合式的对话范式。

在重大突发公共危机的早期阶段，一方面，科学与科普专家团队组织进行集体研究和判断，分析公众对科普的潜在需求和组织预防科普服务，掌握话语主动权，增强公众对虚假陈述和谣言的"免疫力"。另一方面，政府需要增加补充科普服务的供给。在重大突发公共危机爆发期，建议政府舆论管理系统嵌入科普热点检测和分析模块，通过构建舆论分析系统，或由市场舆论分析机构提供外包服务，探索公众舆论热点动态监测，基于大数据及时向政府部门发出紧急警告科学需求，准备供给科学，用科学来解释事实。此外，各级政府应急科普专家团队可以通过多种媒体加强与公众的对话，开展网络直播、网上问答等新型应急科普方式，在专家团队中培养公众广泛认可的"意见领袖"。鼓励社会各界力量和个人参与报道和辟谣，增强网络谣言防控能力，帮助政府有序开展应急科普工作。

表3-1 7·20河南暴雨事件中不同阶段科学传播的重点

	发布暴雨预警信息	基于气象雷达的强降水监测预报随降水强度逐步提高预警级别	为各级政府和公众应急处置争取了时间
气象部门	灾害风险评估解析	分析暴雨成因与可能产生的次生灾害，定性和定量评估此次暴雨可能造成的影响与危害	为政府应急决策提供科学依据
水文部门	洪水灾害风险评估与水文模拟	模拟河道水位变化和可能产生的内涝范围	为政府制定防洪抢险方案提供决策支持
监测部门	分析研判灾情不断更新	通过持续监测与研判，分析暴雨灾害的时空分布、发展态势以及可能造成的影响	为应急处置工作提供持续的科学决策支持
相关科研机构与专家	应急技术指导与决策支持	通过调研与理论支撑，针对存在的问题和挑战给出专业建议与技术方案	为政府各级指挥部提供应急技术支持

仍然以7·20河南暴雨为例，7月21日之后是此次危机的第二个阶段。公众对暴雨现状有一些初步了解，但仍然需要更多的信息和知识。对于背后的原因解释、相关知识的介绍、如何预防和控制等信息，是面对突然爆发的重大危机时公众最想了解的情况。复杂的危机中，信息转瞬即逝，错综复杂，科学传播就是要在这些纷繁的信息中为公众抽丝剥茧，细致挑选出准确而有用的信息，并用一切手段传播给不同的公众。暴雨发生后的不同阶段，相关微博侧重主题也在随之变化。

《人民日报》微博客户端在事件发生后第一时间坚持发布大量关于救援进度的消息，及时宣传了党和国家对战胜这次重大灾情的坚定信心和强大动力。同时关于救援知识也成为网络社交媒体中最热门的讨论话题，80%的公众搜索相关知识和基本信息，关注辟谣信息的占68%，其中在微博上"救援方法等知识"的话题词频数量达到5970万。社交媒体成为信息传播最为频繁与密集的平台，作为中国最主流的社交媒体，微博上信息量最大，涉及话题最广。关键词"郑州暴雨"阅读量超过10亿，"河南暴雨"超过15亿；社交媒体知乎聚焦解答性知识分享，对此次灾害的成因、应对过程以及存在的问题进行热烈讨论，获得较高关注度。社交媒体上关注度和讨论度最高的议题包括：灾情发展与消防抢险、应急指挥与管理、成因分析与早期预警、民众生命与财产安全等。

以主流媒体的辐射式对话和以社交媒体、自媒体等多种渠道的融合对话为主是这个阶段的主要特征，在危机发展期人们要了解的信息类型更多、内容更复杂，权威的主流媒体与灵活的社交媒体相配合，不断与公众进行对话，满足公众对知识的需求，而不仅仅是表面信息的获得。科学传播的另一个任务是对公众心理问题的疏导，面对突如其来的巨大信息流，其中还夹杂着耸人听闻的数字、不甚明了的原理以及不确定的未来，公众的恐慌和焦虑可想而知。科学传播以科学的知识和应对方法，抚慰公众的恐慌。公众在获取信息的同时以转发的形式进行二次传播，随着时间的推移、事件发展的推进，相关信息也在不断更新和修正。

三、学习式对话：恢复期的科学对话

危机进入平稳至恢复的阶段，公众对于信息的渴求并不会减少，而是转向。公众消除了一开始的恐慌和疑虑，但随着危机的发展，公众还会密切关注危机的动向，并针对新的发展进行防护。在趋向平稳阶段，科学传播在与公众进行沟通时，就将重心放在危机的防护和对危机新的动向的解析中。比如自然灾害事件中，关于救灾的知识；公共卫生事件中，关于救治方法和药物的研发知识；社会事件中，关于相关背景的科学知识解读中。在危机恢复期，管理者一方面要组织公众进行危机后的重建、恢复等工作，另一方面要组织全社会总结和学习，以防新危机的出现，同时做好随时的应对。科学对话在这一阶段，起到总结和分析的作用，通过梳理全过程，总结应对的经验教训，来进行全民的科学学习。科学对话还在重建人们的心理和价值观方面发挥作用，危机带来的冲击不仅是物理世界的伤害，还有精神上的威胁和撕毁，科学精神的传播让公众客观认识危机，认识危机的危害，正视危机的影响。

根据数据显示，公众对于信息的关注度随着危机的发生而呈上升趋势，随着危机的恢复，关注度逐渐下降。在不同的危机阶段，公众表现出对信息不同的需求，而科学传播在不同阶段的及时性、广泛度和易读性也影响着公众对科学的理解以及对危机的认知。

仍以7·20河南暴雨为例，到了7月25日以后，由于及时部署和救援，灾情总体得到很好的控制。我们在关于"全国公众科学认知与态度"的调查中，看到经历了科学知识的传播后，在恢复期，公众对于科学知识学习和吸收的情况，一个反映指标就是对风险的感知，这是基于对科学知识理解的基础上形成的，是一种理性的行为指导。

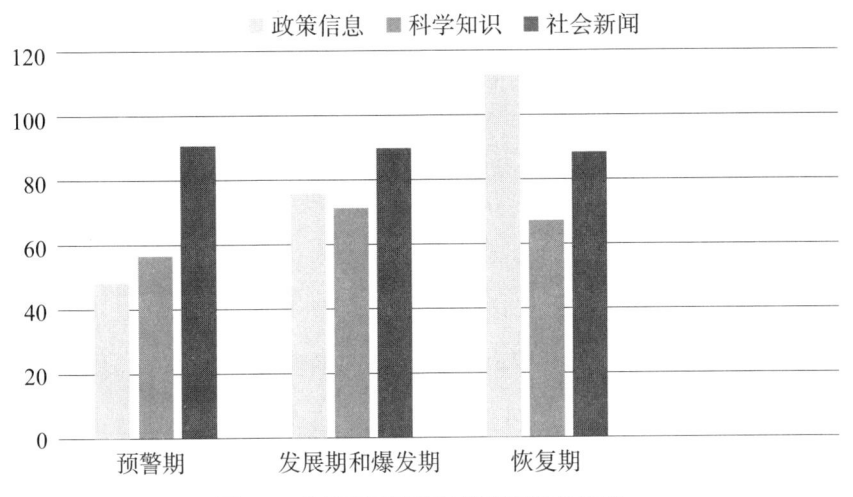

图3-4 危机不同时期的信息类型关注度

学习包括对知识的辨别、判断、吸收和使用，以及科学思维的锤炼，在对谬误信息和谣言的判断中，提高对科学的认知。7·20河南暴雨期间出现了多种类型的谣言，比如地质灾害类谣言，如三峡大坝已经决堤、衡水湖决口等，这类谣言企图制造恐慌情绪，利用民众对这些领域知识的贫乏进行传播。政府通过举行新闻发布会，相关部门及地质、水利、气象等专家出席，详细说明情况，消除民众疑虑。这是官方发布权威信息、澄清真相的重要途径，通过政府微博、微信公众号发布相关专家解读和辟谣稿，发表权威声明，对网络谣言进行驳斥和澄清，能够快速传播信息，消除民众恐慌。政府加大网络舆情监测力度，对造谣和传谣者进行严惩，制止谣言的产生与传播。同时，提醒民众不轻信和转发没有权威证实的信息。地方政府定期发布灾害监测数据、防汛工程运行状态等信息，让公众了解第一手信息，不易受谣言误导，这也让政府的救灾工作更加透明和可靠。

公共危机中，对于公众的最大考验是对危机的认知能力，认知一定程度上决定着行为方式。当然，研究者们也渐渐发现更多因素影响着人们的行为，认知并不是唯一因素。但科学对话在不断输出科学内容的过程中，潜移默化地影响公众接受的内容和频度，公众对危机性质和影响的认知也在科学的解读中越来越趋向理性。

在危机的不同阶段，公众的信息需求和心理需求是不尽相同的。随着危机阶段的进展而变化，人们对与自身利益相关的信息需求较大。科学传播需要确定"核心信息"，及时跟踪和了解危机发展中大众需求的变化，提供动态的信息，满足大众多层次、多方面的需求。在不同阶段，虽然不一定存在着明显的界限，但人们对此的关注却有不同的节奏。自始至终，人们最关注的是与切身利益相关的信息，而且是确定信息，这在危机的任何阶段都是最为重要的。人们对科学信息的需求不在于多，而在于真。在危机即将出现，情况充满不确定性并缺乏信息时，人们会追求确定的信息。在危机发生以后，信息的传播出现混乱的局面时，人们也会追求确定的信息。在危机平息以后，面对新情况的决策，人们仍然需要确定的信息。这些都需要科学传播及时发挥其客观、专业、权威的作用，将科学内容、方法、思维和精神传播给公众。

第二节　多元空间对话：危机发生全空间中的科学对话

巴赫金强调，对话需要人与人的相遇，更需要对话场域的构建。对话场域包含两层含义，狭义的对话场域是指公共话题讨论的公共空间与场所（媒介），广义的对话场域是指公共话题讨论的社会范畴。[①]他所谈论的对话场域中，有对话者身份的确认和话语规则的建立，也包括对话的物理空间和话题领域的默认与达成。巴赫金关于对话公共空间的思考，其意义的内涵不是单指向物理空间，而是指向言论的对话领域。巴赫金认为对话是一个过程，具有"未完成性"，也就是说对话是一直开放、绵延不绝的。同时，对话是一种情境，在这种情境下的行为都具有对话性。对话的时间上不设定边界以及形态的不固定，这种时间的开放性也将带来空间的开放和多元。哈贝马斯在《公共领域的结构转型》一书中指出，私人领域往往以市场经济为核心，公共领域往往以社会文化为核心，而公民社会是独立于国家的私人领域和公共领域的。公共领域不仅是一个公共活动的场所，它更多是信息、舆论的集聚地。他认为公共领域是一个面向所有人的领域，所有人都可以在这里基于理性的原则，进行沟通和辩论，从而对普遍的议

---

① 巴赫金.巴赫金全集：第5卷[M].钱中文，主编.白春仁，顾亚铃，译.石家庄：河北教育出版社，2009：90.

题达成共识。①在我国学者胡泳看来，媒体构建的公共领域是使得信息能够流动的通道，他将信息比喻为"民主的血液"，公共领域就是"血液能够流通的大动脉"。②而网络空间，似乎正符合这样的公共领域特征。在这里，更多的人能够参与话语的生产与传播，公民之间意见的交换不再受限于时间与地域。信息的发送者与接收者身份开始变得模糊，个人与个人、个人与机构之间开始产生平等、自由的对话。

一、物理空间的科学对话

危机是发生在现实中的危机，危机中的主体也在现实中遭遇着各种灾难和威胁，比如，在自然灾害发生后的公共危机中，对话者对救生知识的普及需要发生在真实的空间。学习一种生存技能，不能只靠语言上的沟通，实操是必不可少的环节。因此，以普及科学知识为主的、面对面的对话非常重要，这一对话可以以讲座、演练、培训等方式进行，必须保证在现实空间中人们切实掌握技术和能力，或者以宣传会、布告栏、大广播、户外广告等文本为载体，以科学内容为核心的对话。传统的对话方式，也具有不可替代的作用。比如在农村地区广泛采用的"大喇叭"，快速有效地将科学内容传递给公众。

政策的发布和执行，是一种以实践为形式的对话。尤其在面对重大公共卫生危机时，科学对话不仅是为了掌握知识，更重要的是科学知识对行动的指导。关于科学知识的对话，必须发生在现实空间，也只有在现实空间才最有效。人群分布在不同的现实空间，对话要因地制宜。7·20河南暴

---

① 哈贝马斯.公共领域的结构转型[M].曹卫东，王晓珏，刘北城，等译.上海：学林出版社，1999：1.
② 胡泳.众声喧哗：网络时代的个人表达与公共讨论[M].桂林：广西师范大学出版社，2008：182.

雨期间，政府通过多种线下方式进行宣传和自然灾害知识的科普，主要包括政府工作人员上门贴通知，发放科普手册和宣传单，面对面与居民进行宣传、科普和疏散指导，这些方式面向性强，信息准确可靠，但人员和资源投入较大，覆盖面有限；在居民楼和公共场所发布政府公告，对降雨情况、潜在地质灾害隐患进行说明，提出应急避险提示，这种方式覆盖面广，但仅限于文字和图片说明，科普知识的传播效果可能有限；利用车载广播和固定广播站播发政府通告，采用语音的方式进行信息发布，这种方式传播及时有效、覆盖面广，但可能面临技术故障的风险；政府部门向居民个人发送短信或打电话，进行有针对性的防灾知识普及和疏散指引，这种方式精准度高，但操作量大，无法面向所有居民进行普及。除此之外，政府还通过更新防灾知识展板、设置科普广播等方式，加强线下宣传的覆盖面与效果。总体来说，政府采取了多元方式，融合线下与线上手段，努力向民众普及自然灾害的防范知识，缓解突发事件中的恐慌心理，这在一定程度上提高了民众的自我保护能力。

二、网络空间的科学对话

互联网在观念和技术上宣告对话主义（dialogism）的到来，政府、媒体、公众等多元主体在网络等公共空间，就公共议题及其承载的公共利害、公共价值展开交往、讨论和意见竞争[①]。当前的网络社区的交往空间设置虽然是虚拟的网络空间，也都具有极为真实化的场景设置，就其空间来说，系统既为个人设置了个人空间，也为成员公共讨论设置了公共空间。网络技术赋予了每个人"远距离共事"和"分散性工作"的能力，空间对于连接的限制消失了，人们可以在网络中彼此相连，处于一个共同场域，而互

---

① 胡百精，杨奕.公共传播研究的基本问题与传播学范式创新［J］.国际新闻界，2016，38（3）：61-80.

动和合作的方式具有更多的可选性。网络媒体时期，要实现科学传播的良性发展，需要建立一个包括知识普及、科学理解、公众参与在内的整合模型。[①]

巴赫金对话理论中关于对话场域的一个概念是"狂欢广场"。在他看来，在大型对话中的复调有可能带来对话的狂欢，这个狂欢既是一个场域，又是一种状态。作为场域，它是媒体阶级和秩序的，是可以为一切人使用的"话语的狂欢广场"，当然这是一种极为理想的情况。社交媒体无疑是具备这些特点的"狂欢广场"。同时，"大型对话"在社交媒体中则主要表现为"复调"，是多重关系的对话与交流。在社交媒体中有个人"自我"呈现的"微型对话"，也有热点话题引导下，产生巨大社会"向心力"的"大型对话"。这种"大型"表现在参与人群圈层的复杂性，也表现在参与平台的全网互动、线上线下互通对话关系中。

社交媒体是基于关系集结而成的圈子，关系包括亲缘、地缘、趣缘、议题等。其中又包括官方媒体的社交版，即官方媒体在社交平台上的呈现。这种形式是为弥补主流媒体互动的不足，在社交平台能够让人们基于对主流媒体的认可和议题的关注而结成圈层，共同进行话题的继续讨论。另一种形式，则是网民自由结成的社区，人们按照各自的喜好和习惯组成，由网民来进行议程设置。在这样的平台，人们不仅能获得信息，还能通过讨论获得观点，进行情绪的释放、意见的交换，相互影响彼此。可以说，社交媒体是既属于私人空间又属于公共空间的平台。在一定程度上，私人空间也正在向公共空间开放，个体设置的话题被转发评论后，传播到更大的平台，或者基于某个议题的讨论声量具有一定影响力，而转变为公共话题，此时的私人空间也变成了公共空间。不同圈层的结构和夯实，使得圈层范围越来越大，带来了更大的影响力；主流媒体的社交化也在对话空间中向

---

① 翟杰全.科技公共传播：知识普及、科学理解、公众参与［J］.北京理工大学学报（社会科学版），2008，10（6）：29-32，40.

大众开放，不断拓展媒体的疆界。社交媒体在公共危机中发挥着重要作用，不仅补足主流媒体的不足，甚至在危机发生初期使信息第一时间得到传播，这在近几年影响重大的公共危机中可见一斑。人们通过社交媒体获取信息已然成为基本操作。

从对话理论来看，社交媒体中的交流使得受众在技术上拥有话语权，能够进行"主体间"的交流，是一种"主体间性"的表现。例如微博，技术上可以容纳无限的群体聚合，因此任何人都可以发起话题并开始与他人讨论。在社交媒体中，不仅有主流的声音，包括政府和主流媒体，还有网民和自媒体的身影，它们形成了合力。个人空间与公共空间在面对危机时，也具有更多的融合性和开放性，在个人空间进行的探讨可以通过转发扩散到公共空间中，公共空间的议题表达也会通过个人的关注、转发、评论等方式进入个人空间的探讨，并进一步展开辩论、形成舆论，进而对原始议题进行反馈和推动。不同类型的社交媒体依托各自的对话模式和管理体系，实现了网络社区对线下社会的"高仿真投射"，让现实社会的社交关系通过社交媒体的"话题"功能，投射于网络空间，基于社交媒体"话题"功能的网络社区构建，使新闻传播的"场域"发生了迁移。平台特征、参与者身份、对话目标和对话规则对对话的实现提出了要求，这使得对话的开展具有很大的现实限制，对话主体不在场的情境下，如何保证对话有序持久进行，与线下的真实在场不同，网络中的对话场域是对于真实环境的复制和拓展，是一种实验性质的形式。①

皮尤研究中心通过对Facebook上2017年发布的30个与科学内容相关的主页的130,932篇推文进行分析，推出了"社交媒体上的科学传播"（The Science People See on Social Media）研究报告。研究发现，科学主页发布

---

① MICHAEL M. Between citizen and consumer: multiplying the meanings of the "public understanding of science"[J]. Public understanding of science, 1998, 7（4）: 313-327.

的帖子数量急剧增长，特别是在"多平台主页账户"中。2014年以来，15个最受欢迎的"多平台主页账户"的帖子数量增加了115%，而同期"以Facebook为主的账户"的帖子数量增加了66%。在与科学相关的Facebook主页上，采用可视化方式以及号召性语气的帖子，能够获得更多的用户参与。苏黎世大学教授埃斯特·哈吉塔（Eszter Hargittai）、托比亚斯·范克斯林（Tobias Füchslin）和麦克·S.谢弗（Mike S. Schäfer）的研究——《年轻人如何在社交媒体上参与科学活动和研究？一些初步的发现和未来研究的议程》，在进行了抽样问卷调查后得出结论：年轻人会广泛使用社交媒体提供的功能来参与科学活动和研究，在议题关注方面不比政治新闻、娱乐新闻等少，甚至更高，他们在社交媒体上分享科学研究内容的活跃度与分享健康、娱乐、新闻等消息相比也是不相上下。研究还指出了不同社交平台的功能差异，在Facebook上参与分享科学研究的人数为44.4%，而使用微博分享科学研究内容的不到10%，Twitter上关于科学研究的讨论则更集中在专家群体[1]。马西亚斯（Macias）等人研究发现，人们使用社交媒体发布信息、互相沟通，并且具有很大的作用。尤其在卡特里娜飓风灾难中，人们积极地在社交媒体上互通有无，对于灾难的应对起到了有效的作用。[2]研究表明，如果人们更愿意在社交媒体上与科学家、记者、其他公众讨论科学话题，那么科学议题的学术影响力就会显著扩大。

---

[1] HARGITTAI E, FÜCHSLIN T, SCHÄFER M S. How do young adults engage with science and research on social media?—some preliminary findings and an agenda for future research [J]. Social Media+Society, 2018（1）: 10-12.

[2] MACIAS W, HILYARD K, FREIMUTH V. Blog functions as risk and crisis communication during hurricane Katrina [J]. Journal of computer-mediated communication, 2009, 15（1）: 1-31.

第三节 公共危机中不同对话空间的对话模型

危机中，在不同的对话空间应用不同的对话模型，是对话主体主观能动性的体现。在危机这种特殊情境下，某一种形式的沟通不是最佳方式，公共场域和社交场域都是对话开展的空间，两个空间是共通和相融的。"要让公共信息环境与公共交流环境日益改善，我们也要做出判断与选择，但没有一种选择是两全其美的。去中心化，或者中心化，也并非单选题，有些时候，它们需要并存。"[1]

以7·20河南暴雨灾难为例，人们在信息的获取方式上非常多元，自媒体、社交媒体、传统媒体、行业媒体等，公众对于信息的渠道选择有各自的喜好。

表3-2　7·20河南暴雨事件中公众的信息获取渠道及频率（n=3000）[2]

媒体类型	均值	标准差
微信	3.53	1.103
搜索引擎或其App（百度、搜狗、必应、谷歌等）	3.31	1.049
中央级权威媒体（《人民日报》、中央电视台、新华社等，含网站和App）	3.23	1.193

---

[1] 彭兰.我们需要建构什么样的公共信息传播？——对新冠疫情期间新媒体传播的反思［J］.新闻界，2020（5）：36-43.

[2] 询问所有被访者从上述渠道（含网站和手机客户端）获取信息的频率（1=从不，5=总是）数字来自"全国公众科学认知与态度"全国网民抽样调查。

续表

媒体类型	均值	标准差
商业新闻网站或其App（腾讯、网易、今日头条等）	3.22	1.050
视频网站或移动短视频App（腾讯视频、优酷视频、B站、抖音、快手等）	3.21	1.099
微博	3.10	1.142
各地政府的政务发布平台（如上海发布、武汉发布等）	3.04	1.084
网络论坛（天涯论坛、百度贴吧、校园BBS）	3.01	1.131
地方媒体（当地省市级报纸广播电视等，含网站和App）	2.99	1.066
问答社区（知乎等）	2.90	1.105
市场化媒体（澎湃新闻、财新网、《新京报》、《三联生活周刊》等，含网站和App）	2.89	1.110
各类专业团体的自媒体（果壳网、丁香园等）	2.86	1.111

在重大公共危机中，首先要做到满足受众的信息需求，需要高强度、大密度、快速度的科学信息的传播，此时中心扩散模式作为传统的科普方式，通过传统权威媒体告知广泛的大众，能够第一时间传播科学知识，具有高效的传播效果。同时，媒体的多元和渠道的便捷，网络媒体尤其是移动互联网的发达，受众更多在移动端获取信息，丰富的新媒体带来更多、更广的相关信息。在网络生态中，受众也与传播者地位平等，更易互动，对话成为一种传播的新模式，交流反馈不断形成新的传播，促进信息的不断流动，在对话中建立新的关系。

以政府为主导的政府机构和主流媒体的传播，是一种自上而下的对话，这种对话也许还带着传统的告知的意味，公众可以进行反馈交流，但与社交媒体相比，显然没有那么直接。在以受众为中心的社交媒体环境中，科学传播个体间、个体与组织或其他群体间的传播交互会以对话、冲突与协商为主要的话语秩序，且更多关注公众在情感层面的需要，以及公众与生活的衔接，平衡科学知识的严肃性与内容的通俗性，将科学叙事转化为诉诸经验和情感的民间叙事，形成交流对话的符号体系。[①]

一、传统空间的辐射式对话

政府、媒体主导，公众不在场的跨空间对话，主要以广播、报纸、电视等为对话载体。公众并不在对话的现场，但公众仍可以接收到信息，并以各自的方式做出回应，展开对话。以公共危机中主流媒体发起的对话过程为例，主流媒体一般为大众媒体，面向最广大的受众，在传播与对话中，是以一种辐射扩散的方式进行的，话题由一方发出，经由大众媒体传播扩散，大众通过媒体接收对话内容，并通过各自的方式反馈话题，继续对话，如在该媒体的网络平台的评论、转发、回复等方式与话题的提出者进行对话，同时，对话也在回应对话的个人或群体之间展开，并在对话中不断扩展和延伸。

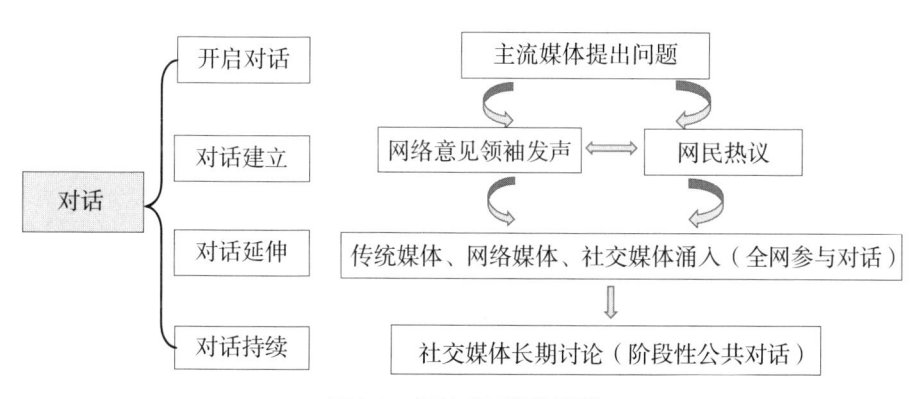

图3-5 辐射式对话的模型

传统空间内的对话以公众不在场的方式，通过其他媒介进行，但公众在接收到对话内容后，会在其他空间回复对话，或者根据自设议题重新

---

① 周妍，杨文倩.社交媒体下的科学传播：对话模型的初现与缺失模型的潜回[J].国际公关，2022（3）：121-124.

发起对话。传统媒体的对话，最大的优势是辐射的范围大、密度高，能在短时间内引起更多人的注意。对危机爆发初期来说，传统媒体的对话是有效的对话方式。信息能够第一时间传达，人们可以迅速地获取，公众在与传统媒体的对话中，交流想法、获得意见，媒体在以告知、说服、交流为目的的对话中，不断将公众带离危机，使得公众从危机中尽快恢复为正常状态。

二、网络空间的平行式对话

公众在场，并由公众发起的对话，一般出现在网络空间。这是网络空间赋予公众的权利，公众对于科学问题发起的对话，身处不同立场的"对话者"之间展开话语博弈。对话者是具有独立思维的个体，他们之间的差异造就了对话的差异，也形成了对话中的"复调"。科学对话是关于科学内容的多元声音，人们在对科学不同的理解中交换意见，并根据对话内容的指引，进行自己的建构，新的意见和思想又引发了新一轮的对话，以此往复，对话的未完成性也得以实现。对话者在不同的声音中共生共存，彼此制衡抑或融合，对科学的理解也在不断讨论中夯实。

其中，网络空间中的人作为"节点"成为对话的前提。人既包含一般用户，也包含具有一定专业性的人士，他们一道构成了网络中的"关节点"，即延森（Jensen）提到的"各节点通过更多地吸收信息并有效地处理这些信息来增强自己在网络中的地位"。在作为"节点"的人中，"关键节点"因其身份和能力的差异拥有一定的信任与支持，在网络世界的运行逻辑中，中心广播模型和缺失模型中的专家身份不再奏效，网络天然的开放和平等促使着科学传播向对话模型过渡。[1]

---

[1] 周妍，杨文倩.社交媒体下的科学传播：对话模型的初现与缺失模型的潜回[J].国际公关，2022（3）：121-124.

关于科学的对话，也不总是和谐和顺利的，尤其在不确定的议题中，科学话题的不确定，让人们天然拒绝，对于不确定的描述往往复杂而晦涩，普通公众不具备准确理解的知识背景，因此对话在策略的选择上要因人而异。在众多以社交媒体作为首发源的事件中，对话的过程基本以这样的程序展开。

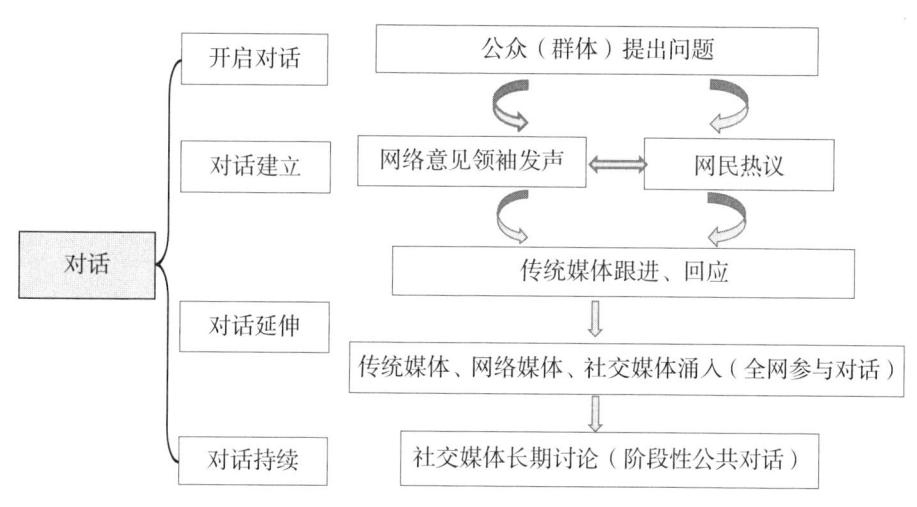

图 3-6　平行式对话的模型

在由公众发起的科学传播对话中，公众对于科学的意见形成舆论，并在社交媒体中不断转发、评论形成更大的影响，通过人际流动，织成高密度的传播网络。不同圈层的传播路径相似，但影响的人群并不相同，人们对科学内容的态度和观点在同一圈层的不断传递中强化。但在不同的圈层中，共识并不容易取得。在人际传播中，经过舆论领域和重要传播节点时，将会引起更大规模的对话。

公众可以与媒体、政府、组织、科学家等进行直接的对话，社交媒体平台让所有人以账号的符号形式存在。目前，我国的政务部门社交账号至少有4000个，也就是说，公众可以直接与几乎任何一个政务部门展开对话，对话的方式为评论、转发、话题发起@某个特定账号等。在危机中，公众对媒体的对话经常被发起，公众以评论方式表达自己的意见，在意见形成一股舆论时，传统媒体被召唤入场，进行更直接的对话。此时科学家作为发声人会给出专业意见和观点，公众与科学家的对话也会继续进行。另外，媒体的链接，使得不同群体有交流对话的可能，媒体在对话中起到承接彼此的作用。媒体既是对话的一方，又连接着双方，还承载着内容，引入政府、科学家、公众的观点和意见，平衡彼此的分量。在公众引起各方注意之后，对话向着更高层次、更大范围开展。媒体还在对话中根据不同群体应用不同的策略和方式，以保证对话的顺利进行。在公共危机中，政府发挥主导作用，利用新媒体，联合主流媒体，与公众与科学共同体一起进行公共危机治理。政府利用新媒体发布第一手灾情信息和应急指导，抢占信息优势，引导正确舆论。一般政府会选择用户量大、传播力强的新媒体平台，如微博、知乎等发布信息，扩大受众范围，获得更高关注度。政府发布的信息准确、全面而权威，以证实或辟谣等方式化解谣言，稳定民心。针对敏感话题，政府及时介入并引导新媒体上的相关讨论，避免过度激进或对立情绪扩散。密切关注新媒体上的民生话题与诉求，及时作出回应与解答，提升政府形象与公信力。政府还应建立统一的辟谣平台，收集新媒体上流传的各类谣言与不实信息，并及时作出权威辟谣，切实加强舆论引导。

三、多空间科学对话剖析：以7·20河南暴雨事件为例

在危机的发展中，每个阶段充斥着复杂多变的问题，需要科学的解答，在7·20河南暴雨引发公共危机之后，"救援"一度成为受到公众关注的话题，围绕这个话题发起和进行的对话是多层次、多空间的，在不同空间的对话也是形式各异的。其中对话的主要参与者包括政府部门、主流媒体、

政务微博、专业机构、专家大V、自媒体、网民等。对话起始于7月20日的《人民日报》，而后经过各种媒体的关注，再经过不断的对话，通过对话解除疑虑，达成共识。其中，公众在微博上的主要诉求与请求随着事件的发展而变化，由最初的救援呼吁逐渐拓展到生活保障等方面。政府密切关注公众舆论的变化趋势，采取及时与适当的应对措施，最大限度地回应广大群众的合理诉求。

梳理科学对话的路径和过程，我们可以看到影响对话的因素是多方面的。

第一，对话的路径决定对话内容影响的范围。广铺渠道、信息流干预和关系网建设并重，能够打开对话的渠道，在不同的对话空间交流、反馈，让内容能够传播得更远。如果不建立、维护关系网，信息流缺少连接管道，那么即使输出再多的信息，也是没有听众的"独白"。无法与对话者相遇，也就无法将科学和真理的价值进行有效输出。随着技术发展带来传播渠道的扩张，新媒体的传播模式也发生深层次变化，科学传播的内容生产者呈现多元化特征，对于公共危机治理中科学传播对话来说，根据受众定制内容和传播方式，时时以受众的关注点和可接受性为依归。移动化、社交化时代的受众已经完全与电视媒体时代的受众不同，要研究传播内容更要研究受众，要准确到达受众也必须首先研究受众特点。对于"网生代"来说，互联网思维是与生俱来的，受众年轻化、喜欢分享、对于互动的需求和及时的反馈都需要媒体在传播时做出相应的调整和改变。

第二，关系网的节点是意见领袖，应发挥意见领袖的作用。影响舆论的方法是影响关键人的态度和意见。意见领袖作为人群中的重要节点，一举一动都影响着粉丝的态度，他们用议程牵引着对话的方向，用意见维护着粉丝和偶像之间的关系。因此，重视意见领袖，与之开展对话，在对话中抓住有影响力的中介，则会更容易影响更多人。人们通常依赖两个因素来决定信任谁或者判断谁更可信：一是有共同兴趣，这被界定为对传播者和听众从传播中获得同样结果的期望；二是感知到的专业知识[①]。可信性是由听众赋予的，包括被传播者感知到的诚实和坦率的维度。

　　第三，科学对话的效果还取决于每个个体的民族、社会身份、地位、教育情况、社会认同等。在对话的整个过程中，人们的观点变化随着对对话者的信任而变化，权威发布者和专业人士仍是人们更愿意信任的群体。公众态度受到各种因素的影响，包括民族文化、教育水平、社交媒体以及国家领导人的行动和声明，同时也受到情绪、过往习惯、能力、便利性和社会规范等因素的影响。此外，人群的过往经历、对个人自由的重视、教育程度、收入状况等因素均有可能让公众对公共危机的政府措施持有不同的态度。例如西太平洋地区国家的居民于2003年经历了"非典"大流行，他们在本次疫情防控中积极采取了戴口罩、加强卫生和避免大型公共集会等公共卫生和社会措施。民族文化的差异对国家的防控措施和公众的行为产生了深远的影响。在相对自由的文化背景下，公众可能对社会规范持较为宽松的态度，而在相对严格的文化背景下，公众则更加注重遵守社交距离等社会规范，并且在面临病毒威胁时，能更自觉地采取隔离措施，因此在疫情防控方面取得了更大的成功。

[①] LUPIA A. Communicating science in politicized environments [J]. Proceeding of the national academy of science of the united states of America, 2013 (110): 14048-14054.

第四章
危机中的"复调"与"狂欢"
——科学对话议题的建构

关于自我与他人的关系，巴赫金认为，每个人都不可避免地受到他人的影响，因此没有一种声音是孤立的。巴赫金在陀思妥耶夫斯基的作品中找到了"复调"的真实表现，即多重声音。陀思妥耶夫斯基作品中的每个人物都代表着一种声音，代表着不同于他人的自我。这种"复调"的概念与不可终结性和自我与他人的概念有关，因为正是个体的不可终结性创造了真正的"复调"。在《无法完成的约伯记》中，玄成浣（Seong Whan Timothy Hyun）通过巴赫金的对话和时程的镜头来阅读《约伯记1-11》，将每个不同的声音作为独特而同等重要的声音来聆听。玄成浣认为，在序言和对话中，独特的声音将约伯描绘成一个无法完成的人，通过合作而不是彼此争吵。就像拼图的碎片拼在一起构成了整个画面一样，《约伯记1-11》中的所有声音，尽管每个人都有自己独特的意识形态，但汇集在一起，完成了约伯记的画面。这幅约伯记的画面为读者提供了一种阅读约伯记的不同方式：寻找更好的问题而不是答案。

巴赫金的对话理论认为，对话的开放性和"复调"，导致了对话的"向心力"，同时具有"离心力"。由于对话是开放性的，是所有人对所有人的对话，那么对话中总会出现趋同的声音，人们会有共同的想法，或者共同关注的话题，也可能会出现"统一的语言"，这是对话的"向心力"的表现，人们共同关注的内容或偏向的风格形成了对话中的"向心力"。但是人们在寻求对话的同时，在对话中也保持独立的声音。要保持自我、发现自我、成就自我，保持思想的差异性以及对话的多重性，又表现出了强大的"离心力"，这种"离心力"表现为对话中的"语言杂多"和各种观点彼此独立又相互交叉碰撞。

在面向公共危机的科学传播对话中，公众在危机发展的不同阶段有着不同的需求，但这种需求有一定的"向心力"。伴随"大型对话"的形成，对话中的"向心力"也愈发汇聚。社会各方力量汇聚其中，参与话题对话，围绕话题进行扩散、讨论，在信息传播中的彼此采信、互相印证、共同推进，发出行动与治理。

第一节 "复调""狂欢"滋生下的谣言治理

所有有思想的人都渴望与他者对话，都需要与他者互动，这正是对话的"向心力"的重要表现之一；对话的"向心力"还表现在对话所参与的"统一"的语言。在现实中，这种"统一"的语言，可能表现集体的语言、集团的语言，也可以表现为一种公认的话语风格。这种对话的"向心力"在社交媒体中，就表现为对热点话题的共同关注以及话语表达语态的趋同。对话的"向心力"产生了公共议题，公共议题的对话产生"复调"，"复调"对话可以激发公共理性的产生。对话的"离心力"则成为对话主体独立性的一种表达，造成对话观点与立场等的差异性，让对话具有主题、主体的多元性。对话并不是以多取胜，多重对话确保了声音的平等输出，却也会带来杂音。这主要来自对话的"复调"，"复调"主要表现为：对话形式多元、对话主体与话语圈层多元、对话渠道多元和内容杂多，这些共同构成社交媒体对话中多角度、多视角、多个声音的"复调"现象。

匿名化的网络社区，如同巴赫金所说的"狂欢广场"，没有自上而下的等级，社会更趋于扁平化。社交媒体的网络用户自由穿梭于自己设定的不同社交圈子的不同角色中。"狂欢"作为节日庆典，需要参与者对于狂欢模式的认可，也就是进入"狂欢广场"的话语方式。从信息的匮乏到泛滥，甚至发展成信息疫情，人们在多声部的"复调"中"狂欢"。哈贝马斯的交往理性要求对话者的"真",包括对话内容的真实、正确以及理性,但在现实中并不总能做到,甚至说不常实现。总有一些并不理性、并不真实、并不符实际的内容被人们有意无意地带入对话当中。随着传播范围的扩大和烈度的增强,最终成为流言、谣言,影响着其他对话的进行。科学传播的对话能够在沟通中甄别真伪、引导方向,让公众在混乱的舆情对话中厘清信息,树立正确观念,科学的视角和方法能够帮助公众理性面对危机的混乱。

一、引导"复调"舆论:从知识灌输到共情引导

在这些看似复杂无序的对话中,科学对话能够为不确定带来的舆论风波和信息紊乱指明方向。科学对话作为关于科学知识的对话,能够使用科学知识和方法为不确定的信息带来确定性,从而引导舆论的方向。舆论的产生到消亡大致经历了四个阶段:孕育阶段、扩散阶段、变换阶段和衰减阶段。[①]在现代传播学危机管理中,及时、充分回应舆论关切,缓解民众信息饥渴,是有效引导舆论、避免执政风险的关键一环。

(一)准确信息减少舆论产生的风险

舆论孕育阶段,不对称和欠缺的信息,以及媒体议程设置和意见领袖的导向性偏向等,都容易使公众对于信息的认知发生偏差,首先发布信息并形成舆论的主体占得舆论先机,形成第一印象和特定偏向。多样化的媒介形式在传播过程中,也大大加快了传播速度,使得信息可以在无缝隙的转发和评论后造成更大面积的传播。意见领袖的倾向性观点,往往会因为社群的信任效应被放大、扩散。这些都对突发事件舆情的早期孕育产生极

---

① 陈力丹.舆论学:舆论导向研究[M].北京:中国广播电视出版社,1999:20.

大影响。作为危机治理主体的核心，政府对舆情问题的处理是危机治理的重要一环。舆情在孕育和发酵中，容易造成更大的危害，及时回应舆论，也体现了治理者对公众的重视。科学传播对话中信息的确定性和科学性能够对疑问给出确定的答案，准确信息的及时公开能够防止舆论的进一步生成和扩散。

（二）权威信息降低舆情扩散的风险

要让信息的传播跟上公众的需求，还要让信息质量满足公众的期望。信息质量包括信息的完整度、准确度、信息的来源等。如果信息质量出现问题，残缺信息给公众带来猜疑，不确切的信息给公众带来恐慌，不知所以的来源让人无从辨别，信息冗杂而混乱，必然导致舆情的出现。质量低的信息使得公众无法在海量信息中进行事实核查，对于信息的真伪难以辨别。而公众对高质量的信息有迫切的渴求，信息质量的参差不齐则导致公众的无所适从。[1]同时，社会认同理论认为个体基于社会身份、自然身份等属性对自己进行社会类化，对所属群体产生归属认知。由于网络具有无限链接和协同过滤的功能，大量相似信息会加速偏见与极端认识的形成，结果往往表现为圈层内部同质化、群体之间异质化。在拥有共同目标和方向的前提下，拥有更强沟通动机的网络成员实现了从被动心理归属向主动建构性的认同改变[2]。在网络传播规律的作用下，传统媒体传播的"树状结构""一对多"模式，使得危机中的舆论扩散得更快，蕴藏了诸多风险。科学知识的传播将修正谬误信息，保证高质量、权威性的信息到达公众，并以此影响公众的判断。只有加强广泛而权威的科学传播，才能防止混乱信息的传播。

---

[1] 蒋瑛.风险治理视域的突发事件舆情导控研究[D].上海：华东师范大学，2018.
[2] 刘少杰.网络化时代的社会结构变迁[J].学术月刊，2012，44(10)：14-23.

(三)科学引导减少舆论变换的风险

固有印象一旦形成难以轻易改变,群体的分层也更加剧了影响的广度。网络由于其复杂的构造和多面向的特点,在传播时具有涟漪扩散的效应。[①] 在这种情境下,公众态度容易在不断发酵下极端化。在互联网的媒体环境下,网络传播具有"后真相"(Post-truth)特点,事实的力量不如情绪带来的煽动力强,情绪对人们意见的影响更胜一筹。在算法机制的影响下,人们更容易被锁定在各自的"信息茧房"中,相对封闭的空间与固守的观念和情绪化的立场一道,推动着观念的极端化。此时,需要科学理性的思维改变偏激的舆论,改变舆论极端化的状态。科学对话中关于科学思维的交流能够有助于理性思维的建立。理性思维是基于逻辑的推导方法,是被证实的科学方法。理性思考能防止目光狭隘、陷入误区,更全面客观地看待问题,也就降低了舆论极端化发生的可能。

(四)科学回应阻止舆论反复的风险

公众对舆论的反应会倒逼危机治理主体及时采取措施,如果作为公共危机治理主体的政府部门采取主动回应和引导的方式,则会减缓舆情发酵的烈度以及推动舆情的衰减,舆情也就不再随之发酵。在这一阶段,科学的对话能够帮助公众厘清事实真相,引导正确的方向,并防止舆情的再次出现。科学传播对话中伴随着高度的伦理责任,发布信息和发布方式也与人们的价值观、信念息息相关,它会影响人们的观点、态度和行动。所有的科学传播过程都在不同程度上暗含着价值观。信息是与其出发点和落脚点捆绑在一起的,即使科学真相本身是客观公正的,它也不得不受出发点和落脚点的影响。科学知识的传播,在一定程度上能够引导公众的舆论方

---

① 杜骏飞.网络群体事件的类型辨析[J].国际新闻界,2009(7):76-80.

向，尤其在涉及相关事件的权威专家传播后，舆论方向会随之改变。

二、控制"复调"噪声：从事后纠错到事前预防

"噪声"的概念是由著名的信息学专家克劳德·艾尔伍德·香农（Claude Elwood Shannon）提出的，原本信息是通过信道传递给信宿的，但在信道中由于技术问题等带来的信号干扰，使得传输的信号发生了失真变形，而最终到达信宿的信息也不是初始的信息。可见噪声对原始信息来说是一种外部的非正常信号，给信息带来的是不确定性，信息由此可能产生谬误、偏差、混乱和失实。如果噪声发生在危机信息传播的链条中，对危机管理来说无疑是雪上加霜，危机本身的动态性、复杂性和不确定性，已经不容易处置，如果信息传播再成为障碍，则大大降低信息流通的效率和信度。但事实上，信息在流通过程中，已经不仅仅会受到来自信道的干扰，信源是否公开透明、信源的身份是否可靠、信宿是否能准确认知，都影响着信息的真实性。这些在传播过程中存在的失真、不实、谬误的信息就是噪声，其存在必将影响信息的传播效果。

噪声的产生来自传播的链条中。在香农的信息论理论中，信源、信道、编码、译码、信宿组成整个信息传播的过程；噪声是在信道中产生的失真，而产生的原因涉及传播者、内容、媒介、技术等各个方面。传播者对受者的赋权导致了传播权力的自由和分散，传播过程中各主体之间的交互、信息来源的多样化、传播者自身素养差异、媒介的价值取向和权威性、公众的解读差异等，都增加了传播中出现"噪声"的可能性。[1]信息从生产者到使用者的顺利传递决定着信息获取的质量。如何在减少噪声出现的前提下，使得信息到达参与者，从而改变参与者的认知，是获得信息质量的关键。

---

[1] 钟新.危机传播：信息流及噪音分析［M］.北京：中国传媒大学出版社，2007：61.

在危机治理中，复杂环境下会催生很多不确定性，包括危机本身的不确定性、环境的不确定性和传播的不确定性。这些不确定性也是科学传播的重点。公众对于不确定性是持排斥态度的，危机中对于确定性的渴求是首位的，而对于不确定性公众不愿意承认，因此吵闹声很多带有偏差的解读。科学传播对于不确定性的传播和沟通是一个强项，因为科学传播不只是传播知识，还有科学思维和方法，其中就包括认识不确定性的思维，科学思维就是承认万物的变化性和不恒定性，科学传播在进行不确定性的传播中，通过客观严谨的表述给不确定性带来更好的理解。

（一）对信源的厘清

信息泛滥的媒体时代，面对不实信息，最好的办法是第一时间传递正确信息，以消除信息流中的"噪声"。正确的科学信息和知识的传播能够及时辟谣，为公众带来真实信息，指引公众的理性行为。噪声是一种不确定性，知识是以确定性对抗不确定性的途径，是以经验总结出来的、以规律性为特点的常态化信息。知识是一种经过验证的正确信息，科学知识无疑是一种更为确定、更为人所认可的信息，它的出现是对信息传播中谬误、模糊等不确定信息组成的噪声的回击。科学知识具有一定确定性，在危机出现的时候，可以满足公众对确定信息的认知需求和管理者的决策需求。

（二）对信宿的影响

噪声的出现还体现在不同的人对信息的理解和接受上，信宿在解码过程中由于自身经验、认识、态度、价值观等因素的影响，对信息的接受程度有偏差。理解偏差带来对信息的误解，这影响着信息的有效传播，而使得信息出现噪声。科学传播中对科学思维的传播，会从认知上改变公众在面对无序信息时的选择和理解，最终决定着其对信息噪声的控制。"统觉背景"是对话者自身原有的素养，但在对话中，会因为对话者、对话内容、对话中的他者、社会环境等因素发生改变，改变对话者的知识、认知甚至是思维，这是对话能够产生的结果，也是对话应该具有的作用。科学对话是以科学内容为主的对话，科学对人的改变，不仅体现在具体的科学知识上，还体现在思考方式、行为方法上。

以2011年日本福岛核泄漏事故为例，危机发生后，出现了很多谣言。有消息称全球范围内的辐射水平都受到影响和威胁，又有消息称日本大量农产品和海产品受到核辐射污染，我国广东和福建一带流传消息称由福岛飘来的"核云"会污染辐射当地。这些谣言在日本国内及亚洲多个国家得到较广传播，代表了人们的焦虑与恐慌心理。根据调查，57%的美国民众误以为福岛的辐射会威胁到美国，超过70%的中国民众相信日本农产品普遍受辐射污染的说法。2011年3月20日，中国广东流传的"核云来袭"，称日本福岛核泄漏后的辐射蒸汽云（"核云"）正在朝中国广东移动，将在两天内覆盖广东上空。这些"核云"包含大量放射性物质，一旦覆盖广东会给当地带来严重核辐射污染，妥善防护和储备食物是当务之急；建议人们不要外出，关闭门窗，做好防护，储备足够的口罩、防护服、食物、水和盐等物资。部分消息还主张广东居民应该立即撤离当地，移居香港或其他地区以躲避"核云"的影响。一些人声称当局已经秘密启动广东核应急预案，但官方尚未向民众发布警示，情况十分危急。民众应充分提高警惕，相信网络上的先知先觉。这些信息在广州、东莞、佛山等城市通过手机短信、微信、微博、BBS等渠道迅速传播，并在第二天引发口罩和食盐的抢购潮，部分学校停课，一定程度上引起当地居民恐慌情绪。

公众一般不甚理解核辐射与核事故，很容易产生焦虑与恐慌。一旦出现与"核"有关的消息，会觉得核辐射马上就能造成重大伤害与污染，这增加了产生与散布核相关谣言的可能性。民间流传着盐可以吸附放射性物质或具有消除核辐射效果的迷信说法，使其成为核事故时的抢购对象。但盐对防止核辐射或减少辐射伤害没有实质作用。突发事件中，负面情绪与恐慌会促使人们过度反应,产生以防万一的心理。加上某些商家借机哄抬价格,导致防护用品的抢购潮。我国广东和其他地区民众抢购盐的行为,就产生于前述因素的共同作用下。由于谣言渲染核辐射威胁与盐的防护效果,民众在恐慌情绪下产生过度防范反应,进而出现抢购行为。

三、科学对抗谣言:从强力消除到长期对话

对话中的多重"复调"带来对话的丰富性,也带来风险。复调的"狂欢"化在网络话语中发挥着积极影响,也滋生了极大的负面情绪。谣言传播就是其中之一,不确定信息导致焦虑恐慌心理,人们希望得到确切结果,因此臆造谣言。谣言研究的鼻祖、哈佛大学教授戈登·威拉德·奥尔波特曾给出过一个谣言产生的公式:$R=i×a$,其中,R代表谣言的强度,i代表事件的重要程度,a代表事件的模糊程度,而后传播学者克罗斯又将这一公式加入了人的要素,即公众自身的批判能力,$R=i×a/c$,c代表公众的批评能力。由此,谣言的形成取决于至少三方面的因素。其中,谣言产生的公式中信息的模糊性和重要性在一定程度上反映了人们对待信息的态度,重要的信息与自身利益和命运息息相关,但并不确定,这些不确定的信息会因模糊而被讹传,而谣言的产生可以缓解对于重要信息的担心和焦虑,或者投射个人的信念和欲望。

谣言的产生往往与个体的不安、恐惧、焦虑、盲从、不信任、期望等心理状态相连,起始于人们对信息模糊的不解和歪曲,或断章取义,或夸大其词,将其绝对化为某一个确定信息,以此慰藉人们的不安心理,然而错误信息的流传必将带来严重后果。而处于突发事件的风险环境中,人们的心态和认知与情境有着密不可分的关系。谣言是公众诉求的一种真实反应,辟谣是对公众呼声的反馈和对话。对于模糊性信息,科学传播在与公众的对话中,进行了精准的传播。以谣言的传播与证伪为契机开展持续对

话，有助于推动公众与科学传播者这两个差异群体的良性互动。这种对话是基于科学的视角，以真实客观的科学知识和方法为基础，以权威的平台为媒介，与公众进行一次真伪博弈的对话。

以2003年"非典"时期的科学传播为例。早在2002年11月，SARS就已经在广东某些地区传播开来，但直到三个月后，大众才在媒体上了解到相关的信息，大众媒体集体失语三个月，使得大众对于信息的渴求只能转向"路边消息"，这些在各个途径扩散的信息既有夸大不实的消息，也有来自外行的科学知识，主要集中在如何治疗防范病毒等奇招妙药的传播上。在网络媒体并没有完全覆盖的年代，传播的途径主要是手机、电视、报纸、广播等。涉及科学知识的相关信息在电视媒体上以"抗击非典特别报道"的形式进行传播，但大众对于突发事件的恐慌和不安，并没有因为知识的传播而得到太大缓解。2003年2月5日，在《人民日报》上有1411条相关信息的发布，其中涉及对科学技术的诉求取向最为集中，有655条，占比为46%，消息来源为专家学者的比例为80%以上。在SARS初期，更多的是流言和谣言，猜测、疑惑组成了不实信息，并因此形成了毫无根据的猜测和阴谋论的舆论，这种极端化的舆论势必给公共卫生的防治带来非常不利的影响。科学权威的发声让公众对于新型病毒有了清晰的认识，各种谣言也随之不攻自破。关于病毒知识和背景以及治疗方法等一系列科学知识的传播，为公众解开了不确定的谜团，当公众了解了真实情况，也随之改变了舆论的方向。

（一）以专家为信源，是成功辟谣的一大前提

科学共同体是科学的代言者，也是科学对话中天然的意见领袖。随着媒介技术和科学技术的进步，公众对于科学的信任度虽有下降，但仍是较高水平，因此对科学共同体也更有信任感，信源的可信是进行辟谣的关键因素。首先，科学家对于谣言的反击，对于深陷危机中的普通公众来说，

是拉近其与科学之间距离的一种方式。其次，对于信源的选择，权威科学家的意见是科学传播中谣言对话内容的重点，如若不加辨别地呈现零星的、边缘的不同声音，只会混淆视听，误导公众。谁在这个问题上是具有发言权的科学家？多大比例的科学家的意见可以算共识？科学传播对话内容的选择上必须坚持平衡原则，平衡原则一直是新闻传播的核心原则之一，却常常被滥用，导致所谓科学报道中的虚假平衡或信息偏见。平衡报道并不是机械地给予不同的观点和声音以同等的能见度和话语权。有时候，恰恰突出重点、抓大放小，看似不平衡，才是真正的平衡。但这看似一小步的跨越，其实是风险沟通和传播上的一大步，它要求媒体从业者具有高度的科学精神和媒体专业主义精神，需要科学记者和编辑真正成为有温度、有情怀、有胆识的科学转译者。

2011年日本核泄漏事件引发了巨大的公共危机。3月11日，大地震与海啸致使福岛核电站反应堆机组关闭。3月15日，3号反应堆建筑发生氢气爆炸，严重破坏反应堆安全壳。4月6日，4号反应堆池发生爆炸，大量辐射水排入大海，危机影响加剧。8月，政府宣布事故达到与切尔诺贝利等级相当的7级核事故。12月，政府宣布进行可控状态，但危机仍未结束。自2013年起，癌症发病率数据显示事故导致较大规模的公共卫生影响。初期，由于情况尚不明朗，公众因对其担忧和恐慌而流传出了诸多谣言。这些谣言的出现是公众对于现有信息的断章取义，在没有确证的情况肆意蔓延则会影响更多人的判断。谣言主要集中在2013年3月危机爆发阶段，4月中旬至8月出现了疫情谣言小高峰。通过对谣言内容、谣言用户和谣言舆情的分析，研究者发现在危机发生初期是不确定信息最多、最杂乱的时期，谣言最多，尤其是在危机严重的日本，造谣者和转发者在谣言传播过程中积极行动，传播负面情绪，但辟谣者却沉默寡言，或倾向于以理性情绪辟谣。在谣言不断传播、影响不断扩大的过程中，谣言引发的舆情往往会发生时序的变化。

在日本核泄漏事件中，我国多位核工程专家在媒体上发文分析可能的辐射泄漏量及影响范围，提出居民防护指引，引导正确防范措施。有关部门发布的环境监测数据和报告在专家解读下得到更为全面的理解，一定程度降低公众恐慌心理。通过对事故细节的剖析，专家指出几个可能导致大规模泄漏的设计缺陷和操作失误，为完善核电站安全管理提出宝贵经验。其中，中国工程院院士钱永昌在3月13日，即事故发生后4天，首次接受新华社采访，就事故原因与可能产生的影响发表看法，在接受多家媒体采访时详细解析当时核电站的结构与运行机理，指出原子炉失效的一些缺陷可能致使燃料棒熔融并大规模排放，这一剖析得到广泛关注，发挥重要警示作用。

在2003年SARS的科学传播中，一个突出的科学家传播者是钟南山，在科学的判断和解读中，他的专业、权威、直接、准确、真诚打动了公众，彰显了一个优秀科学家在重大事件中的担当与作为。他率先确认SARS为传染病，并推测其病原为冠状病毒，这为疫情的判断和后续研究提供了方向。而后他又提出了"广东模式"的SARS防控方案，主要包括病人隔离、医务人员防护和居民防范等内容，该方案被国家采纳并在全国推广，在SARS的防控过程中发挥了重要作用。

钟南山又通过电视、报纸等媒体发布权威信息，解释SARS病原和传播途径，提出科学的防护措施与生活建议，广泛传播医疗知识，这在很大程度上缓解了民众的恐慌情绪，增加了民众对防疫工作的支持度。钟南山参与抗病毒药物的筛选与试验，并提出使用多种药物联合治疗的方案，这为后续SARS的临床治疗提供了重要借鉴，有助于降低病亡率。钟南山在SARS疫情防控中发挥了举足轻重的作用。他较早判断疫情性质与病原，提出了行之有效的防控策略，并致力于科普教育与药物试验，在消除公众恐慌、指导政府决策以及提高治愈率等方面取得了显著成效，这充分体现了科学家在重大突发公共事件中的关键作用。

(二)主流媒体进行核查主导

媒体是公众获取信息以及与科学家进行沟通的最有效渠道,有时甚至是唯一的渠道。基于社会认知理论的范式,媒体报道的主动加工可能会改变公众对科技的认知模式,这些认知又会影响公众关于科学或科学家的信念和判断。记者的报道可能建立也可能破坏公众的信任;可能促进科学知识普及,也可能成为恐慌与谣言的助推器。在当今的数字时代,帖子、视频等新的表达形式使得流言能够"病毒式传播",科学准确的新闻报道显得尤为重要。事实核查的作用对于媒体来说显得格外重要,准确的信息源在保障信息准确传输中占第一位,媒体应有责任担当,培养社会理性精神性,同时应具备科学素养、理性思考、不盲从、不媚俗。这就要求全面、及时、科学的信息代替支离破碎的负面信息,媒体应去粗取精、去伪存真,在信息的海洋中为公众提供有用的信息。最重要的是理性传播、谨慎传播,以客观的姿态为公众带来真实的信息。"媒体在风险沟通中的功能是无法被替代的,它既可能促进风险沟通的功效,也可能成为扰乱公众认知或心理状态的诱因。"[①]媒体核查,一是媒体的责任使然,媒体作为风险的放大器,必须负起责任来进行信息的核查,以达到矫正视听的作用;二是媒体是多个对话主体的中介,有义务在对话中以"他者"身份提醒对话的内容和偏向;三是媒体自身的价值取向也督促其对不实信息的调查取证,这些都是媒体的职责和使命。媒体在对信息,尤其是科学信息的核查上,体现着媒体责任和义务,促进与公众对话的顺利开展。

(三)多方合作辟谣

危机中的谣言治理是多方共同参与的结果,政府主导,专家作为信源,

---

① SLOVIC P. Informing and educating the public about risk [J]. Risk analysis, 1986, 6 (4): 403-415.

媒体作为中介，还有社会群体以及具有相关知识的大众共同组成了辟谣主体，如中国互联网联合辟谣平台、腾讯较真查证平台，社会媒体和机构的辟谣平台，如"丁香医生"、果壳网等。"丁香医生"就在新闻报道和背景知识解读之外，设立了谣言和辟谣的版块，让人们在对抗谣言的过程中拥有抓手和武器。多篇文章针对谣言进行回击，标题就明确看出辟谣的态度。和其他科普内容生产者相比，"丁香医生"在处理信息时的最大优势是专业性，这也是专业垂直类媒体的最大特点。第一，"丁香医生"一直聚焦最新前沿科研以及技术服务，为公众提供医学、生命科学等与公众生活密切相关的专业知识，也举起了"专业医疗"的鲜明旗帜，以专业性和权威性提升了内容的可信度。第二，对比没有专业医学背景的传播者来说，"丁香医生"具有明显优势。在理解生僻的概念、费解的知识和各种未知的不确定的信息时，"丁香医生"凭借其在科普和卫生知识上的已有经验，在文字编排和响应速度上有明显优势。第三，"丁香医生"注意事实核查与信源筛选。在重大突发疫情中，公众的根本诉求是获取更新及时、解读专业、权威可信的精准科普信息。与一般的资讯类媒体相比，垂直领域新媒体平台专注于医疗内容，内容解读更加专业和清晰。同时，与"单打独斗"的自媒体生产者相比，其面对突发危机时的响应速度更快，执行效率更强。

第二节　公众科学素养培养和思维重塑

科学对话的目的不仅是传递知识，更是传播方法和思维。对话的内容既有最新的科学技术和科学信息，也有经检验论证的科学知识和科学方法，还有科学知识背后的科学思维和科学精神。科学对话通过对这些内容的呈现，不断影响着参与者的智识。通过在对话中话语的引导和他者形象的塑造，对话者传递了比具体知识更有意义的方法和思维。并非直接宣扬某种科学思想或方法，而是借助典型的"他者"形象，通过描绘"他者"形象与行为，使用户观照到自身，引发用户的情感共鸣，镶嵌到"他者"的形象中，从而更有效地接收知识。在这种对话中，科学精神与道德层面的科普传播得以实现，用户在"他者"的影响下对自身有所要求，也在"他者"的感染下形成群体性的情感认同。

一、科学研判：建构公众的风险认知

风险认知是公众在现代社会必备的技能，风险认知对于一般公众来说，需要掌握具体的知识，也要懂得认知的方法。风险认知与公众的多种认知相关，科学素养是其中一种。如何看待风险、如何应对风险和化解风险都需要长期、持续的基础研究作为支撑。科学传播能够帮助公众获取风险信息，以及应对风险的态度和方法。这为公众在危机之后如何应对常态化的风险奠定了基础，对理性思维能力的提升是远比风险认知更宝贵的经验。

突发事件作为一种非常态的情境，公众对此情境的认知包含复杂的层面。灾难情境、信息和人之间构成了一个相互影响、共同作用的系统。人对于突发事件的知觉、理解、判断和预测，既来自自身已有的知识经验，又与接收到的外部信息相关。20世纪70年代末美国心理学家班杜拉根据其教育理论提出了社会认知理论，他将认知概念融入传统的行为主义人格理论中，将社会心理认知的过程划分为感知、注意、理解、记忆、思维五个阶段。感知，指通过感官接触外界信息，产生看见、听见等初步感受；注意，指从大量信息中选择感兴趣的部分进行处理，忽略其他不相关信息；理解，指将注意到的信息与已有知识结构相联系，产生意义和理解；记忆，指将理解后的信息进行编码和储存，以便后续检索；思维，指对记忆中的信息进行再加工，如推理、判断和决策等高层次认知活动。这五个阶段既连续又依序推进，后续阶段的认知活动建立在前序阶段的认知结果之上。这一理论把社会认知研究的视角从单一的外部行为转向了内部认知机制，认为我们对环境的理解和判断以及后续的行为决策都源自这一认知过程。突发事件的到来带来未知性，如果突发事件为不常见的事件（例如某种未知病毒的流传和传染），则会增加未知性和不确定性。对于一般社会议题的不确定性，人们会感知到风险和威胁，但多半只针对某一部分与事件利益相关的人群。

例如核电站的修建、是否修建只关系到一部分身在其中的人群。或者风险议题属于未来式，尚未发生但存在一定风险的问题，也会在一定程度上降低人们对不确定性的担忧。反观突发公共事件，大多是事关大部分人群的，例如自然灾害、流行性疾病等，这些与每个人切身相关，此时的不确定性信息则会增加担忧和疑惑，甚至影响人们对传播者的信任。因此，这种情境下的信息更应该尽量准确及时，来缓解人们的信息焦虑。风险中的不确定性与人们的认知是相互影响的关系，突发事件中的不确定性会引发公众强烈的心理冲击，情绪的主导下人们在选择信息时则会出现偏差，而这种偏差则可能导致突发事件的风险被放大；同时，由于突发事件在不断的发展过程中，整个系统具有极大的复杂性，风险的变化路径难以被提前预知，运用逻辑思维和理性判断也往往不能准确判断，人们的风险感知更容易受到主观经验和自身认知的影响。

要提高公众的风险认知水平，需要建立一整套复杂的学习体系。这既有来自公众内部的因素，也有来自外部的因素。外部因素又包括确定的因素和不确定的因素。而确定的因素就包含对风险本身的客观解读，理解风险是风险认知的基础，客观描述风险又是人们理解风险的前提，科学传播能够以科学的方式客观呈现风险，为人们认识风险提供支持；对话是认知的手段，在不断的探讨、辩论、协商中形成认知。

二、方法指导：培养公众的理性思维

突发重大事件的科学传播不仅在于传播知识、为政府的决策咨询提供支持，还在于培养公众的理性思维和科学精神、不断启迪公众对于科学的兴趣等多种功能。理性在东西方社会中具有不同的含义，也在不同领域有不同的内涵。我们常指的理性包括哲学上的理性和情感上的理性。西方哲学上的理性是指一种逻辑思维能力，是对事物做出总结归纳后的智慧；情感上的理性是指以客观事实为依据，而非主观情感。在对客观事物进行认知、分析、判断之后，理性是对目标做出反应的一种智慧。亚里士多德认为"人是理性的动物"，人的理性与生俱来，但理性并不一定一直存在。影响公众理性的因素是多重的，包括自身修养、社会氛围、政府导向、舆论环境等。尤其在后真相时代，人们在情绪胜于事实的裹挟下，陷入非理性的状态中。在日渐封闭的圈层文化和信息茧房中无法窥见事件全貌，对信息注意的窄化、对信息接收的情绪化，以及对信息的选择性解除，都对人们理性的养成构成威胁。

在面对复杂突发事件时，人们暴露于信息冗余的状态下，对于信息的处理是情绪主导下的社会建构，情绪会被极大调动，知识也会被更多唤起。是否能够理性地建立认知，首先是危机本身的特征决定的，包括对危机发生的特定条件的认知，比如时间性、地域性等极容易被忽视的信息；其次是个人特性的差异导致的认知的差别，比如对于某些知识的缺乏或者对于某些信息的不认可，在感知信息上都会造成一定的偏离。公众对知识的建构差异，导致了认知的偏差，公众理性的重要来源之一就是合理采集和吸收相关的专业知识，在不断的知识建构中，运用科学方法的理性武器，最终掌握理性的科学思维，拥有科学精神。

第一，科学知识是理性的前提。公众认知和理解信息是保持理性的一个重要因素。信息的缺失是舆论发散的导火线，谣言的出现一部分原因是相关知识的缺乏，信息的不确定也是致使人们焦虑、恐慌的一个原因，人们在极端的心理状态下，无法做出理性行为。科学信息在人们面临危机的第一时间满足了人们的信息需求，让人们了解事件的前因后果，也就能使人们保持理性，不被谣言所蛊惑。

第二，科学方法是理性的武器，掌握了科学的方法，就能排除错误信息的干扰，也能辨别谣言的真伪。"授之以鱼不如授之以渔"，传播知识不是最终的目的，传播科学方法，使得公众有辨别信息的能力，才是科学传播的目的。科学传播通过对科学家研究过程的展现，分析其方法，使公众"知其然更知其所以然"。让公众获得了科学方法，能够正确使用科学方法进行判断和识别，是理性的一种表现。

第三，公众树立科学思想是理性的途径，科学传播能够让人保持理性，是因为它传播科学思想，科学思想是在科学方法基础上总结提炼出来的规律性的法则，能够用来指导更广泛的研究。

第四，培养公众的科学精神。科学精神是理性的本质，科学传播的目的是让公众拥有两种能力：科学处理实际问题的能力和参与公共事务的能力。在培养公众理性的基础上，培养公众的科学能力，是另一个重要目标。此外，公众参与科学的范式有助于提高公众理性。公众参与科学就是公众在公共议题中与政府、媒体、科学共同体等进行积极对话。真理越辩越明，只有在对话中，公众才能不断打磨观点、完善认知，不断建构自己的知识体系，学习科学家的科学方法和思维，锻炼理性思维。但要清醒的是，公众理性不是话语垄断，不是科学主义，不是塑造单一观点，而是培养一种思维方式和习惯。理性思维并不意味着相信一切科学，相反是质疑和批判包括科学在内的一切事物，拥有理性是进行科学研判的前提和基础。

三、知识共享：激发公众的公共参与热情

理查德·桑内特把普通人通过意见表达方式进行的公共参与在现代社会的萎缩，称为"公共人的衰落"。换言之，规范意义上的公共生活是所有人都可以参与的交谈。而近代以来，大众传播技术的普及和依附于媒体之上的意见领袖，让这种以公民之间的交谈为标志的公共生活变得越来越成为不可能。基于社区的人际互动和小规模群体间的理性交流，曾经是理想意义上的民主的公共生活的主要形式。但在商业和政治精英与媒体联手炮制的"公共舆论"图景中，这种交流失去了存在的根基。普通人成为被引导的沉默的观众，并在政治权力与商业力量的双重锻造中，成为不再需要理性和批判思考的"群氓"。所谓"茧房效应"的存在，社交媒体不仅没有减少人们之间的信息隔绝，促进公共交谈，反而加剧了这种分裂，遏制了公共对话的可能性。

科学传播鼓励了公众就相关议题参与科学的事务，公众参与不仅可以集思广益来评估、应对风险，还可以尽量避免由少数专家决策，后果却由全民承担的另一层风险——责任伦理上的风险。当公众运用新媒体获取危

机信息并参与公共活动时，他们可以自认为是社区的成员、国家的公民，以及全球政治的能动者，即将个体置于公共文化与公民责任之中，而不再只把自己定位为危机中的受害者。公众得以在多重话语空间，通过对话进行平衡和融合各自的思想，公众能够提供自身的经验和角度，以自己的方法进行反馈和磋商，不断交流制造平等的话语建构。早有研究者证实，理解科学与参与科学不存在必然的前后关系，公众不一定要理解科学才能参与其中。[①] 参与科学是权利，每个人都有对科学技术相关事务发问和质疑的权利，这本身就是参与科技活动的一种方式。对不确定的科学提出问题的过程，客观上促进了科学的不断修正和传播，也是参与科学的一种形式，公众首先对科学关注而后逐渐理解科学，不仅是知识上的理解，还应包括方法上理解，才会信任科学并愿意参与科学。

公众参与科学的形式已经随着社交媒体的发展大大拓展，除了科学政策的决定、科学活动的参与和科学话题的参与讨论，公众在科学议题中的内容输出，就是一种参与。事实上，内容输出后不仅得到了一般公众的肯定，也引来了相关的讨论和争议。公众在科学中的参与，以抖音平台为例，除了科研机构和科学家等明确的科学专家，还有1.8万个科普知识类短视频博主，他们都是参与科学的公众。

---

① 金兼斌.科学传播：争议性科技的社会认知及其改变[M].北京：清华大学出版社，2018：134.

第三节　对话主体关系的缝合和重组

公共危机治理，不仅是治理危机客观存在事件的不确定状态，还治理危机带来的关系不稳定和价值混乱。不同于直接由自然灾害、重大事故、疾病瘟疫造成的危机，危机带来的次生灾害来自危机中的人的行为，比如媒介传播对个人、群体、组织及其他危机的利益相关者之间的关系所造成的扩大化、连锁性的损害，即"关系性损害"。由关系带来的损害可能超过事件本身，危及利益相关者生存与发展的根本。科学传播不仅是一种知识的传递，更是一种在传递知识时进行的关系建立，本质上是科学与社会之间的互动，涉及多种不同性质的主体，以及各个层面、不同场景和社会、环境因素。

对话是在主体之间展开的，为了交换思想和意见，最终达成共识的过程。对话不仅带来信息的交换，还在影响和改变着对话者。2000年以后，科学与社会之间的渗透和嵌入不断加深，其双向密切的互动关系已经形成。公共危机治理中，科学对话在如何理顺主体关系、重构主体关系，以及影响关系和管理关系上发挥着重要作用。在协商和沟通中，主体之间可能因为价值和利益的不同，站在不同的立场。科学作为一个客观标准能够统一不同主体之间的声音。科学产生于实证，是经过检验的可靠的知识，它是在诸多严苛条件下产生的，因此人们对于科学具有天然的信任感。开展科学对话，是求真务实态度的体现。深入开展科学对话，能够让主体不断加深对科学的认知和理解，从具体的科学知识到科学方法，再到科学思维和科学精神的获得，以此指导其他方面的决策。科学对话的深入有力，在平衡意见、重构关系、改变形象上都有重要意义，能够让人们改变关系、改变观念、重建理念。

一、重建对话主体的角色形象

政府在危机中是否相信科学，运用科学的方法和理念来决策，关系着危机的发展变化。政府如若不能以科学的态度对待危机，不尊重科学的方法进行决策，面对突如其来的危机，以掩盖、矫饰为策略，欺瞒公众，不及时公开信息，避重就轻，设置框架，最后都会面临危机。危机再生，政府形象会大打折扣，甚至信誉扫地。而如果政府能够在危机中，与科学家进行理性对话，采纳科学意见，接受科学指导，与其他治理群体协商对话，发挥各自部门职能和学科优势，以真实翔实的信息与公众建立对话，传播科学知识，则会获得公众的认可和肯定。政府对于科学的信任，改变了公众对科学的态度，也改变了公众对政府的态度。

不容置疑的是，科学是中国政府信任和使用的关键力量，科学在应对公共危机中发挥了巨大作用，而面向公众的科学传播更使得科学的角色不仅是政府决策的依据，还是指导公众进行有效应对的有力手段。

与常态的科学传播不同，危机中的科学传播有更强的目的性，对于传播者来说，尤其是政府，是带有一定行政强制力的。政府在公共危机中的管理者角色，赋予了它一定的特权，但这种特权并不能越界。政府用科学方法进行管理，传播科学知识和科学方法都是正确之举，但若以科学主义的旗号强调唯科学论或唯政府论，那将给政府的管理带来问题。科学对话对于发起者之一的政府来说，是与公众站在一起，设身处地为其着想的行动，体现了政府平易近人的态度。这其中也包括政府对待危机科学研判、科学决策和科学管理的态度。这种行为本身就向公众传递了尊重科学、信任科学的态度，使得科学不仅停留在传播知识和方法上，也通过更加潜移默化的影响方式对公众认知产生影响，使其更具有科学思想和科学精神。

科学对话要借助一定的媒介开展，尤其是不在场的对话，媒介的选择十分重要。媒介作为对话的参与者之一，它的价值取向、公众形象、对话策略、行为方式也时刻影响着对话的结果。在以科学为内容的对话中，媒介参与着科学的传递，也被科学影响和改变着。危机是一种特殊的状态，媒介作为一种不可或缺的沟通手段，在第一时间进行信息的传递，及时性、公开性、透明性是基本要求。公众对于外界环境的风险感知和对危机损害程度的判断主要由媒介来塑造。风险信息的传播则通过多元化的网络进行，包括以电视、广播和印刷媒体为代表的大众传媒，针对特定行业和利益群体的专门化的媒体，以及社会关系构成的非正式人际网络等。"大众传媒的知晓度最高，特别是他们所扮演的多元且经常冲突的角色：表演人、舆论监督人和议程指定人。"[1] 公众在传统主流媒体与替代性媒介（alternative media）中交替寻求与危机相关的信息和观点，以应对后现代风险文化带来的不确定性，而这种对信息的需求、对消除不安感的需要以及这种盲目与非理性本身也在源源不断地制造某种潜在的焦虑和恐惧。

如何设置议题和框架影响着大众的态度和行为。危机下的公众更在意的是此时此刻的安危和个人眼前的利益，公民的基本权益成为舆论空间中更重要的关键词，公众希望政府能够满足多元的利益诉求，参与到决策中去，诉求是更加平等的利益协商，希望大众传媒能够代表公众的声音，只有符合大众认知的框架才能被认可。在关乎自身利益的问题上，大众的选择性心理决定着媒体在议程设置中的方向。从 2021 年 7·20 河南暴雨事件

---

[1] SHORT J F, CLARKE L. Organizations, uncertainties, and risk [J]. Sage journals, 1994（4）: 12-18.

中可以看到，公众对于客观信息极为关注。媒体在进行此类议题设置时都得到了更多的关注。媒体既满足了公众需求，也树立了自己的形象。

面对公共危机，主流媒体的责任和角色有着区别于常态情境的特殊。作为预警者、沟通者、社会动员者，主流媒体起到了事实告知、价值引领、社会动员的作用，动员社会力量处理危机。在识别危机以后，媒体的科学传播能够帮助政府动员社会各方面的力量，尤其是对专家学者的分析引用，他们对危机事件的科学分析，将为危机处理方式和政策的提出打下坚实基础；媒体的科学传播也将进一步协调社会各方面的力量进行危机的共同治理，包括提供资源、力量、智慧等。媒体还可以将科学知识和方法传播给公众，指导其行动，并对危机的再发生做到及时预警，巩固已经取得的成果。

在此次7·20河南暴雨事件中，媒体发挥了至关重要的作用。从一开始及时报道灾情，呈现事态最新进展，到传播防灾知识，引导公众舆论，报道感人的灾情故事以建立群众的认知共识，激发群众情感认同。这体现了"媒体动员"的逻辑基础，也是新闻媒体自身的专业价值和职业使命。亨廷顿认为，社会动员会引发群体观念、社会结构、政治参与等方面的变化，是现代化进程的必然结果。在大众媒体时代，媒体成为社会动员依靠的重要工具和渠道，"媒体动员"更多作为国家动员体系的一部分，大众媒体通过报道呈现仪式化的国家事件，并"邀请"受众参与、见证这一具有历史意义的时刻，自上而下地构建民族认同和集体记忆。媒介动员中的群众已从"被动观看"转变为"主动围观"，公众可以通过转发、评论热点事件的方式参与媒介动员，不仅接受媒体动员，也成为接力动员的一分子。从"媒介动员"的渠道来看，互联网时代的媒介动员依托移动设备的支持，借助社交媒体的属性特点，扩大了动员范围[①]。在互联网技术赋权语境下，媒体动员出现了新变化：从媒体事件来看，事件类型趋于模糊，不仅只有国

---

① 郭小安，霍凤.媒介动员：概念辨析与研究展望［J］.新闻大学，2020(12)：61-75，120-121.

家级的历史事件才具有媒体事件属性,像2021年的7·20河南暴雨事件,已经成为一场典型的媒体事件。

二、构建对话主体间的协同网络

科学对话能够改变对话主体的形象和角色,并将原本生疏的关系拉近。科学家作为直接的对话者并不经常出现,他们因为与公众的背景差异、语言差异而在对话中隐形。科学对话的开展,使得科学家作为一个对话主体参与进来。科学家作为主体的传播,是科学家直接面对公众,在自媒体、社交媒体等媒介中进行的,这种方式无疑保证了信息的准确性。没有媒体作为二传手在翻译时的简化和偏差,科学家自己进行传播时,科学性上会更有保证。无须通过媒介的转译和烦琐的媒介程序,直接面对公众,在自我拥有的媒体中传播,同时身兼传播者和把关人的角色,在传播上也更有效率。人际传播拉近距离,增强信任,越来越多的科学传播主体改变了话语体系,将理性知识感性包装,使其更具亲和力,科普微博、公众号、自媒体等的成功充分印证了这一点。

传播者大多从个人理解出发,结合生活经历,将复杂理性的科学可视化、生活化,使之成为受众可感可知的事物,再将个人情感诉诸表达,引起受众情感共鸣,使公众对科学产生兴趣,进而达到传播的目的。愉悦和其他情感反应可以引发积极的感受和态度,这些感受和态度可以带来随后更为深刻的科学经历。"一个体验'不过是有趣的'——这个想法常常被公众理解科学领域的人们贬低,而实际上,这个想法如果伴随了进一步的积极体验就会带来有力的(学习)后果。"[1]

---

[1] STOCKLMAYER S, GILBERT J K. New experiences and old knowledge: towards a model for the personal awareness of science and technology [J]. International journal of science education, 2002 (24): 45-58.

在公共危机中，专家和公众交流科学知识，并间接将公众纳入自己的科学传播体系，使之成为自己的传播节点，实现了内容的二次或多次传播。通过使用短视频拍摄手段和口语表达，科学家可以将过去不易用语言表达的科普内容呈现给用户，将个人的生活体验和技能结合起来，使公众最大限度地了解科学知识，降低了科普知识传播的门槛。在对公众对公共危机中科学家态度的数据收集和分析后发现"专业""权威"是公众对科学家的认知，"尊重""信任"是公众对科学家的态度。公众对科学家的信任不仅在于其学识，还在于人格魅力、道德水平、传播方法等。作为道德衡量的说真话、说实话，是公众最关心的，也是科学共同体最应该具备的品德。

公共危机中的科学传播对科学共同体的形象塑造是一个有利的方式。作为内容的输出者，权威专家以专业知识的输出，成为稳定而可靠的信源，对公众来说具有很高的信任度。主流媒体、社交网络、自媒体等不同形式的内容产品，形成了多个科普知识传播圈，科学传播矩阵及时回应了公众关注的科学话题，有效消除了社会恐慌。据抖音公布的数据，截至2019年2月28日，拥有20万粉丝以上的科普账号达上百个，包括中国科学院旗下"中科院之声""中科院物理所""中国科普博览"，中国科学技术协会科普部旗下"科普中国"，中国科技馆旗下"神奇实验室"等学院派科普账号。

第四节　对话议题的形式、叙事和话语

一、多元动态的对话形式

对话作为语言活动的重要方式，并无固定的模式。随着时代的发展，社会结构的转换和语境的变化，对话也出现了许多变体。对话不只是存在于对话者之间的语言交流，对话的形式也是多元而动态的。在对话理论中，巴赫金将读者对文章的感受和发出的评论视为与作者的对话，即使没有发生真正的语言交流，也形成了一种对话，"每个人在面对社会，都在以一种自己设定的方式与环境对话"。在口语时代，对话大多数是通过语言交流实现的；在文本时代，对话是通过文字实现的；在融媒体时代，对话是通过多元形式实现的，包括文字、语音、图像、表演、发布会、演讲、报告等多种形式。

网络时代，带来更多的实现形式，除了物理空间一对多的发布会、宣讲等方式，还有依靠网络链接而形成的新方式，包括门户网络、网络社区、网络聊天室等。而与Web1.0时代相比，在Web2.0时代，社交媒体又提供了组织（特别是非营利组织）与公众更直接对话的机会和方式，如问答知识型社交网站（果壳网、知乎等为代表）、微信公众号、微博个人博客，还有Facebook和推特等。面对公众公开或半公开的对话，话题也更加多元，用户在对话中扮演着不同的角色。每一位用户都可以是信息的生产者、转发者或者信息的接收者。而内容在一定程度上影响了接收者的回复、转发和评论。

对于科学传播来说，过去的宣传形式单一、内容生硬，是一种自上而下的普及式的宣讲。但在对话时代，科学传播从传播内容到传播形式都从大众的接受度出发，是以对话为出发点的传播，了解大众的需求，以大众喜好和接受的方式进行传播，根据不同的受众、不同的场景和不同的语境进行分层次的对话。因此，对话具有各异的具体形式，在公共危机中，有以政府和专家主导的发布会、访谈等形式，及时全面地解决问题；有以直接对话为主的形式，比如科学家在社交媒体、自媒体等进行的图文解析、短视频、直播等。随着媒体技术的不断发展，对话的形式也将移植到科学传播的领域，使得科学不再枯燥无趣，而是简单易懂。以2021年7·20河南暴雨事件为例，在科学对话中，有政府面向公众的政府发布会，有媒体面向公众的视频节目，包括访谈、记录、新闻等形式，有公众之间的基于社交媒体的讨论、争辩、转发、评论等对话形式。在不同空间，面向不同群体，进行不同方式的对话。

二、科学对话的叙事与话语

公共危机中，人们对于科学的关注是第一位的，但能否理解科学、运用科学，就在于与科学对话的顺畅程度。科学如何让人理解和接受，是传播的技巧问题，其中语言和文本技巧是重要的一部分。科学要保障科学性和严谨性，还要在此基础上大众化，兼具易读性。因此，对话中的科学传播在文本建构中有了很大的改变。

（一）公共化叙事与个人化叙事的结合

正如私人领域和公共领域的区别一样，虽然没有明确的标准和界限，但是任何人都能意会到两者在社交中的存在。所以，一个私人话题公共化，需要在表述中呈现大家公认的公共叙事。公共叙事不同于个人叙事，公共叙事要求叙述者符合公共信息规范，有明确的、合乎规范的合理诉求，要求足够、充分的事实证明其诉求的合理性。个人叙事则是风格各异、各具特色的，一定程度上也不需要承担过多的责任，但优点是接地气，能够引起人的关注。将科学这样的公共话题，以个人的视角和方式进行解读，无疑降低了理解和接受难度，如果对话者能够深入浅出地进行叙述，则会在对话中获得更好的效果。科学对话在新时代正在逐渐将两种方式融合，让科学的对话更有效。

（二）以公众本位建构知识与故事

叙述文本的选择要依据对话者的个人情况而定，也就是巴赫金所说的"统觉背景"，每个人的知识构成和理解能力不同，在建构文本时，科学对话摒弃了精英叙述，而是站在与普通大众平视的角度进行对话。在2011年温州7·23甬温线特别重大铁路交通事故事件中，一部分社会公众夸大事实，对前因后果并不完全清楚的情况下，就在网络平台发起对话，自发表达担忧和疑惑，内容耸人听闻，一时引发人们对动车安全的信任。此时，公众发起的对话只在网络上发酵，并未在第一时间引起相关部门的注意，因此没有形成有效的对话。随着对话的不断发起、转发、评论，加入对话人数的增多，最终成为一股不可忽视的舆论力量。而后媒体关注到舆论的动向，对动车的知识进行及时传播，并完整清晰地解释事故原因后，在确定的科学知识面前，公众的极端情绪得到疏解，化解了公众对于动车担忧的危机，引导了舆论的方向。再有自2007年至2014年，多地群众反对PX项目建设，涉及化学污染品，但对于PX的了解不足，存在误解，导致多地频发恶性事件。在此期间，科学家、媒体和公众（清华大学的研究生）对于科学知识的传播使得危机化解。清华大学研究生在几天的时间里坚持不懈更改百度百科中关于"PX"的词条,将其被恶意篡改的高毒性改为真实的低毒性,以科学解释为不具备相关知识的大众带来真相,以科学的力量扭转了舆论的方向。同时,相关专家也通过电视报道、网络平台等普及了相关知识,让科学知识代替感性情绪,使其成为大众正确认知风险的保障。

(三)适应语境和营造语境

舆论中,人们往往选择自己熟悉的和愿意相信的、符合自己认知的事物,其中主要依靠经验来进行判断。人们对于发生的事情总是试图找到相似的事件,此时集体记忆将套嵌在与之类似的危机中,以彼时之经验观照当下之情形,以此作为判断的基础。其实每个危机事件都发生在多重语境下,不同的社会环境会造就不同的危机样貌,不同的环境也将给公众带来不同的判断依据。科学对话就是要在观照人们的语境的基础上,传递科学的知识,给出客观、中立的结论。例如,在2003年SARS初期,更多的是流言和谣言,猜测、疑惑组成了不实信息,并因此形成了毫无根据的猜测和阴谋论的舆论,这种极端化的舆论势必给公共卫生的防治带来极大不利影响。SARS发展蔓延到广东以外的省份后,媒体的加入掀起了一场对话。媒体率先报道了相关的信息,并给出了专家对此的判断和预期,这是政府发起的一场有效的对话。钟南山作为权威的科学家代表站出来发声,他清楚直接地告诉公众目前现状、研究情况和防治方法。很快,公众对于新型病毒有了清晰的认识,各种谣言也随之不攻自破。他的发声并不是以华丽打动人心,而是切中当时公众最关切的议题和重点,简单清晰地回应公众的需求。在当时的语境下,公众最关心的是危害性、传染性以及如何防治等信息,那么关于病毒知识和背景以及治疗方法等一系列科学知识的传播,就为公众解开了不确定的谜团,当公众了解了真实情况,也便随之改变了舆论的方向。公众对于SARS的了解也随着信息的不断报道、各个公共空间中对话的增多而清晰。

第五章
公共危机治理中科学传播对话反思与启示

第五章　公共危机治理中科学传播对话反思与启示

公共危机治理中，科学对话存在于全过程、全空间和全主体之中，但科学对话仍然存在诸多问题。相比于理想中的充分沟通和对话，现实中更多的可能是零星对话、不充分对话、非理智对话等。虽然主体对话意识已经觉醒、对话空间也已经敞开、对话的内容从未中断、对话各方也有强烈的动机和愿望，但是对话未能按照理想的状态进行。这其中包含很多原因，比如对话参与者能力的欠缺、对话策略的失误、对话路径的不畅通等。反思现实才能找到对话的更好路径，在探寻现实问题的同时，也要借鉴他国的经验，结合本土语境，找到最合适的对话路径。本章依据对公众在危机中对科学传播的认知、态度和行为的调查和对数十位科学传播者进行的深度访谈，总结分析了我国在科学传播对话中出现的问题以及背后的原因，以求在问题梳理和经验总结中提出更现实的方法和路径。

第一节 公共危机中科学传播的对话问题与反思

一、对话理论的现实适应性

巴赫金的对话理论实际上更偏向一种理性主义，在现实中，对话做不到如此完美和理性。他认为话语代表一个独立的个体，而每个独立个体都有独特的价值。在他看来，这些话语被定义为积极的话语，是一种理想的状态，两个对话者在积极的话语中，结果也指向积极。但一个问题是，现实的对话实践中，不是所有对话都是积极的状态，而结果也千差万别，现实的条件并不如理论世界中的完美，社会环境的复杂、他人表述的影响、对话者的个人素质、对话渠道和对话策略都在每一次对话中起着作用。同时，他也认为存在一种"技术性对话"，是指对话主体虽然实现了相遇、形成了对话关系，但是其对话只是"技术上"的对话，空有对话形式，而无对话的实质，这种对话也并非建立在平等关系、互相尊重的基础上的对话。

对话不能理想化，其中包含深刻影响对话交流的四个重要因素。第一，对话者的对话动机和意愿。有主动参与的，有被动参与的，还有选择沉默的不对话者，并不是每个人都愿意投身于积极的对话中，况且是否参与对话还取决于对话的议题是否与切身利益相关，或者是自身兴趣所在，议题的设置是否符合大多数主流人群的喜好,种种原因影响着人们参与对话的意愿。第二,对话者是否具备积极有效交流的能力。比如,对于语言符号和文本符号的理解能力、表达能力,甚至是否能够进行正常的表达。"沉默的大多数"中还有为数不少的教育程度很低的人群,他们甚至无法发出自己的声音、说出自己的意见,而由于对话中的地位问题,也许没条件发声,这对对话来说是对话者不具备基本条件。第三,对话者之间的距离。这个距离既指对话基础,对话者就所谈议题所存在的差距,也指心理上的距离,对话者之间关系的远近。对话者之间的距离还指地位上的差距,对话者是否是完全对等的,政治地位的对等并不代表真正的平等,身份地位的差异也是能否开展对话的前提。第四,对话的外部环境。巴赫金关注到了社会环境对对话的影响,但实际的外部环境比理想状态中更加复杂多变。尤其在危机的语境下,社会环境包括政治环境、经济环境、舆论环境等都在动态变换,对话主体本身很难去改变外部环境,即使改变,也不一定是有利于对话的开展,而影响对话最终效果的外部因素并不容易判断出它的作用效果是正面影响因素还是负面影响因素,这其中也有着非常复杂的计算。

二、对话实践中的不确定因素

传播不是一个线性的、机械的系统,不是满足条件的、静止的公式。科学传播作为以科学为内容的一种传播,它所包含的科学本身就是一个复杂事物,具有涌现性和动态性,传播效果并非部分之和,单个条件的满足不一定使得整个传播系统有效运转。传播者更具备科学和传播能力,传播途径的扩大化、传播方式的贴近性也都只是必要条件,而不是唯一条件,即使在每个环节都做到理论上的最大化,但仍有很多不确定性因素影响最终的传播效果,比如每个公众的已知经验、性格特征、媒介素养、科学素养、价值观、情感因素以及对传播者的信任程度、对意见领袖的信任程度、在组织结构或传播结构中的地位等。就传播影响要素议题，有研究者探讨了社会语境中的社会文化因素对科学传播的影响和制约，包括哲学思想、社会心理、思维方式、传统观念、价值取向、生活方式、行为习惯、认识方式等诸多方面。[①]这些不易量化的因素都是变量，是随时可能变化的，也有可能是无理由的，但它们又都会影响最终的传播效果，那么对于传播者来说，以此方法论作为指导，必须抓住确定性的因素来提升有效性，而对不确定性的因素予以关注，并计算探索测量它们的方式，最终改变整体的有效性。在遇到不同问题、不同社会场景和不同受众时，科学传播学还不能给出一个既便捷又具体的方法，达到最好的沟通效果。它关系到对受众意见的听取和受众的参与度，研究难度较大。而当问题或相关政策的影响具有争议性时，人们的固有观念、社会或政治背景这三个要素也会产生重要的影响。人们的固有观念、社会或政治背景也会产生重要的影响。这样一来，找到共性的解决办法并不容易。科学传播中伴随着高度的伦理责任，发布信息和发布方式也与人们的价值观、信念和立场息息相关，它会影响人们的观点、态度和行动。所有的科学传播过程都在不同程度上暗含着价值观，信息是与其出发点和落脚点捆绑在一起的，即使科学真相本身是客观公正的，它也不得不受出发点和落脚点的影响。

技术的开放性使得对话得以进行，但也存在风险隐患，其风险性存在于脆弱性、不可预料的后果以及对话者间的差异性。新闻发言人的危机新闻发布话语需要适应网络舆论场中公众"狂欢化"的对话自由，把握人工智能、大数据、5G等技术的发展红利，寻求对话风险规避的技术解决路径，如以大数据和人工智能算法提高"政府—公众"对话风险多元场景预

---

① 亢宽盈.社会语境下的科学传播：以科学传播的社会文化因素为例的分析［C］//中国科普研究所，中国科普作家协会.中国科普理论与实践探索：第二十二届全国科普理论研讨会暨面向2020的科学传播国际论坛论文集.北京：科学普及出版社，2015：153-160.

判，以规避对话的意外性。借助网络直播、在线图文互动等技术或方式，促进新闻发布会中"政府—公众"直接对话，以即时性、在场感的对话状态规避对话主体间的差异所带来的风险。以有序开放公众网络提问、在线弹幕互动等方式提升公众在新闻发布中的对话感。

第二节　影响对话效果的因素探析
——以"全球转基因食品安全"议题为例

科学传播的对话不是简单的科学家对个人的传播,而是涉及多样化的组织和个人,是一个庞大的系统工程[①]。科学传播对话的复杂性源于科学传播中很多因素的多元性和相互关联性,包括传播的目标、被传播的内容、所呈现的形式以及涉及的个人和机构。知识的生产者和输出者、内容的准确与否,甚至是科学家(机构、团队)本身的素质和魅力,都影响着公众的接受度。人们从自己的出发点(期望、知识、技能、信仰和价值观等的一种结合)来接近科学传播,并且反过来这些又会受到广泛的社会、政治、经济因素的影响。

一、对话主体动机和行为的复杂性

对话是以人为核心的建构,对话主体的认知、态度与行为在对话中起着导向的作用。科学传播的对话主体包括政府、媒体、科学共同体、公众等,参与动机、参与意愿、参与能力、科学素养、参与行动等各方面决定了对话主体的外在表现。

---

① 金兼斌.科学传播:争议性科技的社会认知及其改变[M].北京:清华大学出版社,2018:24.

（一）媒体的科学素养欠缺

在新闻的内容选择上，对于包含科普知识和讨论的话题更为关注，对于具有争议、质疑和冲突的议题相对较少相信，而在信息源的选择上也秉持着政府机构优先于媒体，再次是科学家的顺序，可见在面对重大突发事件时，公众依然认同政府作为权威信息的发布者。但在对媒体内容的认知和信任的调查中，则有不同的表现。作为重要的发声主体，媒体本身所具备的公信力也是大众判断信息是否可信的一个重要方面，媒体的专业性、权威性、信源等都是影响其公信力的因素。科学总以高冷、严肃、艰涩难懂的面目出现，对大众来说具有很高的门槛，要具备一定的科学知识储备和科学素养才能理解科学。

自2001年至2018年，皮尤研究中心每两年进行一次全美公众对转基因食品安全问题的看法调查。结果显示，2018年有49%的美国人认为转基因食品不安全，39%的人认为安全，公众的疑虑主要在于长期健康影响和环境影响。国际食品信息委员会（IFIC）自1997年开始定期开展消费者对生物技术的看法调查，2018年的调查显示，美国消费者对转基因食品的安全性评价仍然两极分化，46%的人同意转基因食品是安全的，而48%的人不确定或不同意。欧盟委员会定期开展欧盟各国公众对转基因食品和农业生物技术的看法调查中显示，59%的欧盟公民对转基因食品持怀疑或反对态度，安全性、环境影响和对自然的疑虑是主要担忧点。多个研究机构对中国主要城市居民的调查显示，大多数消费者对转基因食品的安全性表示怀疑或无法判断，担忧的因素主要是对人体健康和环境的未知影响，以及对自然食物的信任。

在面对转基因这样本身就存在争议的科学议题时，已有经验影响了公众对媒体信息的判断。当然这不一定是错误的，而是公众不同的知识储备造成的，但不同角度、不确定的知识传播会让公众认为媒体中的科学知识

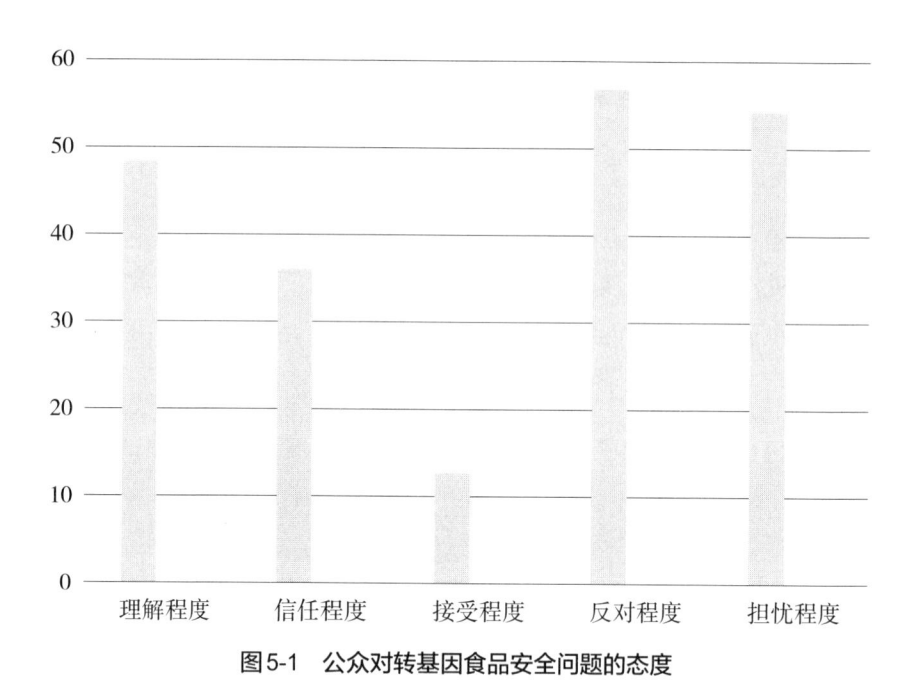

图5-1 公众对转基因食品安全问题的态度

与自己的已知不符，因此也存在理解困难，甚至会因此质疑媒体报道的真实性，可信度因此也大打折扣，仅有37%的人表示值得信任，而能否以媒体报道的内容作为行动指南，结果也不尽如人意，大多数人并不太信任媒体给出的信息等。对于诸如"转基因食品是否安全"这样不确定的信息，公众对此的理解和行为，以及对此类不确定信息的认知，对科学的兴趣、信任程度和参与情况也呈现出显著差异。对于同一个问题的理解，不同年龄段的人有不同的认知。在超过一半的老年人看来，转基因是绝对不可存在的技术。而在青年人中，则相对较少这样的理解。人们的解读偏差来自自身的知识量、理解能力和经验，而对新闻的认知又驱使着最后的行为，因此在老年人的知识结构里，"转基因"这种词是与"基因突变"相近的词语，至少是近义词，转基因就意味着基因的变化、非原生、人工合成等，也就暗示着基因改变的威胁和危害。而年轻人并没有完全认同，这主要取决于他们对信息的揣摩，也有对信息的核实，对于不确定的信息去求证已经是一个常态，但这并不适用于网龄不大的中老年人，因此他们多依靠自己的经验判断。但对于传播的媒体来说，对于科学术语的使用，并没有清晰明确，导致不经意之间造成了误解和歧义，这是科学传播里比较容易出现的状况。

媒体的报道内容、框架以及修辞直接影响着公众的选择性理解和选择性传播，间接影响着公众对风险的认知。媒介报道的负面和反对信息会增加公众的怀疑和担忧。例如，在转基因食品安全的议题中，许多研究显示，当公众接触到更多转基因食品的负面报道后，他们对安全性的担忧会增加。反之，更多科学性报道可减轻公众的担忧。《事实还是恐惧：修辞和刻板印象对公众基因改造认知的影响》(Fact or Fear: The Influence of Rhetoric and Stereotypes on Public Perceptions of Genetic Modification, 2019) 一文分析各种论述对美国公众转基因食品看法的影响，发现批判性和倾向反对的论述会加剧公众的担忧，建议提供中立且统一的论述，有利于取得公众信任。同时，情绪性和主观的报道会产生更大影响。一些研究发现，公众读到评论性报道，特别是那些表达担忧和反对的报道，会更加影响他们的认知，而事实性报道的影响较小。媒体所带来的舆论态度也深刻影响着个人看法。研究发现，当一国的公众舆论整体上更加倾向反对转基因食品时，个人也更有可能持反对或怀疑态度，这显示出了"团体情绪传染"的效应。这些研究结果表明，媒介报道的方式、内容及其带来的舆论氛围，都会显著影响公众对转基因食品的认知和态度。媒介通过客观真实的报道提供更多科学和事实性信息，并理性地解释研究成果和科学共识，有利于形成更加客观和平衡的舆论。

对于公众来说，接触到的科学总有具体的语境，如果对于提供知识研究机构的信任已经产生了危机，那么公众对于专家意见来源的可信度就会存在疑虑[1]。在科学传播中，公众决定了作为信息来源的传播者或者他们所

---

[1] 迪尔克斯.在理解与信赖之间：公众，科学与技术[M].田松，卢春明，陈欢，等译.北京：北京理工大学出版社，2006：156.

代表的组织是否可信，以及是否值得信任，人们会用这些判断来决定关注什么信息，以及如何看待这些信息。当信息的来源是一个机构的时候，传播者和机构的品质都会影响信任。

在科学家看来，大众传播机构往往大力宣扬科学和科学精神，但在进行传播时，却完全没有科学精神，更不采用科学方法。出于各种目的，大众传播机构对新闻和资讯进行简单和世俗的处理，为了追求新闻的时效性与关注度，媒体通常全盘接受不细究，或断章取义不深究，或全部数据证据堆砌不研究。因此，科学家对媒体的不信任由来已久，媒体的大众化要求其传播策略是吸引受众，为此媒体常常用夸大的语言导致科学内容本身的不实。这使得科学家对于媒体是又爱又恨，一方面有了大众媒体的宣传有利于科学的大范围传播，受众会更快地了解科学家从事的工作；另一方面，不实报道也使得科学家对媒体产生信任危机，所以往往面对热点科学事件或需要科学家证实背书的时刻，科学家都比较犹豫是否要通过媒体进行发声。

（二）科学家参与对话的积极性不够

对话中，科学家并不总是作为直接的对话者存在，在某些对话中，他们充当了"他者"的角色，间接影响着对话者。但在危机中，不论是作为哪种角色，科学家的对话积极性都不足。科学家不积极参与发声有多方面的原因，如怕表达引起误解招致诋毁、自认为专业不符不够权威、怕媒体的歪曲报道、不被鼓励做科普等。而公众需要科学家的参与，尤其对科学家的信任度体现了公众对于科学家的认可。公众对于科学家的信任是科学家发声的前提，而科学家发声比其他群体的权威性和专业性更强，尤其是青年科学家具有较强烈的主观意愿进行科学传播时，科学家作为传播主体进行科学传播是一个利好元素。

在对科学传播者的深度访谈中，热心做科学传播的科学家具有比较强烈的动机和愿望,并已付诸实践。有的科学家的观点比较具有代表性,"科研之余乐于进行科学传播,主要的原因是觉得科学传播不仅能赠予他人知识,更重要的是培养科学精神和对科学的兴趣、科学地看世界的观点与方法、科学的生活态度,以及如何体会自然的美与科学的魅力"。有老师认为,"做科学传播要讲求时效,跟热点结合才能得到关注,但前提肯定不是乱蹭热点,做内容前,要查很多资料和请教相关专家"。还有科学家认为,"科学家没有很好地参与科学传播是因为不愿、不屑、不敢、不擅长。不擅长传播是能力问题,这种能力应该要加强的"。但更多的人认为自己通过努力,可以具备进行科学传播的能力。

(三)公众的沉默、不理性以及科学素养的参差不齐

公众对科学参与的意愿不强和讨论不足(包括协同辟谣、公共政策意见和建议等)。在调查中,笔者发现公众对于参与科学信心不足,自认为科学素养不够,而无法加入科学讨论。这一点,在笔者与科学传播者的访谈中,也多次被提及,有科学家表示"社会热议的话题中,其实参与者是很多的,但大家似乎不太关心科学方面的问题";也有科学家认为"没有办法真正的交流是因为没有人来交流,话题可能太专业了,只有本专业的学生才会来提问,一般大众很少来交流"。而参与对话的人在议题选择上一般很少涉及科学问题,而更偏向社会问题的讨论。还有一个原因,无法形成对话是对话双方的知识差距,无法正向循环,科学家的话语体系与公众的话语体系存在鸿沟,致使积极的对话无法顺利开展。

公众参与科学是公众理解科学、进行科学决策的有利前提和依据,因此有必要对公众参与科学的方式进行探索。公众参与不仅限于研讨会、听证会等形式,还应该有辩论、谈话、讲座、直播、嘉年华等。一切适合公众的方式,都应该去探索。比如,适合儿童的科普教育,输出场景多为课堂、科技馆、活动室。例如,2019年5月18日—19日,第十五届"公众

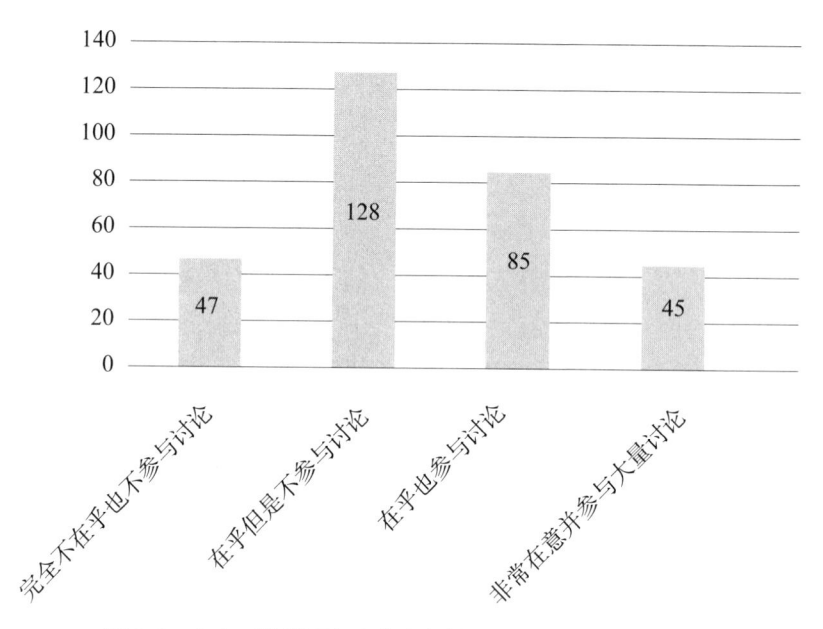

图5-2 公众对转基因食品安全相关科学知识讨论的参与度

（柱状图数据：完全不在乎也不参与讨论 47；在乎但是不参与讨论 128；在乎也参与讨论 85；非常在意并参与大量讨论 45）

科学日"系列活动将在全国百余个研究所举办，一大批中国科学院国家重点实验室、植物园、天文台站、博物馆、野外台站、大科学装置等向社会公众开放。作为中国科学院的品牌科普活动，公众科学日已成为公众了解科技进展、探索科学奥秘的重要平台，吸引了众多不同年龄段的科技迷参与。乡村小学的科普教育方式也在不断丰富，政府、协会、机构、高等院所等发起的线上+线下科普活动，召集青年科学工作者、科学家等深入乡村小学，利用"互联网+"，借助直播的兴起，将科普课堂带进乡村，通过直播，普惠数十万儿童。各个部门和社会团体等相继发起活动，"AI不孤读——科技素养提升计划"在2019年6月正式启动，在全国1000所偏远乡村小学开设包含人工智能、生命科学、智能制造、航空航天科学、农业科学五大课程主题的科技素养课堂。

对于普通公众来说，无法判断内容的真实性和准确性，仅能凭借对媒体的信任来对信息做出判断，尤其是网络媒介素养相对不高的老年群体，他们崇拜官方媒体，还停留在对官方媒体的消息毫不怀疑、全盘接受的阶段，又与网络接触不深，自身的科学素养有限，无法进行自证和核实。

二、对话内容不对称和不兼容

在科学的语言体系中，术语、公理、公式是解读科学的最简洁的语言，但这种表达往往会使公众很难理解，甚至放弃了对科学的关注。对于科学的传播仍然存在内容过于专精和狭窄，语言表达倾向于专业术语，比如转基因食品中出现频率较高的"遗传""基因""克隆""性状"等词语，公众并不能准确理解其中的含义。在科学家看来，科学是复杂的，但媒体在大众化的过程中，倾向于将其简单化，为了简单化会去掉术语、条件、限制等，使其通俗易懂，这种方式不总是有效，合理得当就能保证准确的同时去术语。发表在《公众理解科学》（*Public Understanding of Science*）上的文章《术语是有效科学传播的障碍——基于元认知研究》指出[1]，科学术语与公众理解存在负相关的关系，术语的存在会增加语言的理解难度，语言的理解难度会影响处理流畅性，公众对于信息理解带有负面情绪，困难的处理过程通常与不熟悉感有关，会产生负面效果，如不确定性、风险、缺乏信心、不喜爱和没有知识感知。学者不仅要在与公众的交流中考虑信息和理解，还要考虑信息的呈现如何影响信息处理过程。当科学家或者科学传播者利用这类科学术语进行知识传播时，受众对科学知识的认识就有可能出现偏离。

---

[1] OLIVIA M B，AMILL D C，SHULMAN H C，etc. Jargon as a barrier to effective science communication：evidence from metacognition［J］. Public understanding of science，2019（9）：54-60.

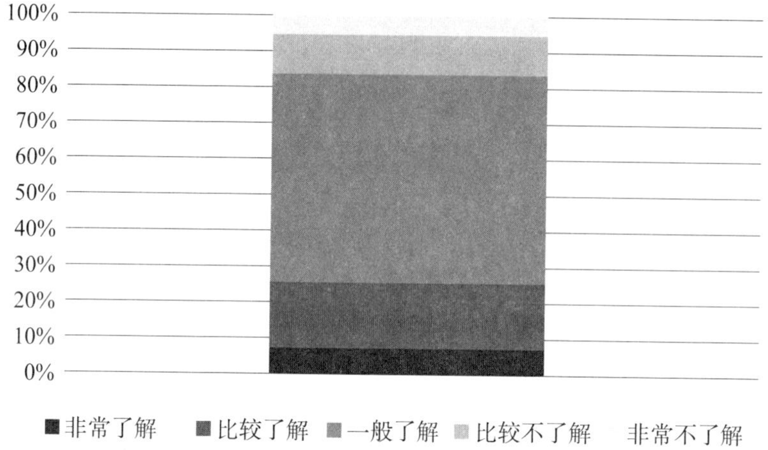

■非常了解 ■比较了解 ■一般了解 ■比较不了解 ■非常不了解

图5-3 公众对转基因食品安全问题的了解情况

调查考察了公众对于转基因基本知识的掌握情况。调查证明，不同年龄、教育层次的人群之间存在差异，有近一半的老年人选择了"比较不了解""非常不了解"，超过半数的老年人对传播途径缺乏正确的认识。对于相对专业又生僻的医学词汇，不同年龄段的人有不同的理解。青年群体大多能够清楚一些常识，也能在不断的科学传播中掌握更多的知识，但如果是相对抽象和复杂的知识，整个年龄段的人都表现出不太了解。对于科学知识薄弱的群体来说，由于转基因自身定义的特殊性，其中所涉及的问题也是科学家首次遇到的，未知性和难度都无法得知，而整个问题是复杂的科学体系，并不是简单的单一问题，因此对于科学信息的阐述和解读都带有强烈的专业性，复杂性表达使科学传播得更严谨、更准确，但专业性带来信息理解阈值增高，则会给受众带来更多的不确定性。例如，基因工程技术作为专业术语，大众并不常见，因此对于此条信息产生疑惑，基因过程是什么，这种技术的利弊是什么，公众因为不具备专业知识，因此进行猜疑和臆测，相关谣言频出，如转基因食品可能会产生各种毒素，长期食用会对身体产生毒性，严重损害健康甚至危及生命等。

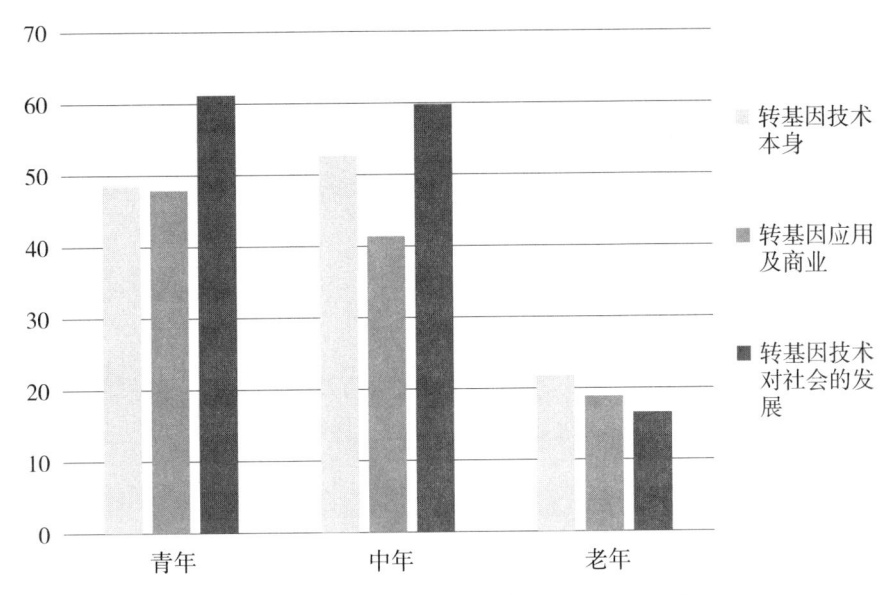

图5-4 不同年龄的公众对转基因技术及相关应用的态度

三、对话空间不开放

对话是发生在空间中的，如果没有合适的空间，不是时时有空间、空间受阻、空间混乱等，那么对话也就无法充分展开。空间保障对话的顺利开展、渠道的畅通是人们能够畅所欲言的前提。

如前文所述，公众对于转基因食品安全的相关信息给予了极大关注，在性别、年龄、教育水平等方面没有显著差异，转基因食品安全是真正全民关注的议题，同时，公众会主动通过各种媒体渠道去了解相关信息，频次很高。社交媒体时代，人际交往的相互影响，用户以不同逻辑自主建构自己的信息获取网络。[1]今天的新媒体为人们提供了多种信息传播渠道，包括媒体渠道、媒体外的信息分发平台、社交平台、搜索引擎等。对个体来说，

---

[1] 彭兰.导致信息茧房的多重因素及"破茧"路径[J].新闻界，2020（1）：30-38，73.

在多种渠道中选择哪些渠道获得信息，以哪个渠道为主、哪个为辅，以及不选择哪些渠道，都是多种因素共同作用的结果。渠道组合的质量，会影响到用户获取信息的质量。如果渠道多样，有较多的异质信息源，那么个体获得的信息也会多元。公众会按照自己喜好、兴趣、价值观等维度进行媒体的组合，有稳定的内容媒体，也有强关系或者弱关系构成的社交媒体，有聚焦文字、图片、视频等各种形式的媒体，公众根据自己的意愿进行选择和排列组合，有选择性地接触媒体，进而有选择性地注意信息，最后有选择性地记忆信息。由于信息获取路径的选择不一，可能导致获取信息的不确定性。媒体的选择意味着人们选择的对话空间和方式的不同，媒介既输出对话内容，又界定对话方式。

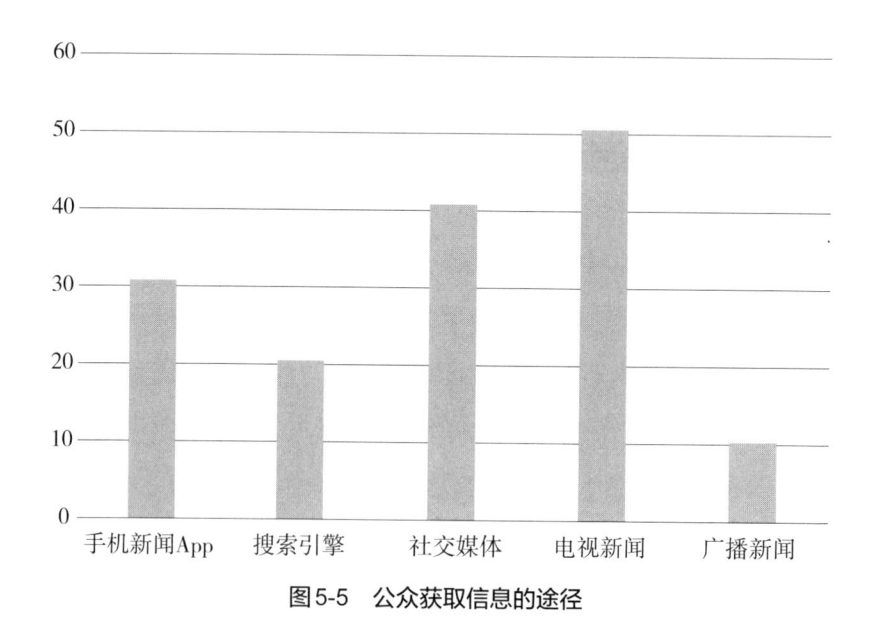

图5-5　公众获取信息的途径

信息没被看到主要因为传播的渠道不畅通，并没有广泛覆盖，或者不是受众容易到达的途径，或者是不够准确、权威性差的途径。在"人人都有麦克风"的时代，媒介绝对数量不是问题，但质量确实是一个大问题。无法保证准确性的自媒体和社交媒体大量充斥在网络中，公众在缺少媒介素养的情况下，无从选择或者偏听偏信，尤其对于中老年群体来说，混乱的媒介足以混淆他们的视听。而同时，真正权威、有公信力的科学媒介往往专业性太强，无法引起大众的兴趣，而无法真正到达大众的视野。因此，正规渠道内的内容到达不了受众，能够到达受众的内容又不够准确，这一悖论影响着人们对科学传播的认知、理解和信任，最终影响人们的决策和行为。

四、对话机制不健全

从调查来看，在危机的预警期，人们对于科学知识的需求大于供给，说明科学信息的及时性和开放性有待提高；在危机发展期和爆发期，信息的提供能够满足公众对于信息数量的需求，但在接受科学知识的效果方面仍然需要提高，由于科学与公众之间有效的对话欠缺、科学家参与的不够，公众接受科学的有效性并不是很高；在危机的恢复期，公众对于科学传播的持续关注度低，科学的参与度低，这与危机中人们的心理相关，对于危机和风险的认知和适应，使得公众对危机的应对更加有信心，对于信息的需求比之前的阶段要低，因而对科学的关注度低。

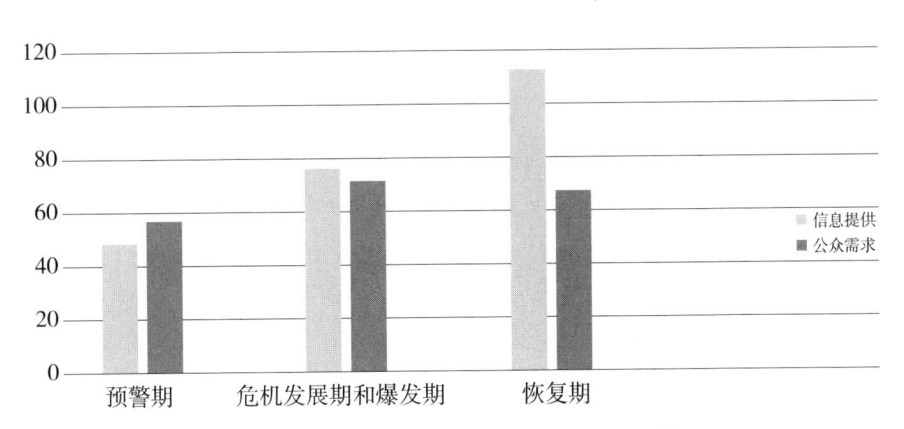

图5-6 信息提供与公众需求在危机各时期的差异

"使用与满足理论"认为，人们根据需求来选择媒介和内容，而如果这种需求得到满足，人们就会继续选择和使用。由于科学的专业和难度，大众一般会选择性不接触科学议题，不主动接触，不愿意理解，更不会主动参与，科学与大众的距离将会越来越远。科学本身的难度不同于一般信息，如果对于科学议题的选择不当或者解析得太过专业艰深，则无法让一般受众产生兴趣，尤其在危机中涉及多数人的切身利益的情况下，如何将专业性较强的科学知识和术语转化成大众能够明白的表达，是需要传播者用心斟酌的。从调查来看，大部分信息仅满足人们了解的需求，而无法满足理解的需求，更无法让受众感兴趣而主动去了解，大多数还是被动接受的情况。有人将科学传播比喻为"飞机播种"，可以达到的范围很大，但效果很难说，也许只有很少的种子能发芽，能长起来，但这个过程是必不可少的。如果只靠一颗一颗来种，成功率会提高，但效率又低了。所有内容的选择上不能像科学教育那样那么有体系，科学传播的内容是碎片化的、好玩的，得能引起大家的兴趣。也有人认为，首先要传达的理念就是"科学很好玩"，内容选择只是一个依托的载体，任何科学都可以好玩。有科学家认为可以通过跟公众的互动了解大家的需求，改进科学传播的内容，现在网络上的方法很多，科学家可以尝试更好玩的方式做科普，板着脸传播科学没人会想看的，主要是找到公众的兴趣点与科学专业的契合点。借助兴趣进行有效传播，成为在互联网空间内找回主动权和引导力的有效方法。以趣味性、新奇性等为看点，首先引起注意，引发兴趣，继而传播知识的做法，是科学传播的一个转向，公众对科学的态度不仅来自知识的掌握和积累，还包括价值观、自身素养、情感因素、信任等变量的影响，因此要改变态度，不一定要从灌输知识入手，而从受众最容易接受的情感入手是传播的捷径，用感性代替理性，并在感性包裹中传递理性知识和思维是改变大众对科学态度的有效方式。

第三节 经验与启示

一、赋予科学对话以人文关怀

科学是理性和逻辑的代名词,但这不代表科学仅仅是理智的,而没有感性的成分。事实上,科学的工具理性并不影响使用它的人赋予它感性,科学不仅是理智的,也是具有人文关怀的。在网络时代的科学对话,不再是精英式的高高在上,也不再是施舍的、灌输的,而是共享的、充满关爱的,是救助于危难的,是纾困解围的。而对话不仅能传递具体的信息、知识、文本,还能传递超越具体知识的精神价值,对话能够建构这种"共通的意义空间",科学伦理在传播和对话中得以彰显。科学虽没有国界,但科学的传播和使用是有立场和价值观的。正如爱因斯坦所强调的:"关心人的本身,应当始终成为一切技术上奋斗的主要目标。"科学知识的传播在构建双方关系时,是依靠带着道德情感的"言说"进行的。真理在被传达时,就附带着道德的成分,而这种"道德化的真理"更易获得人们的信任。

危机中,科学是面对不确定的一种确定,对话是传递确定的有效方法。但科学带来的确定感不仅来自具体的知识,还有来自科学无私共享的精神。科学是理智的,但科学最终解决的是人的问题。危机中的科学对话是有力量和温度的,不是生硬的、强制的命令,而是充满巨大的生命关怀。科学传播是有感情的公共传播，让公共传播充满公共关怀，从人出发，从人的感情出发。科学的情感是关于平等、自由和博爱的，这在科学对话中给人带来的不仅是信心，还有希望、美好和爱。科学本就是客观、开放、允许质疑的，是一种面向所有人的平等。在科技活动以及科学普及过程中，以人为本，为人以及整个社会实现理想的生存和发展目标服务。科学发展的最终目标是服务于人，包括对人客观世界的改造，以及对人精神世界的影响，最终都是为了给人类的发展提供动力。科学知识是科学的表面，科学精神是更深层次的科学。科学作为造福人类的技术，与人文并不矛盾，两者是统一并存的，在社会的发展进步中，科学作为技术与人文的统一体，共同促进社会的发展进步。

一个通常被忽视的方面就是，信息不是以抽象的术语来进行交流的，而是在讲者与听者的关系中得以交流的。在这个过程中，情感因素会强烈地影响着认知、评价，甚至可能是保存所呈现信息的能力。有效的沟通需要使用情感，科学长期以来一直与理性紧密相连，是理性认识和规律总结的结果，而科学传播也沿用理性的方法，因而一度并没有很好的传播效果。情绪和感情会在心灵中相互连接，从而指导自我转向与自我内部和外部网络相关的个体决策。情感不仅是感觉和思考的关键，而且它们对于社会性动物的交流来说也是必不可少的。从传播内容来看，情感的传播比知识的传播更易接受，以知识内容为主的传播要求受众具备一定的知识积累，因此存在着壁垒，但作为人类共同情感的"共识"则不需要对受众提出知识要求。丹纳在《艺术哲学》一书中这样写道："人在艺术上表现基本原因与基本规律的时候，不用大众无法了解而只有专家懂得的枯燥的定义，而是用易于感受的方式，不但诉之于理智，而且诉之于最普通的人的感官与感情。"意大利著名社会学家帕累托有这样一种说法："社会只能靠感情来维系，感情虽不是真实的，但却是有效的。"在媒体仪式的交流中，为了实现沟通的意义和创造更好的沟通效果，关系和情感往往被用作表达工具，情感能够唤起彼此的联系，是沟通的中介和桥梁。

二、重建科学对话主体之间的信任

对科学共同体而言，科学知识的建立依靠信任，科学信念的传播也依靠信任。同样在公众接受科学知识时，这样的信赖也至关重要[①]。公众对科学的信任源于对科学正确性的崇拜，相比于宗教、神学、玄学、巫术，科学的出现给了人们更多的选择，甚至是生机。人们接受科学、学习科学，普通大众大多接受过一些科学教育，但深度往往非常有限，使得更多人对科学仍然处于懂和不懂之间，正是因为对科学的"一知半解"，而对科学产生信任。由于信任处于全知与无知之间，若是全知则不必谈信任，若是无知也不懂信任，所以介于知与不知之间的大众选择信任科学。

虽然科学本身不是一般大众轻易可以理解的，但它的功能和效用却是实实在在被看到的，无论在哪个国家，科学技术带来的社会进步和经济发展都是被人们所承认的，因此科学是被崇拜的"魔法"一样的存在。人们选择相信科学并不是人类历史最初的选择，科学的出现可以说远远晚于宗教、神学等，当人们终于决定抛弃传统统治的专断，拿起"理性和科学"的武器，为生活找到牢固的基础并信任科学时，人们认定科学的根本是它的先进性和确定性，它的正确性是不可动摇的，甚至是唯一的。但是，科学从被人们探索以来，从未标榜过不可战胜的唯一性，它的边界广袤深邃，人类对于它的探索远远不足，能够确认的理论和规律少之又少，科学的研究过程从来都是螺旋式的上升，并永无止境。

科学知识本身这种不确定性，以及研究科学的科学家们秉持着怀疑与批判的方法论，带来的知识的不确定性，让大众无所适从。如果一个系统

---

① 迪尔克斯.在理解与信赖之间：公众，科学与技术[M].田松，卢春明，陈欢，等译.北京：北京理工大学出版社，2006：150-164.

不能提供确定性，信任又该如何建立？"人类陷入了一种深刻的悖论：他在致力于将信任建立在怀疑的原则之上。"[①]对某一理论或结论的科学怀疑与批判，在科学的范畴内，本是无可厚非，然而对于"一知半解"科学的大众来说，这就是科学的"不可全然信任"的证据，尤其对于那些并不能立即得出结论或者仍然未知领域的科学研究，复杂的解释不能让普通大众理解和信服，而心理上的依赖路径却占了上风，事实抵不过情感便是如此；而同样，如果拥有不同观点的科学家，即使是在论证严密、有理有据的条件下，只要产生了与常有认知不一样的说辞，便立刻遭到大众的不信任，这种不信任往往不是针对某个个体的不信任，而是对于群体的不信任，因为无法判断其中的是非对错，只要是专家说的便多半是不靠谱的，专家也变成了"砖家"。如果出现了专家本身的任何负面事件，造假、舞弊、论述不准确等，则更加剧了大众信任的瓦解。这已经无关乎科学内容的真假好坏，而只是人际交往中的关系坍塌。因此，对于科学传播来说，传播者和传播内容必须同样值得信任，才能得到受众的认可。

将信任因素引入科学传播，是研究公众与科学关系的一个重要指标。科学传播领域中，信任被视为公众和科学之间的桥梁。信任取决于双方的自身特性、社会角色，建立对话内容的真实性、正确性和可理解性。对话中双方能否在统一的道德标准下交流，是交往理性的体现，也是彼此是否信任的前提。在公共危机中，人们面临巨大的风险，风险管理者、科学共同体、公众要建立彼此的信任，才能在危机中彼此互动合作。无论选择哪种方法，有一个因素都是必不可少的，那就是信任，因为信任弥补了某些非同行受众无法获取的知识的不足。

科学传播中的信任包括基于认知的信任、基于情感的信任和基于制度的信任：对于关系主体间彼此的认知，包括知识理解和掌握；关系主体间

---

① 郑也夫.信任论［M］.北京：中信出版社，2015：229.

的情感既来自血缘、亲缘，也来自地缘和趣缘，情感的共鸣和认同也促使信赖的产生；制度信任是在特定的法律制度、社会规范基础上形成的，以公信力作为保障，那么在科学传播的主体中，科学、科学共同体、媒体和公众之间彼此的信任关系是组成科学传播发生和传播有效的基础。

信任问题不仅存在于公众对媒体的态度，还有科学家对媒体的信任，这直接影响着信息的来源，以及科学家与媒体的合作是否顺畅。2019年，北京科技记者编辑协会联合清华大学新闻与传播学院做了一个关于媒体人与科普人士（企业、高校、科研院所中具有专业科学背景的科普人士）的报告，调查聚焦了媒体人的科普观和科普人士的媒体观，收到378位媒体人和233位科普人士的有效答卷，其中28.3%的媒体人表示科学家不易接触，认为与科学家沟通困难的占比16.7%，针对晦涩难懂的科学知识，超过60%的媒体人希望能够定期开展知识培训，超过30%的媒体人希望搭建与科学家之间沟通的桥梁；代表科学共同体的科普人士有超过60%表示媒体人的知识水平欠缺，一半人认为大众媒体的科普质量不高、报道不严谨易形成误导，42.5%的人认为媒体与科研人员之间缺乏信任和尊重，40%的人认为媒体难以沟通。

调查聚焦了双方眼中的彼此，指出了媒体人和科普人士的关系，从充满张力到氛围融洽，需要彼此增进了解和信任。在科学传播中，媒体与科学家之间的关系十分紧密，二者是合作互动的关系，但也因为各种差异导致冲突不断。科学家是新闻记者首选的信源，提供专业知识或者是知识的直接生产者，就权威性而言，具有一定的公信力。媒体对科学家的不信任基于四个方面。一是知识结构不同。二者接受不同的教育培训，擅长不同的学科和技术，掌握的知识不足以支撑对彼此领域的理解，而对于彼此来说，学习理解对方的领域都不是容易的事。二是风险认知的差异。科学家对风险的理解是基于科学的分析和判断，带有客观和冷静，但媒体人对于风险有着天然的敏感，"不确定与风险"是他们想要告知公众，并希望公众为之警醒的。三是媒体的科学素养和科学家的媒介素养之间的落差。媒体人不具备较高的科学素养，因此不能准确无误地报道科学知识；科学家群体不具备较高的媒介素养，因此无法跟大众建立良好的沟通。四是媒体议程设置的差异。媒体对于科学议题的选择往往是具有争议的话题，能够更好地吸引大众眼球，或者选取科学选题中某个片段、局部进行发挥，而在科学家看来并不重要或者不是最关键的问题，二者对于传播内容的判断存在差异。

可见，科学传播的对话主体中，几方的信任关系决定了对话的走向。马德勇教授在《信念、信任与传媒公信力：社交媒体时代的信息传播》报告中提道："媒体信任与媒体公信力并不从来都一致……原因在于，信任是一种信念，信念的形成并不必然依赖以科学为基础的理性……信念的建立受到人类的认知模式、个体的人格、信息环境等多重因素的影响。"报告从信息认知模式的总体性解释框架出发，探讨了"为什么人类不能准确认知信息"，从信息供给侧、信息消费侧两个角度出发讨论了"数字信息时代技术和心理因素如何影响媒体公信力和媒体信任"的问题，指出了数字媒体时代媒体信任的复杂组成因素。贾鹤鹏教授的科学传播团队在《数字媒体时代科学信任格局的多元嬗变》中以疫苗犹豫、公民科学传播者等科学传播热点为例，从科学传播主体的多样性、受众的主动性、接受的情境性等角度对科学传播中的信任问题进行了剖析。科学传播中的信任是与知识和态度同等重要的问题，重视信任的构建以及重构，是让对话各方有效对话的一个重要因素。

三、满足公众对科学的期待

知识的来源是否权威并不是公众衡量知识是否正确有效的最重要因素，专家知识与外行知识是否同公众所处的情境以及他们的经验和常识等辅助知识相冲突，这才是决定公众最终选择信任哪种知识的最重要因素。在突发事件中，民众对周围人群和关系的信任度也有差距，信任的由强到弱往往是个人社会关系、媒体以及政府。英国谢菲尔德大学心理学系的研究人员艾瑟（Eiser）等曾分析过英国两个城市居民对六个信源的信任度。这六个信源包括政府、科学家、房地产企业家、公民群体、亲朋好友和媒体，在设定的问题上，是关于所在区域土地被污染的风险，在六个信源对同一风险的叙述下，居民更愿意信任的不是最有科学知识的科学家，而是与他们的利益站在一起的人，对人的信任比知识的信任多三到四倍，即使六个信源在内容的正确性、专业性以及与当地居民的亲近度等方面并没有太大差别。

在科学的对话中，人们对对话者的信任，与很多因素相关，如科学家的问题、内容的问题、途径的问题等，都是影响因素。对话的有效性体现在公众对科学家的信任、对科学的信任、对政府和国家的信任。有学者通过调查得出科学与爱国之间的关系。公众对科学的态度，大众是由衷信任的，推而广之，对代表科学的科学家、专家也是信任的。金兼斌教授的调查显示，对科学家的信任仅次于对家人、同学或朋友，高于对同事以及对邻居的信任。在对各项制度代表（如警察、医生、法官等）的信任度中，对科学家的信任度最高，这显示了科学家群体在社会信任中的特殊地位[1]。事实上，这种对科学家的高信任度在世界范围内广泛存在[2]。公众对科学家的情感从敬畏、崇拜到怀疑再到忽视，有着一条清晰的轨迹，而公众之所以对科学家的态度有巨大转变，与社会发展、媒体生态和双方各自的发展变化都有极深的关系。

---

[1] 向倩仪，楚亚杰，金兼斌.公众信任格局中的科学家：一项实证研究[J].现代传播（中国传媒大学学报），2015，37（6）：46-50.

[2] BARNES B. The credibility of scientific expertise in a culture of suspicion[J]. Interdisciplinary science reviews，2005，30（1）：11-18.

第六章
公共危机治理中科学传播对话机制构建

对话要充分开展，有序进行，形成规范和体系，就需要建立一套对话机制。科学对话如何形成机制，与多方面的因素有关，对话的参与者是否有平等的地位、是否有能力参与对话，对话双方是否在同一个空间，对话的路径是否顺畅，对话策略是否合适等。要解决这些问题，就必须构建一套确定的机制保障。保障对话参与的主体必须要在平等、自由、公开的理念前提下，坚持一定的对话原则，并运用适当的对话策略，按照合理的对话路径而展开认知、情感以及精神领域的多向交流系统。

目前，传统科学传播主体大多为政府、科研单位、机构等，不断扩大的科学共同体在网络技术的加持下，开拓更多传统渠道，成为新的传播主体，科学共同体和学科内的科学家、科普人士等都加入科学传播的队伍中。传播权力结构的统一，使得传播主体的客观价值和利益从根本上具有共同性、非冲突性和可调性。公共关系学认为，单一的科学知识不会提高大众对科学知识的认知，高效的科学传播不是线性扩散，而是主客体双方共同参与的过程。在公共危机事件中，科学传播让"共同体意识"得到彰显：处于分散状态的个体，因为与科学信息的"交往"，获得对事件真相的认知，从而产生"事缘共同体"，此时科学传播就成为连接个体的"共同体"，为突发公共危机事件中的谣言治理提供新的思考方向。

第一节 理念建构：基于公共事务参与和协商的职责

一、科学传播共同体的责任伦理建构

对话是一种方法，也是一种理念，只有在理念的确立和指导之下，对话的实践才有可能开展起来。对话理念的建立首先依赖于对话者共同遵循的原则，对科学对话而言，则需要与科学有关的共同体共同遵循某种理念。在 2008 年第十届中国科协年会上，李斌教授首次提出"科技传播共同体"的概念；张超军等人探讨了科学传播共同体在创新中的地位和作用、科学传播共同体构成元素以及相互关系、科学传播共同体生命力的维持和周边环境。[①]显然，科学传播共同体的建立，对于汇聚各类资源，在社会中形成服务学术创新、倡导科学的新氛围，促进科学传播新体系的形成具有重要作用。

要形成一个共同体，首先要统一共同的价值观，遵守相关的规则。从大众传播的角度看，科学传播呈现出主体转移和多元化的趋势，这使得统一价值观变得困难。科学传播界的主体有很多，包括论文作者、学术期刊

---

① 张朝军，肖英，赵霞，等.科学传播共同体：推动科技创新的轴心［J］.科技传播，2019，11（3）：8-10，18.

编辑、科普读物、专业科学家、传统媒体记者、科学自媒体人、公众/互联网用户；参与者是动态的、随机的；参与活动也有很大的灵活性。这既是科学传播共同体具有生命力的体现，也是科学传播共同体缺乏稳定性的表现，是科学传播共同体建设的难点所在。交流的各个方面都不是无生命的元素，而是不同的人。这是不确定因素，也是实现传播效果的可行因素。

科学传播责任伦理包括了科学传播的理念，科学应该为人类福祉服务的价值认同。它是公民参与科学传播理应遵守的那些"被作为个体、群体或文化共同体的人们所共同认可的原则性的东西"[①]。联合国教科文组织发布的《科学和利用科学知识宣言》，把"尊重人权和人的尊严"作为科学研究和科学知识传播的基本价值核心，明确提出"人人有权参与科学事业"。这一认识直接促进了科学交流从"公众理解科学"阶段转向科学传播新阶段。2018年9月19日，世界公众科学素质促进大会提出"在最广义的范围内促进科技与社会良性互动""确保公众充分理解和广泛参与科学""共促公众科学素质提升，共创人类社会美好未来"；中国科学技术协会全面概括了科学素质建设和科学普及的五种价值。[②] 这些对科学价值的中国理解，构成了科学传播共同体的新的责任认同和更高的目标追求，是凝聚科学传播共同体的价值核心认同。

科学传播之所以会涉及伦理规范，是因为传播者在传播过程中包含不同的目的：增进受众理解、吸引更多流量、推广某种行为、激起某种冲突等。后真相时代，公共卫生事件中谣言的蔓延体现了科学传播的严重"失范"，因此政府应当尽早建立科学信息的监测，尤其是科学信息的准确性和数据的真实性。在突发公共卫生事件中，政府相关部门要成立科学信息监测小组，准确把握网络舆情敏感源，全天不间断、全方位地对各种谣

---

① 郑根成.媒介载道：传媒伦理研究［M］.北京：中央编译出版社，2009：42.
② 徐延豪：新时代全民共享科普全面价值［EB/OL］.（2019-01-17）［2023-10-09］.https://baijiahao.baidu.com/s?id=1622885460912194858&wfr=spider&for=pc.

言进行监管和管控，严格遵守科学传播共同体的伦理规范，维护社会和谐稳定。

二、公共协商和多元共识的理念建构

对话的理念来自对话者对于共识的认可。吉登斯认为，在人类社会中，没有人能够独立影响社会的发展，社会的发展不掌握在某个人的手中。公共事务在于人们的共同参与，人们以共同的力量和思想的交流不断促进社会的发展。在哈贝马斯看来，公共协商作为一种社会安排而存在，能够改变对话者的偏好，也能够达成对话者的共识[①]。为什么要建立公共协商？在权利平等的现代社会，个人的力量被看到也被放大，但个人不足以产生强大动能，面对公共事务，多元协作、合作协商是更有效率的方法。在规范层面，公共协商应坚持包容、平等、公开的原则，即公开接受多个主体，确保公众能够平等地参与其中。在实践中，协商包含了说服、讨论和对话，如果不摆脱胁迫、缺乏理性或没有实质性对话，协商民主自然会失败。当然，"协商民主和公共协商最主要、最重要的特点是讲道理"。这要求个人不仅要表达和表明自己的立场，而且要尊重他人的观点和立场，从而对共同的问题、公共利益和公共价值有一个完整的认识。公共性可以理解为公共利益和公共价值的凝聚、抽象和规范，是多元共识和社会融合的"最大公约数"。在多元对话中培养积极信任、交往理性、公共理性和公共性，在积极信任、交往理性、公共理性和公共性的基础上开展多元对话，促进偏好转换。

交往理性是支撑公共协商的必要条件，公共协商在某种程度上也是为了提高公众的交往理性。在交往理性的指引下，主体在公共空间的交往正

---

① 哈贝马斯.在事实与规范之间：关于法律和民主法治国的商谈理论[M].童世骏，译.北京：生活·读书·新知三联书店，2003：109-120.

在经历这样的过程：个人表达—公共讨论—冲突和对话—达成共识。不再以个人偏好作为协商基础，在尊重多样性的基础上友好倾听、理性交流，在不断的公开讨论中形成意见、交流观点，逐渐形成群体意识和公共精神。权力和秩序的合法性是建立在多元共识和多元认同的基础上的公共偏好，而不是简单的多数偏好聚合。协商能够激发人们积极参与的热情，增进共识，提高对话的效率。即使无法最终形成共识，公共协商本身也是一种建立信任的公共参与。

科学传播作为一种以公共议题为传播内容的公共传播，它的公共属性要求公众参与进来，共同讨论和交流，以达到传播的效果。技术加持赋予了公众民主权利，公众的参与不再困难，拥有话语权的公众可以"在场"，彼此"相遇"，在公共协商和建立共识的理念下，以理性交往为基础，展开交流和对话。

第二节　关系建构：基于信任的"专家—媒体—公众"多向对话机制

英国医学杂志《柳叶刀》(*The Lancet*) 在 2022 年初刊载了一篇研究论文，文中分析了177个国家的新冠肺炎发病率，发现"民众对于政府和社会的信任程度越高，感染病毒的病例数量就越少，这二者在整个研究期间始终存在统计学上的重要关联"。无独有偶，开展国别比较和个人比较的多项研究均发现，信任科学与遵守防疫措施呈正相关。由此可见，只有民众认为科学工作者值得信赖，才有可能遵循他们提出的建议和指令。信任既是对话的前提，也是对话的结果。二者互为基础、互生共进。而能够生成普遍信任的对话，必然不限于特定场域下的公共协商，理应是遍及现代社会生活的多元对话。吉登斯是协商民主的坚定支持者，他强烈主张使用对话民主（dialogic democracies）概念。为此，他主张构建始于亲密关系的人际对话民主，延展于社会运动、社会组织的对话民主，扩充至民族国家的对话民主和全球社会的对话民主。基于对话民主，现代社会有望培育人与人之间平等敞开、互相依赖又自主的积极信任，而积极信任的累加和更新则可创生更厚实的协商资本[①]。当然，平等对话并非易事，尚需持守必要的

---

① 吉登斯.全球时代的欧洲［M］.潘华凌，译.上海：上海译文出版社，2015：106.

理性规范，哈贝马斯和罗尔斯对此意见一致，"大部分的审议民主理论一直沉浸于由罗尔斯和哈贝马斯带来的政治哲学复兴的氛围中"[①]。

要使科学传播良性进行，传播者必须首先建立与受众之间的信任关系，进而根据受众的兴趣和需求，引起受众的注意和兴趣，而后利用多渠道进行有效的科学传播。信息传播的最终目的是使得公众获取信息，为公众带来意义。但公众如何在信息大潮中识别信息、选择信息、相信信息，最终获取信息。在信息丰富的时代，来自不同渠道的各种信息蜂拥而至，人们不得不进行选择和过滤。在信任作为筛选机制的一环时，信息的获取有着更加主观的色彩，这与传播学家的理论分析存在差距，但信任却在时刻影响人们的选择。这就要求科学家的专业、中立、公正和权威，媒体的客观、准确及传播手段的应用，借用民众的叙事知识，特别是专家的公共话语吸纳民众叙事结构，对科学进行事件化叙述，将科学纳入生活世界之中，从而加深民众对专家及其科学行为的理解与支持。这还要求传播者注重与受众的沟通和交流，用真实和真诚建立信任，以受众为中心，从希望公众理解科学转向科学理解公众，科学传播在加强民众、媒体、专家互动的同时，真正鼓励公众参与科学。

科学传播是一个动态的过程，其间充满了各种复杂性，包括不同的受众对科学信息的不同需求，随着科学的影响不断渗入日常生活的各个方面，让公众尽早参与科学传播的过程，有助于改善科学传播以及降低与之相关的复杂性。同时，这种复杂性还体现在人们不能只靠科学知识来进行决策，其他需要考虑的因素还包括信仰、价值观、既有知识等。传播者要维持双方关系的良性发展，保持一个健康良好的科学传播链条。

---

① 麦加菲.民主审议的三种模式[M]//谈火生.审议民主.南京：江苏人民出版社，2007：49.

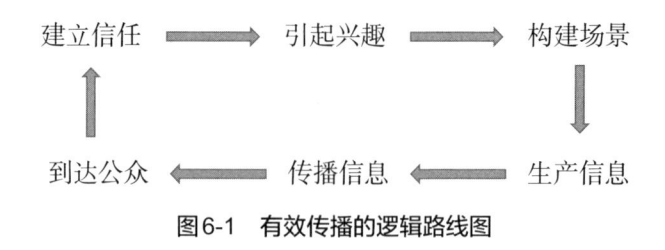

```
建立信任 → 引起兴趣 → 构建场景
  ↑                      ↓
到达公众 ← 传播信息 ← 生产信息
```

图6-1 有效传播的逻辑路线图

一、建立信任是构建对话的基础

信任是一种主观情绪和意愿，它是人与人关系的基础，德国社会学家卢曼提出"信任是简化复杂性的机制之一"[①]，吉登斯认为"信任作为基本的保护壳而在自我与日常现实的应对中提供自我保护"[②]。信任是社交互动中互惠的关键因素，在沟通效率方面尤为重要。如果在一个稳定的社会环境中，凭借什么去判断是否信任呢？声誉，作为众人印象的评判，可以提供一个识别标准，"声誉—信任"的机制就是从众的心理机制，再借由"记忆"的支点，三者达成了三位一体的结构。信任作为一种社会关系的体现，反映着社会成员拥有的秩序，信任意味着更大的确定性。巴伯认为："虽然信任只是社会控制的一部分，但它是一切社会系统中无所不在和重要的一种，在社会控制中权力若要充分或者是最大限度的有效，就必须有信任在其中。"[③] 卢曼将信任划分为人际信任（interpersonal trust）和制度信任（institution trust）。朱克指出关于信任产生的三个机制。一是由声誉产生信任，声誉是大众的评价、口碑和社会影响。郑也夫认为声誉和信任有直接关系。声誉是产生信任的基础，它概括了主体的过去，是通往

---

① 卢曼.信任：一个社会复杂性的简化机制［M］.瞿铁鹏，李强，译.上海：上海人民出版社，2005：5.
② 吉登斯.现代性与自我认同［M］.赵旭东，方文，译.北京：生活·读书·新知三联书店，1998：3.
③ 巴伯.信任：信任的逻辑与局限［M］.牟斌，李红，范瑞平，译.福州：福建人民出版社，1989：67.

信任的媒介。二是社会相似性产生的信任，按照血缘关系、地缘关系、社会中的圈层、等级等方面所共有的相似性而产生的信任。三是法律制度带来的信任，是对制度中专业能力和资质的信任。研究者一般认为，以交往双方的血缘关系为基础，以及双方的情感连接为主要标准，信任有着等级和次序。金兼斌在研究中将其归结为大众对组织、集体怀有制度信任，对广义科学存在制度信任，而对科学家个体和具体科学知识存在人际信任[①]。

综上，可得出科学传播中的信任包括基于认知的信任、基于情感的信任和基于制度的信任。对于关系主体间彼此的认知包括知识理解和掌握，关系主体间的情感既来自血缘、亲缘，也来自地缘和趣缘，情感的共鸣和认同也促使信赖的产生。制度信任是在特定的法律制度、社会规范基础上形成的，以公信力作为保障，那么在科学传播的主体中，科学、科学共同体、媒体和公众之间彼此的信任关系是组成科学传播发生和传播有效的基础。

二、推动四方协同开展应急科普对话

加强过程协同是完善重大公共突发事件政府应急科普机制的重要方向。当前我国危机治理体制存在的最大问题是强调危机后的恢复而忽视了预防和预警。从社会诸多方面来看，有效开展应急培训，增强全社会的危机意识刻不容缓。科学传播需要抓住恰当时机，回应公众需求。在面对突发事件时，科学传播必须兼具即时性和准确性。即使存在不确定的信息或者在传播过程中的信息耗散导致的不确定性，也要使科学信息更快地传达给公众，促进公众对科学的关注与思考。科学不是独立存在的，作为一个复杂

---

① 金兼斌.科学传播：争议性科技的社会认知及其改变[M].北京：清华大学出版社，2018：172.

体系，科学不仅在于其自身的难度和复杂性，还在于它所处的环境，即科学与社会的关系，尤其在重大突发事件中。

开展应急科普对话还要增进科学传播主体间的联系，因为科学传播主体具有多元性且都承担着不同的责任。这需要我们在应对重大突发事件时要收集科学信息，然后对收到的信息进行分类和整合分析，将综合的信息重新汇编，使信息更加有序，形成系统化的知识。首先，以政府为中心和枢纽，建立自上而下的体系和平等互通的横向组织，连接相关部门、组织和机构、公众等，成为一个网状的、有内在逻辑的聚合体，以应对突如其来的危机，为垂直系统补充能量。其次，权责明确，树立权威，划分各自的责任义务，针对不同的危机分级分层管理。最后，保证信息公开，以多元的媒介渠道第一时间进行信息发布，彼此补充，信息共享，达到信息的多元需求。

（一）政府——管理主体

建立政府与社会各方广泛参与的科普应急工作协调机制。各级应急管理部门应当设立应急科普部门，与教育、社会科学、科技、卫生、宣传、公安等部门建立应急科普协作联动机制，实现信息共享，将应急科普工作纳入年终评估。教育部组织医疗、地震、消防、法律和科学技术等领域的专家编写教科书，将应急科学知识纳入中小学教育。科普信息传播中的协调与管理，主要围绕科学信息的利用，以及如何保证在其他学科的利用下，科学信息的传播能够共同、统一地完成。作为科学信息的统一管理者，其建立的信息数据库是参与主体共享的信息，保证了其他主体的使用。对于直接与信息联系在一起的媒体机构来说，信息库中的信息来自专业的科普管理机构，以保证媒体机构传播科普信息的权威性。对于科普管理主体来说，信息来自科学界，这保证了信息资源的科学性。

（二）媒体——技术支持

媒体在传播科学时要根据不同的现实情况对信息传播进行选择，并按照议程设置的原则进行科学信息的传播。媒体以科普专业主体提供的科学信息为基础，制定科学信息议程。媒体组织的政治属性及其对渠道的控制，使其在突发事件相关问题上具有议程设定行为。从某种意义上说，议程设置是传播活动中的一种客观现象。设置的结果会使得对话更加有效。如果使用不当，比如过多地干扰科学传播，就会对科学传播产生负面影响。有效传播一定是各要素的最优化组合，各要素是变量。在以受众为中心的传播理念下，根据受众的不同特点，在不同渠道、不同时机、不同场景下会有产生不同的传播方法，对于每个传播者来说都要有一套自己的"组合拳"。针对热点科学问题，连接媒体与科学家，作为一个专业中介机构，保持中立态度。例如英国的科学媒介中心就是一个独立的非营利机构，完全依靠各方的捐款来运营，且规定每个捐赠方的捐赠金额不得超过机构募资总额的5%。科学媒介中心的工作主要是连接BBC、路透社等传统媒体和权威公正的科学家，共同发布信息，在应对转基因问题、全球气候变暖问题等热点科学议题中都进行了全面解读和释义，由于其中立的身份，对科学传播起到了重要作用。建立媒体与科学之间的信任，是双方合作的基础，只有双方提高各自的素养，以公众责任为共识，才能形成稳定的知识生产体系，促进大众媒介的知识再生产。

（三）职业的科学传播人——内容提供

职业的科学传播人是介于科学家、科研人员与媒体人之间的一个角色，既了解科学，又懂得传播，是科学界与公众之间的桥梁。一方面，职业的科学传播人可以与科学界进行密切的互动，另一方面，职业的科学传播人可以发展科普与受众的关系。因此，专业科普主体在"第一球员"科学家与公众之间扮演着"二传手"的角色。科学家应该积极地遵守默顿提出的科学家行为规范，即普遍性、公有性、无私利性和有条理的怀疑精神，以此凸显科学所独有的文化和精神气质。在2003年的SARS疫情中，公众对钟南山的态度根据大数据的收集和分析表明："专业""权威"是公众对他的认知，"尊重""信任"是公众对他的态度。经过同行评议，钟南山以扎实、严谨的理论体系赢得认可。许多研究者的调查研究发现，公众对专家缺乏信任的原因是复杂的。总的来说，专家不能只关心环境风险评估的技术方面，还应该对公众所深深关切的问题作出更积极的反应。[①]

许多研究已证实，公众不一定要理解科学才会支持科学，对科学持有怎样的态度往往更能影响其对科学的态度，而对科学的态度大部分来自对科学家的态度，如果科学家愿意站在公众的立场，以他们的情感出发，满足他们的需求，则公众认为与科学家的距离更近一步，也更容易对科学家提出的科学理论理解和信任。[②]另一项调查结果显示，"不相信科学的人并不是在质疑科学家的专业知识，而是质疑科学家是否与公众有着共同的利益"。科学家不仅要传播知识，还要研究公众和情感，以公众为中心，以他们更容易接受的方式进行传播，才能达到更好的效果。

科学家们习惯采用的传播方式，并非科学传播应该采用的方式：虽然科学是和假设以及实证观察打交道的，但是普通公众则倾向于接受那些听上去真实可靠的故事。由于专业上的天然距离，科学共同体与普通公众的距离仍然是比较远的，科学与社会融为一体，但公众对它的理解却已然是不足的。科学家公共传播政策的第一个目标就是赢得一种作为可信发言人的名誉。正如汉斯·彼得·彼得斯（Hans Peter Peters）解决科学和社会之间

---

① COTHERN R C. Handbook for environmental risk decision making: values, perceptions and ethics [M]. New York: Lewis. 1995: 56-65.
② CARDEW G. People will not trust unkind science [J]. Nature, 2020 (2): 12-15.

问题的专家所说的那样:"尽可能诚实、清晰且完整地告知和阐释你的理由永远是更好的选择。首先要尊重读者或者听众。这在他们形成观点的过程中也会发挥一定的作用,因为信息不是独立存在的。有时候,对诚实的认识要比信息本身能获得更多(公众支持)。"

第三节　知识建构：基于"社会知识共享"的科学传播体系

对话的基础是关系的平等、理念的统一、彼此的信任，以及认知水平的势均力敌。虽然在实践中，对话双方在智力、教育、认知等方面依然差距巨大，但我们仍然能够在一些方面进行弥补，比如通过知识共享建立沟通的知识库，以此创造相对平等的对话前提。对于社会治理来说，科学传播的合作生产模式反映了治理理念和实践的转向。治理从自上而下到单纯的科技治理再向参与型社会治理的转变。知识协同生产模式的出现，一定程度上对科学共同体所具有的权威机制发起了挑战，也给科学传播带来了深远而重要的影响。

日本著名知识管理专家野中郁次郎（Jiro Nonaka）提出了显性知识与隐性知识相互转化的模型[1]，即四种过程分组（将分享产生的隐性知识转化为新的隐性知识）、外化（将印象知识转变为线性知识的过程）、整合（将显性知识整合成更系统、更复杂的显性知识系统的过程）、内化（显性知识转化为隐性知识的过程，也就是将知识转化为组织中个体或群体的实际能力的过程，如通过阅读大量书籍丰富自己的知识）。收集、传播和分享信

---

[1] 野中郁次郎，竹内弘高.创造知识的企业：日美企业持续创新的动力［M］.李萌，高飞，译.北京：知识产权出版社，2006：98-102.

息是有效管理自然灾害等紧急情况的重要保障。应急知识管理是对以往在应急管理中收集或使用的知识进行标准化的整合，以便在其他危机中使用，并为决策者提供适当的知识支持其决策。应急知识管理包括知识获取、知识开发、知识确定、知识转移、知识使用、知识评估等。这六个过程在知识处理上是连续的，在应急知识应用方面不断改进和完善。

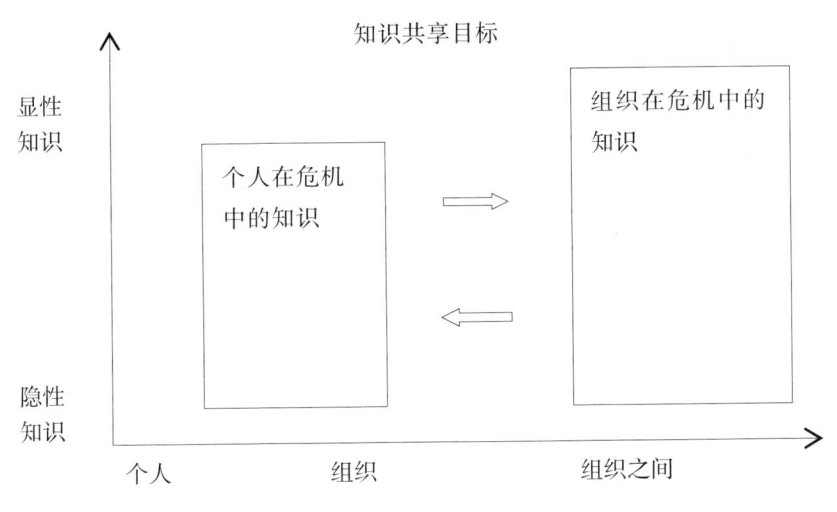

图6-2 知识共享中知识的流动方向

第一，相信群体在信息挖掘和整理中的"自组织"能力。协作是聚合多方面的力量，把不同维度的碎片逐一拼凑，形成完整信息。多维度信息在经过筛选和优化后，会慢慢矫正原有信息中的误差，使得真正有价值的信息被挑选出来。多元主体协作形成的力量，是大于专业组织的，而信息的广泛、全面也为知识共享打下了基础。第二，知识共享需要意见领袖的影响和引导。每个个体在自组织中的作用并不稳定，要持续稳定地产生影响，每个自组织要在意见领袖的领导下协作互动，整合碎片信息，优化结构构成。突发公共危机中的决策，对于管理者来说，考验的是多方面的能力，比如既有经验、应变的能力、知识储备等。知识的掌握情况关系着第一时间的判断，但单独个体的知识储备并不足以支撑对危机的应对，因此需要知识的整理、搜集和管理。借助知识共享理论，知识的组织化是将分类的知识进行状态的转化，隐性知识在此时有必要转化为显性知识，不同知识按需划分，以响应不同的需求。知识共享满足了人们在突发危机状态下对于信息的渴求，知识的预案会让决策时间缩短。为了防止个人知识带来的偏差，在危机中必须坚持对知识的整合以及提供专业化知识。这要求科学传播者与其他各部门系统联动，保障彼此沟通顺畅。

一、以专家知识为基础

在政府作为发起者的对话中，专家作为对话中的"他人表述"，直接影响着对话。其中，对话的内容来自"他人"的"统觉背景"。因此，对话的具体内容来自作为专家的相对客观、可靠的"统觉背景"，专家知识提供了可靠的内容，危机中的专家知识来自权威的信源，对话的内容是公众急需的科学知识，目的是指导行动。专家知识是指科学共同体公认的、经过实践验证的、确定的规律和知识。专家知识之所以被人信任，是因为知识是经过同行评议过的，严格的科学程序带来可靠的知识，专家是值得信任的。专家以较高的可信度和专业的知识储备，成为更有威望的对话人，在面对危机的对话中，输出自己的知识和经验。其专业的知识储备，作为专家的"统觉背景"，影响着对话内容的方向。

例如在突发公共卫生危机中，科学传播共同体作为政府部门、媒体与公众互动的桥梁，将科学知识有效传递给公众，增强受众的科学素养和辨别能力，防止谣言传播，有效减少社会恐慌和极端意见传播，构建理性的社会舆论环境。在未来，科学传播共同体的建设会更加依赖受众群体，受众不再仅仅作为信息接收者，而是参与科学，实现与科学共同体的平等对话。因此，科学传播共同体的建设，有助于政府引导社会舆论发展，推进社会治理能力和治理水平现代化。

二、以"地方性知识"为补充

公众的多重声音表现为基于独立经验的、具体情境下的知识。这些知识是与专家知识相对的"地方性知识"。以这些内容为主的科学对话也是组成公共危机中科学传播对话的重要部分。地方性知识并不是某个具体地方的知识,而是指代具体的、根据环境变化、具体情境下的知识。科学自从被奉为自然规律的哲学之王后,一度被神化,科学的机械论认为科学是无所不能的,是恒久唯一的,而作为科学的另一端的公众,对此是完全无法理解的,因此科学传播的目的是向毫无科学基础的受众普及知识,受众被视为完全不懂且没有主观能动性的被动接受者,由此发起了公众理解科学的呼吁,并成为一个阶段科学传播的范式。但与此同时,随着科学带来的危机和问题日益扩大和严重,也有另一些研究者提出"有反思的科学",尤其要注重在特定语境(情境)下来认知科学,不同的社会环境、经济情况、风俗习惯等都对科学的传播产生影响,并强调受众的特异性,受众并不是被动接受的无知个体,在具体的科学议题中,受众的地方性知识对实践的巨大作用,让科学家重新思考科学在社会具体情境下的作用和价值。

学者罗杰斯提到过一个语境影响人们认知的案例,在《创新的扩散》一书中他讲述了一个发生在秘鲁村庄的故事。这个秘鲁的村庄卫生条件较差,于是卫生组织对其进行了为期两年多的喝开水推广活动,但收效甚微,因为在当地的社会语境或传统观念中,"正常人不喝开水,只有得病的人才喝煮过的热水",这一语境是符合当地人的认知和习惯的,因此也是具有一定意义的地方性知识,这说明了语境在科学传播中的影响。语境模式是在缺失模式的背景下被提出的,原意是反思科学的不唯一性,以及承认地方性知识对专家知识的补充作用。当然,从实践来看,处在不同语境中的不同人的知识存在差异，人们会用各自的认知框架来解析信息，语境模式让科学的共享内容更加丰富。

布赖恩·温认为，科学如果脱离了具体的情境，不仅不会起到引导作用，反而会起到破坏作用，以致降低科学以及科学传播机构的公信力。布赖恩·温进一步强调，即使是在具体的情境下，科学本身也并不是完美无瑕的，其他知识仍然会影响人们理解科学的完整性和准确性。哈拉维对此也有相似的观点，"我们都加入了情境化知识，知识与我们所处的位置有着必然的联系"。[1]首先，科学知识的传播是丰富的，单一的知识对于公众掌握知识、理解科学和改变对科学态度来说，都不是足够的。尤其是对话在内容被确定之前，需要建立双方都认可的对话规则，对话是平等的畅所欲言，需要科学家与公众的平等参与。其次，公众通过大众媒介、社交媒介、人际传播等途径获得外行知识。经过公众处理而最终所获得的知识，既有专家知识，也有外行知识，信息内容来源的不确定性，将使科学传播的不确定性概率大大增加。因此，需要专家知识和外行知识的协作，使得公众对知识的获得更加便捷。

三、从一元知识到多元知识

在宏观层面，知识生产表现出新趋势和新特征，包括突出情境、跨学科的知识异质化、反思性知识、辩证性与批判性知识以及专业知识与常识性知识并重等。知识生产在类型方面，包括熟悉的知识和理解的知识、社会表征中的共识性知识与科学知识。此外，梵·迪克提出个体知识和社会知识、社会/群体知识和文化知识、具体知识和一般属性的知识，以及历史

---

[1] HARAWAY D J. Primate visions: gender, race and nature in the world of modern science[M]. New York: Routledge, 1990.

事件的知识和社会政治结构的知识等四类知识[①]。此种观点强调了个体知识和公共知识、专家知识与常识性知识的地位是同等重要的。在宏观层面上，知识生产展现出了一系列新趋势和新特征。这些新特征包括情境化的知识，跨学科异质化的知识，反思性、辩证性和批判性的知识，以及专业知识与常识性知识并重等。其中，从陈述性知识到程序性知识、从显性知识到隐性知识的生产是不可忽视的。从一元知识到多元知识的转变也是显而易见的。一元知识是指特定主体拥有单一知识体系所呈现出的知识类型，而多元知识则是融合了不同主体的知识，表现为一种建构的、对话的和协商的知识。

知识共同体（epistemic communities）是由某一知识领域相互联系的行为体组成的网络，具有共享的规范、原则信念、价值观，有明确的知识标准和建设性的互动与渗透。知识共同体可以跨学科、地域、文化、行业、主体等的界线，实现知识的融合、共享和共创。[②]科学传播的主体多元，随着主体的不同，设置的议程也各有特色，这对科学传播的有效性来说是一个好的方面，要进行更有效率的传播，就要针对不同受众的特点，多种方式相结合，自上而下与自下而上的方式统一协调，各种方式互补。

---

① DIJK T A V. Discourse and knowledge: a sociocognitive approach [M]. Cambridge: Cambridge University Press, 2014: 106.
② 陈刚, 解晴晴. 不确定性传播的新闻表征、"传播之痛"与知识再生产 [J]. 新闻与传播研究, 2022, 29(2): 36-57.

第四节　空间建构：基于自由开放的空间设置

科学传播的对话是在融合传播场景下展开的。但对话的公共空间仍显不足，主要表现在科学空间不开放与开放空间不科学上。在科学性上有保障的专业媒体、平台，不开放互动，缺少对话机制，公众无法进行有效的参与；而开放的公共空间，内容的科学性上没有保证，舆论没有引导，非理性的极端化不利于共识的形成。在国家级的媒体中，对话的应用非常少，因此在科学传播中处于被动地位，权威媒体的对话缺位，公众不主动关注权威媒体，转而向不够准确的社交媒体求助，所获信息质量良莠不齐。

一、观念转变下的空间开放

创造对话空间，首先应该转变对于空间开放的观念。比如，科普中国作为中国科学技术协会的官方网站，在内容设置和语言风格上正在向社交媒体的轻松、娱乐化转型，增加了与公众互动的设置，但在持续性对话、相关互动活动的设置上还有很大的进步空间。同时，如果壳网、"丁香医生"等专业媒体在对话的设置上一直注重与公众的互动，开放的评论区随时接受公众的问题和反馈，设置诸多社会话题邀请公众参与，还有各种形式的直播、讲座、视频等,让公众与科学家面对面交流。在公共空间的开发中,专业媒体仍然应该不断推陈出新,拉近与公众的距离,增加对话的环节,不仅是线上,还有线下的拓展。

社交媒体现已逐渐与专业新闻媒体平分秋色,成为当今公众舆论的重要来源。专业新闻媒体仍然承担着报道各种突发事件(包括重大公共危机事件)的重大职责,在新闻报道发布后引发公众舆论。但是,专业新闻媒体作为有着制度和组织机构的传播者,存在各种把关行为。而微信、微博等社交媒体上用户的言论,虽然在客观、公正等方面无法与前者的专业新闻报道相比,但是社交媒体本身就不服膺于专业原则,情绪化是其重要的特征之一,也并没有经过把关环节,代表的往往是民间声音。因此,社交媒体作为议题对话的公共空间是一个必须注重方法的地方。

在公共危机中,社交媒体正在成为一股无可抵挡的力量。社交媒体平台一方面构成了信息与影响流动的关系网络,另一方面为所有人对话的开展提供了通道。社交媒体中有几个方面关系着对话能否顺利开展:是否具有双向沟通的对话通路;社交平台的展示是否显得友好;是否拥有留住用户的有效方法;是否拥有吸引用户重复访问的条件;平台中的信息和内容是否有用。[1]根据这个原则,社交媒体是构建对话的主要场域,在对话题设置和讨论中提供内容和保持关系。第一,社交媒体能够迅速传播信息,目标公众可以选择对自己有用的信息。第二,社交媒体可以保证双向沟通的回路,保证对话开展的可能,如微博、知乎等社区式话题探讨平台,公众可以就某个话题发表意见,也可以评论、组成话题组讨论;目前微信公众号中对话沟通的建立上还不够精准,评论区是否开放,以及对话的频度都影响对话的持续。第三,社交媒体大多迎合公众的心理需求,在有效留存用户的方法和吸引用户再次访问、保持用户的黏度上,采用了很多方法,

---

[1] KENT M L, TAYLOR M. Toward a dialogic theory of public relations [J]. Public relations review, 2002, 28 (1): 21-37.

从文本的修辞、叙事方式到激励措施等手段，都在为保证对话建立场域。

社交媒体的公开、及时、透明为危机信息传播提供了便捷通道，但机会与风险并存，社交媒体仍然具有一定的风险性，它的碎片化传播容易导致人们获得信息的不充分，片面化的信息使人们无法进行全盘判断。这在一定程度上也反映了社交媒体的不规范。社交媒体需要进行内容的整合，提高内容的完整性和可靠性，让个体空间向公共空间的转化更具保证。媒介赋权于公众，社会化媒体为公众讨论、对话和解决问题提供了平台，危机传播中公众由无知到恐慌、愤怒、抗议、维权，通过媒体聚集起更大的力量，政府和组织的权力相对有所削减。而网络化的传播结构也影响了公众的行为活动，公众不断参与事件的讨论，这一行为有可能触发更大规模的危机。

二、技术赋能下的空间拓展

目前，科学传播存在一些固有的困境和挑战。科学资源和专职教师严重欠缺，不列入考核体系不被重视，科普惠及人数有限，科普活动形不成体系，无法形成持续效应。随着传播手段的多元，科学传播的主体和媒介都更加丰富，改变传统的传播方式，这就要求科学传播要根据不同群体来选择传播路径。比如，青年的输出场景为线上线下相结合，中老年的知识普及场景为广场和社区。社交媒体与官方的联动，如抖音联合中国科技馆等全国42家科技馆，于2018年9月16日启动"我的科学之yeah"全民科学挑战线上活动，活动在3天内获得用户投稿超过31万，播放量10.5亿次、总点赞次数近3450万。2018年10月20日，果壳网在北京举行了大型科普活动"有意思博物馆"，这座只存在48小时的博物馆，共迎接了28,957位参观者，汇集了市集、科技互动体验、博物馆式演讲等多种年轻人喜爱的活动形式。可见，人们的关注和需求非常迫切，传者和受者的界限日益模糊，不再是自上而下、一对多的单向传播，也不再仅仅局限于传播媒体中。

风起云涌的短视频和直播也给科学传播带来很大的启发。以科学传播内容为主的用户在短视频内容上持续发力，在短视频内容网络中占据一席之地。直播是社会化媒体时期的产物，它融合大众传播、人际传播、组织传播，依托强大的技术支撑，以包容性、开放性、丰富性而流行，制造了一个轻松、亲切、零距离的场域。作为一种新媒体样态，它的内容生产和传播模式独具特色，这些给科学传播提供了很好的借鉴。直播方式具备的关键特性包括重复、亲近、奖励、紧迫、重要等。直播者运用语言话术，反复强调一个事物或一件事情，使受众产生记忆反射；用接地气的语言拉近与受众的关系，扮演受众的熟人角色，使其产生信任感；用物质奖励的方式吸引受众来关注和持续关注，奖励刺激消费或者信息传播；用时间感制造紧迫性和稀缺性；用情绪煽动强调信息重要性。虽然传递的信息不同，但方式值得借鉴。心理学研究证据显示，中度水平的情绪唤醒有利于外显记忆的保留[1]。情绪唤醒能够加强人的记忆力和对记忆的持久性，在科学知识的传播与普及中运用情绪唤醒的方式，可以加深公众对于知识的记忆，让公众在需要的时候随时回想起来[2]。科学对话借助新媒体手段，顺应大众文化是必然趋势，科学只有以开放的姿态，接受并尝试合理的方式进行对话，才能达到有效沟通的目的。

---

[1] 巴斯，盖奇.认知、大脑和意识：认知神经科学引论[M].王兆新，库逸轩，李春霞，等译.上海：上海人民出版社，2015：445.
[2] 李京阳，杨小明.受众情绪在科学传播与普及中的影响[J].科技传播，2019，11(4)：6-9.

第五节　议程建构：基于主体需求的内容构建

危机中的科学传播展现了强大议程设置下的传播效果。议程设置是权力拥有者对议程和议题有选择地筛选、有选择地呈现，经过不一样的框架，同样的议题也会在不同设置下表现出不同的样态。公众需求是议程设置的基本线，对话的内容也要选择公众普遍关切，能够带动多元主体介入的，而对于公众需要的了解，必须以进行对话的主体的"统觉背景"为准，需要多元对话、专门知识和系统方案方可破题深入。科学信息作为媒体报道的重点议题，能够给公众带来专业可靠的知识，在对科学的接触中减轻心理恐慌。在科学信息的议程设置上，议程的属性和内容因为信源和对象的不同而不同。

在对危机的解读中，议程的设置不仅来自媒体，还有公众个体所组成的社区，通过不同来源获得的信息来融合议程，创造出更符合个体经验和偏好的需求。根据融合的议程，来进行多种主体面向多种主体的多内容的科学传播。另一种议程融合的含义是指传统的媒体的议程设置和受众主导的议程设置的多种议程的融合，对于受众来说，会受到不同议程设置的影响，有来自媒体的议程，也有来自社群组织的议程，共同构成了融合的议程，同时影响着受众对于事件的认知和判断。不同群体的公众有不同的关注议程，也构成了议程的丰富性和多视角。

表6-1 议程的属性和内容

信源对象	官方（政府、机关、官方媒体）	非官方（社会媒体、科学共同体、其他组织、公众等）	
内容横向属性	事实（危机的客观数据、概念等情况）	问题（产生的原因、背景、如何处置、具体措施等）	议题（从政治、经济、文化、科技、法制等方面探讨危机带来的问题）
内容纵向属性	过去（历史上此类危机的经验）	现在（发展的动态情况）	未来（危机的预测）
内容情感属性	正面（对内容持正面态度，包含鼓励、赞美等语气）	中性（仅描述事实，消除读者的不确定性，语气为中性）	负面（对内容持否定态度，包含恐惧、害怕、责难等语气）

一、政府主导的议程

政府作为对话的发起者，就对话内容进行了议程设置，一定程度上媒体是议程设置的执行者。政府发起对话，媒体是中介，也作为对话的一方，政府的科学对话内容是在综合信息的基础上，以专家知识为依托，通过媒体进行表述和翻译，与公众进行对话。危机事件中，以政府为主导，以主流媒体为核心的传播模式，全方位、高密度的内容经由主流媒体进行宣传，以最大限度地达到受众。在重大的危机事件中，这种方式足以引起受众的重视，集中的、强势的传播能够最大限度地影响受众行为。

1968年，麦库姆斯和肖以实证验证的方式提出议程设置理论。该理论指出了受众的重要性和媒体议程编排的影响因素，即媒体报道可以影响人们"想什么"。媒体的报道可以引导特定议程的社会关注，改变公众对事件重要性的感知，涵化理论认为媒体对受众有潜移默化的影响。受众往往会将媒体报道中描绘的图景当作现实状况，因此此类包装成"科学"的议题在媒体中的呈现方式，往往会形塑公众头脑里的看法和态度。不仅仅是媒体的议程设置，媒体的不当的报道方式、语言风格等也会促成风险放大和负面效应,进而加深公众的疑虑。对于突发的公共危机,作为管理者的政府必将掌握议程设置的权力,以媒体作为发声部门,以专家作为内容输出者,再设置关于危机的紧急信息,以满足公众的需求。

二、自下而上的公众议程

危机中,除了政府、专家发起的对话,还有公众发起的对话。多种声音形成了对话中的"复调",多重声音交织和共存。对话中不同的主体必然会发出不同的声音,这些声音既独立存在又相互影响。公众发起的对话的内容因为各自不同的立场、不同的知识构成、不同的需求和目标,而具有多重性。不断发展的网络技术赋予公众的表达权,让公众有机会在各种公共空间发起对话,平等地与其他群体对话,对话的内容也是根据各自的议程设置的,而非官方话语主导的议程,公众设置的议程带着"统觉背景"的特点,代表着各自的诉求。

新媒体中以普通公众作为传播者的议程设置具有不可忽视的作用。1992年,罗杰斯和迪灵倡导"将议程设置扩展至全方位的研究,把媒体议程、公众议程、政策议程三者的互动历程,视为一个完整的议程设置过程,重点研究媒体议程如何对受众产生最理想化的效果",[1]并用"议题建构"概念来特指这一完整互动历程。这一理论拓展显然有助于分析网络传播的相关问题。作为传播内容的议程,已经不再是被传统的媒体单一进行设置的,受众也不仅仅是被动的接收者,议程设置理论在新的媒介环境下也需要不断拓展。人与人越来越密切的交往,使得人以群分成为现实,群体传播在不同的圈层中是大众传播和人际传播的一种补充,而群体传播带来的

---

[1] 奥格尔斯,等.大众传播学:影响研究范式[M].关世杰,等译.北京:中国社会科学出版社,2000:32-40.

议程设置又不同于大众传媒的设置。麦库姆斯和肖在1999年提出议程融合理论[1]，他们认为，个人不断融入群体，成为一个新的群体，而整个群体作为一个传播主体，具有自己的特质，个人进入群体，会带入自己的议程，并在不断磨合中与所在群体的议程相融合，因此产生议程融合。但议程融合不是对大众议程设置的否定，二者彼此在各自空间和领域发挥作用。

三、不确定性引发的议程

针对不确定性的对话以及如何对话是危机中的最大议题，不确定性传播既能透过信息传播和知识生产降低或消除不确定性，也是对不确定性的一种协商与社会建构过程。科林·B. 格兰特（Colin B. Grant）在《不确定性与传播》中，开篇就点明了在风险社会中不确定性的普遍存在，以及传播不确定性的必要性。[2] 世界的流动性决定了不确定性传播的复杂性和高难度，在诸多科学议题的传播中都存在着"科学问题的不确定性、被质疑的科学家、虚假的信息、断章取义的媒体、选择性吸收的受众"等一系列问题。可见，不确定性是伴随危机全过程的主要议题。关于不确定性的界定，鲁鹏在《论不确定性》中认为，相对于确定性而言，不确定性一方面意味着事物的随机、不稳定、不完备，以及事物本身没有确定的真理性；另一方面意味着主体对于事物认知中存在的不确定。普里戈金将科学的不确定性界定为："不确定是位于确定性世界与纯机遇的变幻无常世界这两个异化图景之间某处的一处'中间'描述。新自然法则无论在微观层次还是在宏观层次都处理事件的概率，但不把这些事件约化到可推断、可预言的结

---

[1] 刘海龙.社会变迁与议程设置理论：专访议程设置奠基人之一唐纳德·肖 [J]. 国际新闻界，2004（4）：18-24.

[2] GRANT C B. Uncertainty and communication: new theoretical investigations [M]. London: Palgrave Macmillan, 2007: 1.

局。"[①]科学的不确定性包括科学自身的不确定、科学研究方法的不确定以及对话主体的不确定。知识的不准确性，在于证据或结论的无法得出；方法的不确定性是指方法的不可靠性或无法重复；认识论的不确定性一般是指主体所具备的知识的局限性或者完备性的不足[②]。沃克（W. E. Walker）则认为知识是科学不确定性系统的一个重要变量，科学家的知识不确定性可以分为"风险""无知""非决定性"[③]。

科学传播的不确定性还表现为"传播中的不确定性"，同一信源呈现前后矛盾、多重信源之间呈现观点矛盾、媒体报道信息出现前后"反转"的现象时有发生。无论是环境因素的不确定性，还是科技发展中的不足和争议带来的不确定性，或者传播科学的过程中由于各环节的主客观原因而产生的不确定，都共同促使不确定性的概率大大增加。传统的科学普及主要基于传播确定论的思想，而忽略了概率性思维方式的传播，不愿意进行不确定性信息的传播。

科学传播的目的不只是传播科学的信息和知识，还包括科学方法、科学思维和科学精神，独立思考和质疑精神就是对公众科学精神的最大培养。传播科学的一切，包括确定性知识和不确定性知识，让观众更理解科学，不是无条件地相信科学，而是在客观真实的前提下，接受和理解科学，打破科学万能说的神话，了解科学的发展方式和现实局限，了解不确定性存在的客观性和主观性。与其回避交流的不确定性，科学传播者应该努力理解信息接收者所持有的信念。受众的科学模型是可塑的，一个相对较小的

---

① 普里戈金.确定性的终结：时间、混沌与新自然法则［M］.湛敏，译.上海：上海科技出版社，2009：146.
② FUNTOWICZ S O, RAVETZ J R. Uncertainty and quality in science for policy［M］. Dordrecht：kluwer Academic Publishers，1990.
③ WALKER W E. Defining uncertainty：a conceptual basis for uncertainty management in model-based decision support［J］. Integrated assessment，2003，4（1）：13-14.

操作足以改变一个人对科学的本质和目的的看法。科学传播者可以尝试让公众对当代科学中普遍存在的不确定性有所准备，并将这种不确定性表现为对该学科有更深层次的了解。

既然不确定性在所难免，如何去面对科学的不确定，以及如何进行不确定性的传播就是该主动建构的。科学共同体对于不确定性的不回避，并积极建构不确定性传播沟通的知识共同体，以保证知识在一定条件下的准确性。媒体尽力避免制造人为的不确定性，同时在传播不确定性的科学时，提升不确定性的准确度和透明度，从而免去公众对知识不确定性的恐慌。公众在面对不确定的科学议题时最重要的是科学思维的唤醒，提高对科学的认知，并在面对不确定问题时避免情绪化，建立理性思维，不断学习和强化科学思维。

第六节　话语建构：基于对话主体认知与情感的叙述方式

对话内容的选择首先根据公众的需要，其次要结合场景的特点。科学内容的对话，需坚持科学性和专业性，但形式上应更容易接受。以趣味性、新奇性等为看点，首先引起注意，引发兴趣，继而传播知识的做法，是科学传播的一个转向。因为公众对科学的态度不仅来自知识的掌握和积累，还有包括价值观、自身素养、情感因素、信任等变量的影响，因此要改变态度，不一定要从灌输知识入手，而从受众最容易接受的情感入手是传播的捷径，用感性代替理性，并在感性包裹中传递理性知识和思维是改变大众对科学态度的一种有效方式。

一、科学话语亲和力的构建

如何将高深科学变成大众语言进行传播，需要传播者的科学素养和准确表达。正如高健等研究者所说："科学家在传播科学知识的表述中应尽量避免出现大量有关不确定性、概率等数字信息，而选用公众相对较为熟悉的知识或模型进行类比陈述，这样将会更加准确有效地传递这些数字所包含的意义以及与风险相关内容。"[1] 话语传播艺术的核心，是关系科学传播

---

[1] 高健，陈玲，张会亮.科学家参与科学传播守则：浅析《科学家与媒体交流指南》[J].科普研究，2015，10(5)：51-55.

效果、拉近公众与科学距离的黏合剂，是科学传播在公众中能走得好、走得远的关键。科学传播过程中的情感投入与表达，传递着科学的人文价值。科学需要人文，也需要以更加人性化、艺术化的手法进行传播与普及。新媒体开放、动态的话语交流空间，从话语上入手构建科学传播的亲和力，是一个稳妥的起步方案，也是一个便捷有效的渠道。

以作者曾经参与制作的一档大型科学实验节目《加油！向未来》为例，节目中的很多实验都涉及学科中的名词、公式、专业术语等，对观众而言有理解难度，科学团队要通过与媒体工作者的互动，将节目编导当作观众，以编导的反馈作为参照系，想办法用更加通俗易懂的方式让编导领会，从中寻找向大众进行科学传播的尺度。在整个沟通过程中，想办法让知识联系、贴近生活成为最为有效的模式。

例如在《加油！向未来》第一季的实验中，就有通过地铁的一米黄线使大家了解"伯努利原理"的实验。在解释何为"伯努利原理"时，节目通过身边常见现象给出简单的解释，从站台上的一米黄线引入，引发大家的关注和思考。设置黄线是因为列车在高速通过站台时，车体裹挟的高速流动空气会因为压强差将人吸向列车，造成很大危险。深入浅出的解析和触手可及的例子就将高深的流体力学原理传达给了大众。用口香糖开椰子科普了非牛顿流体这类物质，用交叉叠放的书页来拉大货车证实了摩擦力的强大等。三季《加油！向未来》的100多个实验，都采取这样的方式，找到最常见的现象作为切入点，用生动的实验展示，并用最简单有趣的语言进行解析，尽量摒弃术语、公式等专业性强的语言，进一步探索了新媒体时代科学传播的机制，打造受众与科学家的对话通道。《加油！向未来》节目中，每个实验包括主持人开场引导、实验的简单导入、提出问题、选手分析作答、实验选项的验证和现象的展示，以及最终科学家解释实验科学原理等环节，总时长不超过20分钟。从最大化吸引观众的角度，节目以实验现象展示为最主要环节，利用媒体工作者的专业技能将每个实验现象完美表达，让观众看到平时看不到的现象，最大限度地激发大众对科学现象的好奇心。

科学传播的亲和力，可拉近人与高深的科学技术之间的距离，转化成受众与科学之间的向心力和凝聚力。科学传播的亲和力首先体现在去权威化上，平视和平实的语言会让人更亲近，如若为了凸显特殊的话语主体地位，而采用高姿态的话语构型，言语者的科学本体论并不能让人信服。在科学传播中实现话语亲和力，要允许受众讨论、质疑和参与，才能形成有效的人际互动。摒弃控制化、绝对权威化的语言表述是文本叙述的要点。其次，要依据语境的不同而变化。要求科学传播与受众的身体环境、心理环境、社会环境、文化环境等不能分开。根据特定的语境，建构基于亲密平等的话语，编码后的话语能有机地、分节奏地传播给受众。通过与之相匹配的交流手段，对科技术语的句式、语体表达、修辞等进行重新拆解与组合。[1]

二、科学话语的情感唤起

科学长期以来一直与理性紧密相连，是理性认识和规律总结的结果，而科学传播也沿用理性的方法，因而一度并没有很好的传播效果。科学的传播并不排斥情感元素的应用。从传播内容来看，情感的传播比知识的传播更易接受，以知识内容为主的传播要求受众具备一定的知识积累，因此存在着壁垒，但作为人类共同情感的"共识"则不需要对受众提出知识要求。丹纳在《艺术哲学》一书中这样写道："人在艺术上表现基本原因与基本规律的时候，不用大众无法了解而只有专家懂得的枯燥的定义，而是用易于感受的方式，不但诉之于理智，而且诉之于最普通的人的感官与感情。"情感的驱动作用瞬时产生，受众在接触传播内容时第一时间代入的是

---

[1] 赵莉. 新媒体科学传播亲和力的话语建构研究 [D]. 合肥：中国科学技术大学，2014.

情感，能让人在接触媒介的瞬间做出选择。情感是否被代入决定传播过程的长度，在碎片化传播时代，对于内容的考验越来越严苛，十秒之内能抓住受众眼球才能争得传播机会。而情感因素如何发挥作用，是画面语言、音乐、氛围、播放方式、场景等共同营造的情感场域带来的。

科学传播不仅要尊重科学规律，还要尊重传播，它必须以友好的方式走近公众，公众才能真正理解科学。"内容叙述的逻辑重心必须以人为中心，用接地气的方式表达……必须以人为中心，去叙述一个产品、一个政策、一个形象、一个事件，没有这一点就没有吸引力。在互联网时代，价值再高，也要学会用接地气的方式表达，表达当中一定要有人的温度、人的情感。"[1] 如何让科学传播真正具有对话性、参与性和情感性？科学传播者应如何积极介入受众科学知识的构建过程？ 1995年，《自然》的编辑提出："过去10年来的经验表明，公众理解的实际目的是给年轻人带来一种对科学的热情。"[2] "对科学的兴趣完全是科学传播的合理结果。创新性和恰当的科学传播活动可以启动参与者的个人兴趣，或者鼓动他们的情境兴趣（situational interest），反过来，这些兴趣可以增强他们对活动的回忆和理解。"[3]

《公共危机事件中政府回应话语模式对政府信任的影响研究》揭示了相比管理导向的话语模式，沟通导向的话语模式更能提高公众的政府信任；《新冠中的非典往事：历史类比、记忆加冕与瘟疫想象》以情感和记忆引起对话，调用"非典"（SARS）叙事，以过去类比现在介入当下，激活"非典"共同记忆，以唤醒公众记忆，促使与公众对话的建立。[4] 越来越多的科

---

[1] 喻国明.社交网络时代话语表达的特点与逻辑[J].新闻与写作，2017（7）：41-43.
[2] What is public understanding for? [J]. Nature, 1995 (374): 291-292.
[3] AINLEY M, HIDI S. Interest and learning: what happens when student interest is aroused [J]. Directions in theory and practice, Canberra ACT, 2000.
[4] 李红涛，韩婕.新冠中的非典往事：历史类比、记忆加冕与瘟疫想象[J].新闻记者，2020（10）：15-31.

学传播主体改变了话语体系，将理性知识感性包装，使其更具亲和力，科普微博、公众号、自媒体等的成功充分印证了这一点。果壳网的创始人姬十三表示，"科学传播是团队的初心"。为了唤起公众对科学的兴趣，他们在科学的通俗化和趣味化上下了很多功夫。通过丰富有趣的议题设置，果壳网吸引了一大批对科学感兴趣、有好奇心的青年，逐渐形成了科学共同体，并发展出了一种"玩科学"的独特风格。

结　语

本书以对话理论为框架，试图找到科学传播中一条更"科学"的路径。以对话机制作为科学传播模式转型的突破口，从理论与实践的角度，深入分析了危机不同发展阶段中科学对话机制的特点、作用，以及对话机制在危机中的应用，揭示了对话机制的发展规律，以及对话机制对危机治理的效果，使得对话机制促进科学的有效传播成为一种可能。在多媒体传播的社会，科学传播在网络技术的覆盖下，也发生着巨大变化，越来越多元的参与者构建了对话的基础。他们因为不同的需求，共同参与科学传播，构成了一个互动的网络。随着参与者的多元，传播的方式也随之转变，线性模式的传播逐渐向对话模式转向，对话路径增多，但要建立有效的对话，显然还需要各方面的努力。

第一，"人"的问题。对话将人拉回了场域，重新重视人的作用，以及人与人互动交往的能量。对话中的人是对话得以开展并取得效果的保障，而对话的效果，所倚重的最重要因素还是人。因此必须重视对话中的人，尤其是科学对话中的人。科学对人们来说，有着天然的分割，要建立起对话关系是一个难题。如何让人们产生兴趣，加入科学的对话中，仍然是值得研究的问题。第二，对话要在交往理性的基础上，才有可能达成"真善美"的结果。平等的对话，需要平等的地位。科学家与公众之间的认知差距，是决定二者是否能够进行对话的前提和基础。在社会地位上，科学家与公众是平等的,但就知识储备而言,二者无法真正平等,因此要保证二者的对话,光有政治上的平等性是不够的,还需要减少二者的差距,缩小沟通的鸿沟。若公众不具备一定的科学素养,则无法走进科学,而科学家如果不愿意用公众可以理解的语言解释自己的工作,也会拉大二者的距离。被对立起来的两个群体,则无法实现对话,对彼此具备基本的认知是对话的基础。第三,不能忽略对话者的感情,对话作为一种人的活动,必然夹杂着复杂的感情,感情因素外化为态度和观点,对对话的结果起着重要作用。因此,无论是设计对话内容、在对话中的叙述,还是组织对话的途径和方式,都必须将情感因素考虑在内。尤其要重视信任在公众与科学之间的作用,要取得信任,并非传播什么和怎么传播的问题,这提醒我们要对情感因素加以重视。第四,对话的协同制度是外在形式。保障对话的顺利开展与社会环境的关系不容忽视。在不同的社会环境中,政治、经济、历史、文化等因素为对话的顺利开展提供了重要的条件,而社会其他机制是否能够支持科学对话的开展,需要协调商量、互动合作,也需要一定的机制来保障。第五,对话机制的创新,适应不同主体的对话,根据主体的个体差异进行对话,必须按照不同人的特点进行差异化的对话。适应不同空间的对话,依据场景、渠道、时间、地域等特点,人的变化是对话开展的依据,因此分析人的动态变化,据此进行对话策略的安排是有效的方式。通过不同形式的对话,达成信息交流、意见互换、价值共享的目的,尤其是在对话互动中改善对话主体的关系,彼此连接,相互理解,相互信任,为塑造良性循环关系打造基础,最终共同解除危机。

科学总是在对社会"讲话",这体现在它源源不断地提供物质世界情境化的新方式,也在一定程度上定义了社会世界的新方式。科学与社会的相互作用体现在技术进步带来的社会进步,以及社会发展为科学发展提供的条件,科学技术产生创新的能力始终取决于科学与社会之间创造性和互动性的连接。在现今科学的发展中存在更多的行动者,社会、经济、政治等更多力量作用于科学。科学的纯粹性在社会情境中被重塑了，情境化正在侵入科学的私有领域，渗透到它的认识论基础和它的日常实践中，因为情境化影响"客观性"产生的环境，也影响如何评估其可靠性的条件。

大众传播兴起以来，科学传播的输出场景从课堂、科技馆、广场和社区到广播、电视、网络。例如，"公众科学日"系列活动在全国百余个研究所举办，一大批中科院国家重点实验室、植物园、天文台站、博物馆、野外台站、大科学装置等向社会公众开放。作为中科院的品牌科普活动，公众科学日已成为公众了解科技进展、探索科学奥秘的重要平台，吸引了众多不同年龄段的科技迷参与。乡村小学的科普教育方式也在不断丰富。政府、协会、机构、高等院所等发起的线上+线下科普活动，召集青年科学工作者、科学家等深入乡村小学，利用"互联网+"，借助直播的兴起，将科普课堂带进乡村，通过直播，普惠数十万儿童。

除此之外，对于"科学"的科学传播的探讨还有很多方面值得关注和进一步研究。在如何实现"科学"的科学传播上，要注重对科学传播效果的调查，尤其是个人对于科学传播的接收效果，这决定着科学传播的策略和方向。一直以来，传播从数量上来看，已经达到了一定水平。但质量如何，无从考证，公众的科学素养的提高是否与科学传播有关，与何种方式相关，又在多大程度上取决于传播的内容、方式和角度，这些问题都是值得进一步关注的。从传播方式的角度来看，是否可以尝试娱乐和科学传播的结合。虽然二者看似对立，但在实践中，娱乐化的方式能够吸引人们的关注，用娱乐化的方式传播科学势必更容易引起人们的兴趣，但要注意平衡二者，在保证不损害科学性的前提下，使科学传播更贴近公众。

我们还应该看到科学与社会越来越密不可分的关系，其中科学政治化对科学传播的影响。在具有影响力的科学公共议题中，能够看到面对同一议题，不同国家采取的不同的态度和方法，政治在科学中发挥多大的作用，如何保证科学的客观性，如何平衡二者的关系仍值得研究。另外，在公众参与科学的要求下，如何根据现实条件和公众的特点探索更合理的参与方式，让公众参与真正走近现实，真正取得效果；让公众在不断的参与中理解科学、信任科学，使用科学来指导生活和行动。这些思考和问题也是本书未能完全解决的问题，希望在今后的研究中能不断补足，唯愿本书能给从事科学传播相关研究的研究者带来一点思考和启发。

参考文献

一、中文文献

（一）专著

[1] 贝克.风险社会［M］.何博闻,译.南京：译林出版社,2003.

[2] 吉登斯.现代性的后果［M］.田禾,译.南京：译林出版社,2000.

[3] 吉登斯.现代性与自我认同［M］.赵旭东,方文,译.北京：生活·读书·新知三联书店,1998.

[4] 吉登斯.全球时代的欧洲［M］.潘华凌,译.上海：上海译文出版社,2015.

[5] 罗西瑙.没有政府的治理［M］.张胜军,刘小林,等译.南昌：江西人民出版社,2001.

[6] 希斯.危机管理［M］.王成,宋炳辉,金瑛,译.北京：中信出版社,2001.

[7] 卡斯特.传播力［M］.汤景泰,星辰,译.北京：社会科学文献出版社,2018.

[8] 麦克卢汉.理解媒介：论人的延伸［M］.何道宽,译.南京：译林出版社,2011.

[9] 麦奎尔.麦奎尔大众传播理论［M］.崔保国,李琨,译.北京：清

华大学出版社，2006.

[10] 贝尔纳.科学的社会功能［M］.陈体芳，译.桂林：广西师范大学出版社，2003.

[11] 英国上议院科学技术特别委员会.科学与社会：英国上议院科学技术特别委员会1999—2000年度第三报告［M］.张卜天，张东林，译.北京：北京理工大学出版社，2004.

[12] 巴赫金.巴赫金全集（全6卷）［M］.钱中文，主编.石家庄：河北教育出版社，1998.

[13] 巴赫金.陀思妥耶夫斯基诗学问题［M］.白春仁，顾亚铃，译.北京：生活·读书·新知三联书店，1988.

[14] 邓正来，亚历山大.国家与市民社会：一种社会理论的研究路径［M］.北京：中央编译出版社，2002.

[15] 哈贝马斯.交往行为理论：行为合理性与社会合理化［M］.曹卫东，译.上海：上海人民出版社，2004.

[16] 哈贝马斯.在事实与规范之间：关于法律和民主法治国的商谈理论［M］.童世骏，译.北京：生活·读书·新知三联书店，2003.

[17] 哈贝马斯.公共领域的结构转型［M］.曹卫东，王晓珏，刘北城，等译.上海：学林出版社，1999.

[18] 布伯.我与你［M］.陈维纲，译.北京：生活·读书·新知三联书店，1986.

[19] 伯姆.论对话［M］.王松涛，译.北京：教育科学出版社，2004.

[20] 迪尔克斯.在理解与信赖之间：公众，科学与技术［M］.田松，卢春明，陈欢，等译.北京：北京理工大学出版社，2006.

[21] 巴伯.信任：信任的逻辑与局限［M］.牟斌，李红，范瑞平，译.福州：福建人民出版社，1989.

[22] 卢曼.信任：一个社会复杂性的简化机制［M］.瞿铁鹏，李强，

译.上海：上海人民出版社，2005.

[23] 李普曼.舆论学[M].林珊，译.北京：华夏出版社，1989.

[24] 诺尔-诺依曼.沉默的螺旋：舆论——我们的社会皮肤[M].董璐，译.北京：北京大学出版社，2013.

[25] 桑斯坦.极端的人群：群体行为的心理学[M].尹宏毅，郭彬彬，译.北京：新华出版社，2010.

[26] 斯丹迪奇.社交媒体简史：从莎草纸到互联网[M].林华，译.北京：中信出版社，2015.

[27] 瓦茨.六度分隔：一个相互连接的时代的科学[M].陈禹，等译.北京：中国人民大学出版社，2011.

[28] 谈火生.审议民主[M].南京：江苏人民出版社，2007.

[29] 诺沃特尼，斯科特，吉本斯.反思科学：不确定性时代的知识与公众[M].冷民，徐秋慧，何志希，等译.上海：上海交通大学出版社，2011.

[30] 勒庞.乌合之众：大众心理研究[M].王浩宇，译.北京：北京联合出版公司，2016.

[31] 戴维斯，霍斯特.科学传播：文化、身份认同与公民权利[M].朱巧燕，译.北京：科学出版社，2019.

[32] 美国国家科学院、工程院和医学院.有效的科学传播：研究议程[M].王大鹏，译.北京：科学出版社，2019.

[33] 野中郁次郎，竹内弘高.创造知识的企业：日美企业持续创新的活力[M].李萌，高飞，译.北京：知识产权出版社，2006.

[34] 福柯.福柯说权力与话语[M].陈怡含，编译.武汉：华中科技大学出版社，2017.

[35] 林登.无缝隙政府：公共部门再造指南（中文修订版）[M].汪大海，吴群芳，等译.北京：中国人民大学出版社，2013.

［36］迪尔克斯，格罗特.在理解与信赖之间：公众，科学与技术［M］.田松，卢春明，陈欢，等译.北京：北京理工大学出版社，2006.

［37］皮克林.作为实践和文化的科学［M］.柯文，伊梅，译.北京：中国人民大学出版社，2006.

［38］巴斯，盖奇.认知、大脑和意识：认知神经科学引论［M］.王兆新，库逸轩，李春霞，等译.上海：上海人民出版社，2015.

［39］邵培仁.传播学［M］.北京：高等教育出版社，2000.

［40］邵培仁，等.媒介舆论学：通向和谐社会的舆论传播研究［M］.北京：中国传媒大学出版社，2009.

［41］钟新.危机传播：信息流及噪音分析［M］.北京：中国传媒大学出版社，2007.

［42］奥格尔斯，等.大众传播学：影响研究范式［M］.关世杰，等译.北京：中国社会科学出版社，2000.

［43］郑根成.媒介载道：传媒伦理研究［M］.北京：中央编译出版社，2009.

［44］金兼斌.科学传播：争议性科技的社会认知及其改变［M］.北京：清华大学出版社，2018.

［45］李大光.科学传播简史［M］.北京：中国科学技术出版社，2016.

［46］彭漪涟，马钦荣.逻辑学大辞典［M］.上海：上海辞书出版社，2004.

［47］吴国盛.反思科学讲演录［M］.长沙：湖南科学技术出版社，2013.

［48］胡泳.众声喧哗：网络时代的个人表达与公共讨论［M］.桂林：广西师范大学出版社，2008.

［49］万鹏飞.美国、加拿大和英国突发事件应急管理法选编［M］.北

京：北京大学出版社，2006.

[50] 童兵.理论新闻传播学导论［M］.北京：中国人民大学出版社，2000.

[51] 陈力丹.舆论学：舆论导向研究［M］.北京：中国广播电视出版社，1999.

[52] 吴宜蓁.危机传播：公共关系与语艺观点的理论与实证［M］.苏州：苏州大学出版社，2005.

[53] 许文惠，张成福.危机状态下的政府管理［M］.北京：中国人民大学出版社，1998.

[54] 郑也夫.信任论［M］.北京：中信出版社，2015.

（二）论文

[1] 伯恩斯，奥康纳，斯托克麦耶.科学传播的一种当代定义［J］.李曦，译.科普研究，2007（6）：19-33.

[2] 刘华杰.科学传播的三种模型与三个阶段［J］.科普研究，2009，4（2）：10-18.

[3] 薛晓源，刘国良.全球风险世界：现在与未来——德国著名社会学家、风险社会理论创始人乌尔里希·贝克教授访谈录［J］.马克思主义与现实，2005（1）：44-45.

[4] 刘华杰.论科普的立场与科学传播的信条［J］.自然辩证法研究，2004（8）：76-80.

[5] 胡百精.危机传播管理对话范式（上）：模型建构［J］.当代传播，2018（1）：26-31.

[6] 胡百精.危机传播管理对话范式（中）：事实建构［J］.当代传播，2018（2）：19-23.

[7] 胡百精.危机传播管理对话范式（下）：价值建构［J］.当代传播，

2018（3）：23-27.

［8］陈虹，秦静.多元语境中的话语场：危机传播研究新视野［J］.编辑之友，2019（2）：80-85.

［9］孙少晶.论巴赫金对话理论中的传播学思想［J］.国际新闻界，1999（4）：70-72.

［10］邱戈.从对话伦理想象传播的德性：哈贝马斯、阿佩尔和巴赫金对话思想的比较与思考［J］.浙江大学学报（人文社会科学版），2011，41（1）：63-71.

［11］展江.哈贝马斯的"公共领域"理论与传媒［J］.中国青年政治学院学报，2002（2）：123-128.

［12］孟述芬.哈贝马斯的"公共领域"与中国当代社会情境下的解读［J］.新闻研究导刊，2015，6（13）：245.

［13］谢立中.哈贝马斯的"沟通有效性理论"：前提或限制［J］.北京大学学报（哲学社会科学版），2014，51（5）：142-148.

［14］冯炜.哈贝马斯交往行为理论对传播学的影响［J］.山东大学学报（哲学社会科学版），2002（6）：40-43.

［15］梁德学.科学传播中"公共领域"的建构与维持［J］.新闻界，2012（11）：16-19.

［16］黄时进.论哈贝马斯"公共领域"理论对科学传播实践的启示［J］.自然辩证法研究，2009，25（8）：76-80.

［17］田智辉，周晓宇，翟明浩.建立对话机制的可能性：社会化媒体在中国［J］.现代传播（中国传媒大学学报），2014，36（3）：125-129.

［18］刘兵，侯强.国内科学传播研究：理论与问题［J］.自然辩证法研究，2004（5）：80-85.

［19］刘兵，李正伟.布赖恩·温的公众理解科学理论研究：内省模型

[J].科学学研究,2003,21(6):581-585.

[20] 翟杰全.科技公共传播:知识普及、科学理解、公众参与[J].北京理工大学学报(社会科学版),2008,10(6):29-32,40.

[21] 胡百精,杨奕.公共传播研究的基本问题与传播学范式创新[J].国际新闻界,2016,38(3):61-80.

[22] 胡百精.公共协商与偏好转换:作为国家和社会治理实验的公共传播[J].新闻与传播研究,2020,27(4):21-38,126.

[23] 胡百精.风险社会、对话主义与重建现代性:"非典"以来中国公共关系发展的语境与路径[J].国际新闻界,2013,35(5):6-15.

[24] 金文恺.全民传播视域下科学传播的社会共治责任伦理[J].新闻爱好者,2020(7):50-55.

[25] 贾鹤鹏.谁是公众,如何参与,何为共识?——反思公众参与科学模型及其面临的挑战[J].自然辩证法研究,2014,30(11):54-59.

[26] 喻国明.社交网络时代话语表达的特点与逻辑[J].新闻与写作,2017(7):41-43.

[27] 吴颢.复杂性视角下的危机传播:从危机管理到危机学习[J].理论月刊,2011(1):59-62.

[28] 刘琳.危机管理研究路径中的"科学主义"反思:一种哈耶克的视角[J].中国行政管理,2019(2):102-108.

[29] 杨霜.危机事件中的科学传播与民意:基于"互媒体性"视点的考察与分析[J].新闻大学,2013(6):83-90.

[30] 马健.危机事件中的科学传播:基于"SARS"与"禽流感"疫情的研究[J].科学学研究,2008(3):487-492.

[31] 孙华程.基于信息沟通模型分析的公共危机管理组织模式研究

[J].情报理论与实践,2009,32(4):33-36.

[32] 高健,陈玲,张会亮.科学家参与科学传播守则:浅析《科学家与媒体交流指南》[J].科普研究,2015,10(5):51-55.

[33] 彭兰.导致信息茧房的多重因素及"破茧"路径[J].新闻界,2020(1):30-38,73.

[34] 彭兰.我们需要建构什么样的公共信息传播?——对新冠疫情期间新媒体传播的反思[J].新闻界,2020(5):36-43.

[35] 刘少杰.网络化时代的社会结构变迁[J].学术月刊,2012,44(10):14-23.

[36] 张朝军,肖英,赵霞,等.科学传播共同体:推动科技创新的轴心[J].科技传播,2019,11(3):8-10,18.

[37] 刘海龙.社会变迁与议程设置理论:专访议程设置奠基人之一唐纳德·肖[J].国际新闻界,2004(4):18-24.

[38] 翟杰全.科学(研究)、公众理解与科学传播:基于新冠肺炎疫情的反思[J].科普研究,2020,15(2):13-18,26,103.

[39] 向倩仪,楚亚杰,金兼斌.公众信任格局中的科学家:一项实证研究[J].现代传播(中国传媒大学学报),2015,37(6):46-50.

[40] 杜骏飞.网络群体事件的类型辨析[J].国际新闻界,2009(7):76-80.

[41] 董泽宇.德国应急救援体系及其启示[J].中国应急管理,2011(11):51-55.

[42] 朱秋云.出奇制胜:从《科学朝日》谈日本综合性科普杂志的特色[J].中国科技期刊研究,1995,6(4):43-44.

[43] 王艳丽,王黎明,胡俊平,等.新冠肺炎疫情防控中的应急科普观察与思考[J].中国记者,2020(5):62-66.

［44］楚亚杰，陆晔，沈菲.新冠疫情下中国公众的知与行：基于"全国公众科学认知与态度"调查的实证研究［J］.新闻记者，2020（5）：3-13，96.

［45］刘霞，向良云，严晓.公共危机治理网络：框架与战略［J］.软科学，2009，23（4）：1-6，12.

［46］李丹阳.中央广播电视总台在新冠肺炎疫情中的科学传播矩阵构建［J］.电视研究，2020（5）：11-14.

［47］王学锋.针对科学流言的意义协调：从强力纠错到长期对话［J］.新闻记者，2016（10）：26-33.

［48］楚亚杰.人们为何相信不实信息：科学传播视角下的认知偏差与信息鉴别力研究［J］.新闻大学，2020（11）：66-82，127.

［49］徐建华，薛澜.风险沟通与科学传播［J］.科普研究，2020，15（2）：5-12，103.

［50］李杨，金兼斌.网络舆论极化与科研人员对科学传播活动的参与［J］.现代传播（中国传媒大学学报），2019，41（3）：32-37，42.

［51］李润虎.典型国家新冠肺炎疫情科普的案例研究及启示［J］.科普研究，2020，15（2）：84-90，107-108.

［52］石国进.公共突发事件应对中的科学传播机制研究［J］.科技进步与对策，2009，26（14）：23-25.

［53］贾鹤鹏.国际科学传播最新理论发展及其启示［J］.科普研究，2020，15（4）：5-15，105.

［54］刘娟.科学传播主体与公众对话：中国科学家数字媒介素养调查［J］.科普研究，2020，15（5）：49-56，109.

［55］刘彦君，吴玉辉，赵芳等.面向突发公共事件舆论引导的应急科普机制构建的路径选择：基于多元主体共同参与视角的分析［J］.情报杂志，2017，36（3）：74-78，85.

［56］成全.网络环境下科学知识交流与共享模式研究［J］.科学学研究，2010，28（11）：1691-1699.

［57］贺才钊.新冠肺炎疫情中的科学传播与国家治理现代化［J］.青年记者，2020（27）：46-47.

［58］沈正赋.突发公共事件的危机管理、舆情应对和共情传播：基于新冠肺炎疫情的检视与思考［J］.对外传播，2020（2）：42-45，1.

［59］马妍妍.媒介怀疑论信息时代媒介与受众关系研究［D］.杭州：浙江大学，2013.

［60］周榕.我国公共危机传播中的媒介角色研究［D］.武汉：武汉大学，2013.

［61］蒋瑛.风险治理视域的突发事件舆情导控研究［D］.上海：华东师范大学，2018.

［62］全燕.基于风险社会放大框架的大众媒介研究［D］.武汉：华中科技大学，2013.

［63］赵路平.公共危机传播中的政府、媒体、公众关系研究［D］.上海：复旦大学，2007.

［64］魏少华.对话理论视域下的中国社交媒体"话题"功能研究［D］.上海：华东师范大学，2017.

［65］聂挺.风险管理视域：中国公共危机治理机制研究［D］.武汉：武汉大学，2014.

［66］杨娟.中英美澳科学传播政策内容及其实施的国际比较研究［D］.重庆：西南大学，2014.

［67］赵莉.新媒体科学传播亲和力的话语建构研究［D］.合肥：中国科学技术大学，2014.

［68］侯蓉英.穿越边界：科学社交视域下的科学传播研究［D］.上海：

上海交通大学，2016.

［69］王秀娜.多元社会的共识理论研究［D］.长春：吉林大学，2013.

［70］孙文彬.科学传播的新模式：不确定性时代的科学反思和公众参与［D］.合肥：中国科学技术大学，2013.

（三）报告和电子文献

［1］林兆彬.建立突发公共事件中应急科普体系的思考［C］//中国科普研究所.中国科普理论与实践探索：公民科学素质建设论坛暨第十八届全国科普理论研讨会论文集.北京：科学普及出版社，2011：82-87.

［2］亢宽盈.社会语境下的科学传播：以科学传播的社会文化因素为例的分析［C］//中国科普研究所，中国科普作家协会.中国科普理论与实践探索：第二十二届全国科普理论研讨会暨面向2020的科学传播国际论坛论文集.北京：科学普及出版社，2015：153-160.

［3］徐延豪：新时代全民共享科普全面价值［EB/OL］.（2019-01-17）［2023-10-09］.https://baijiahao.baidu.com/s?id=1622885460912194858&wfr=spider&for=pc.

二、英文文献

［1］The Commission on Global Governance. Our global neighborhood: the report of the commission on global governance［M］. New York: Oxford University Press，1995.

［2］FRANDSEN F，JOHANSEN W. Crisis communication: complexity and the cartoon affair: a case study［J］. The handbook of crisis communication，2010：121-124.

［3］GRIFFIOEN S. What right does ethics have? — public philosophy in a pluralistic culture［M］. Amsterdam: VU University Press, 1990.

［4］GRUNIG J E. Excellence in public relations and communication management［M］. Hillsdale New Jersey: Lawrence Erlbaum Associates, 1992.

［5］HARAWAY D J. Primate visions: gender, race and nature in the world of modern science［M］. New York: Routledge, 1990.

［6］FUNTOWICZ S, RAVETZ J. Three types of risk assessment and the emergence of post-normal science［J］. Social theories of risk, 1992.

［7］HILGARTNER S. The dominant view of popularization: conceptual problems, political uses［J］. Social studies of science, 1990, 20（3）: 519-539.

［8］MILLER J D. The measurement of civic scientific literacy［J］. Public understanding of science, 1998（7）: 203-223.

［9］IRWIN A. Construction the scientific citizen: science and democracy in the biosciences［J］. Public understanding of science, 2001, 10（1）: 1-18.

［10］VINCENT B B. The politics of buzzwords at the interface of technoscience, market and society: the case of public engagement in science［J］. Public understanding of science, 2014, 23（3）: 238-253.

［11］COOMBS W T. Ongoing crisis communication: planning, managing and responding［M］. New York: Sage Publications, 2007: 12-16.

［12］STOKER G. Governance as theory: five propositions［J］. International social science journal, 1998, 50（155）: 17-28.

[13] PALEN J. Review: science in the public eye [J]. Bioscience, 1999, 49(1): 75-77.

[14] DURANT J. Participatory technology assessment and the democratic model of the public understanding of science [J]. Science and public policy, 1999, 26(5): 313-319.

[15] CROOKS C V, CORTENS D E, BURM S, etc. Two years of relationship-focused mentoring for first nations, Métis and Inuit adolescents [J]. The journal of primary prevention, 2017(38): 87-104.

[16] POWELL M C, COLIN M. Meaningful citizen engagement in science andtechnology: what would it really take? [J]. Science communicantion, 2008(30): 120-136.

[17] MOLOTCH H, LESTER M. News as purposive behavior: on the strategic use of routine events, accidents, and scandals [J]. American sociological review, 1974, 39(1): 101-112.

[18] FISCHHOFF B, DAVIS A L. Communicating scientific uncertainty [J]. Proceedings of the national academy of sciences, 2014, 111(4): 13664-13671.

[19] FISCHHOFF B, SCHEUFELE D A. The science of science communication [J]. Proceedings of the national academy of sciences, 2013, 110: 13696, 14031-14110, 14031-14032, 14083-14089.

[20] COVELLO V T. The perception of technological risks: a literature review [J]. Technological forecasting and social change, 1983(23): 285-297.

[21] BIER V M. On the state of the art: risk communication to the public

[J]. Reliability engineering and system safety, 2001 (71): 139-150.

[22] MICHAEL M. Between citizen and consumer: multiplying the meanings of the "public understanding of science" [J]. Public understanding of science, 1998, 7 (4): 313-327.

[23] HARGITTAI E, FÜCHSLIN T, SCHÄFER M S. How do young adults engage with science and research on social media? — some preliminary findings and an agenda for future research [J]. Social Media+Society, 2018 (4): 67-70.

[24] SLOVIC P. Informing and educating the public about risk [J]. Risk analysis, 1986, 6 (4): 403-415.

[25] STOCKLMAYER S, GILBERT J K. New experiences and old knowledge: towards a model for the personal awareness of science and technology [J]. International journal of science education, 2002 (24): 45-58.

[26] BARNES B. The credibility of scientific expertise in a culture of suspicion [J]. Interdisciplinary science reviews, 2005, 30 (1): 11-18.

[27] CARDEW G. People will not trust unkind science [J]. Nature, 2020 (2): 12-15.

[28] HART P S, NISBET E C. Boomerang effects in science communication: How motivated reasoning and identity cue samplify opinion polarization about climate-mitigation policies [J]. Communication research, 2012, 39 (6): 701-723.

[29] JIA ETAL, JIA H, WANG D, MIAO W. Encountered but not engaged: examining the use of social media for science

communication by Chinese scientists［J］. Science communication, 2017, 39（5）: 646-672.

［30］DIJK T A V. Discourse and knowledge: a sociocognitive approach［M］. Cambridge: Cambridge University Press, 2014: 106.

附 录

半结构访谈提纲

访谈主题：科学传播者在公共危机中的科学传播情况

第一部分：个人基本情况

年龄、性别、所学专业、教育水平、目前职业

第二部分：公共危机中科学传播的意愿、经验和建议

1. 您在公共危机中是否进行了科学传播？
2. 在危机事件中您的传播意愿如何？
3. 为什么不愿意进行科学传播，有什么困难和问题？
4. 为什么愿意进行科学传播？
5. 您传播科学的目的和目标是什么？
6. 公共危机中您针对什么内容进行科学传播？
7. 公共危机中您使用什么方式进行科学传播？
8. 公共危机中您认为您的科学传播效果如何？
9. 您所做的科学传播对自身有什么影响？
10. 您觉得传播的效果与预期是否一致？
11. 您认为您在公共危机科学传播中扮演了什么角色？
12. 您认为您的科学传播是否满足了大众的需求？
13. 您认为您在公共危机中的科学传播能力如何？

14.您认为有什么问题需要改进?

15.关于科学传播您有什么建议和诉求?

被访人员情况:他们都是活跃在一线的科学传播人士;共22人,15男7女,年龄分布在27—58岁;学历为硕士以上,职业分布为科普人士、科学家、科学媒体工作者、科学传播研究学者等;被访者的工作区域大多为北京、上海、广州三座一线城市,个别被访者来自杭州、天津等城市。外地被访人员不足,一是与科普环境不佳有关,二是与访谈不便有关。被访者中超过半数以上来自高校或研究院所,主要工作是教职,课余时间做科学传播。被访者的学科专业分布广泛均匀,源于基础科学研究而不是应用技术和工程领域,主要在物理学、高能物理、生物医学、天文等领域,总体上这些学科也是我国科学传播的热点领域。科学传播相关的工作者分布也较为平均,有传统平面媒体的编辑、新闻报道记者、科学类节目制作人、科普活动策划以及自媒体科普作者,从大众媒体、网络媒体到新媒体全部覆盖。除此之外,还特别关注了科学传播相关研究者的视角和科学传播管理者的视角,力求从不同角度反映科学传播的传播问题。

被访人员基本情况

编号	年龄	性别	地区	教育情况	职业	专业
c	55岁	男	北京	博士	教授 科学家	物理学
s	40岁	男	广州	硕士	科普作者	生物学
w1	38岁	男	北京	博士	教师 科普人士	理论物理
l	36岁	男	北京	硕士	教师 科普人士	数学
z1	42岁	女	上海	博士	科普人士	动物学
w2	45岁	男	北京	博士	教授 科普人士	计算机学
z2	35岁	女	北京	博士	教师 科普人士	电子学
c2	39岁	男	北京	博士	教师 科普人士	光学

续表

编号	年龄	性别	地区	教育情况	职业	专业
f	36岁	女	北京	硕士	科学记者	编辑出版学
n	28岁	女	北京	硕士	科技编辑	传播学
l2	45岁	男	广州	博士	教授 科普人士	生命科学
j	33岁	女	天津	硕士	电视节目导演 科普人士	传播学
s2	52岁	男	北京	博士	教授 科普人士	高能物理
b	27岁	男	北京	博士	自媒体科普人士	化学
lzl	30岁	男	北京	博士	副研究员 科普人士	物理学
cl	38岁	男	杭州	硕士	自媒体科普人士	建筑工程
zcl	37岁	男	北京	硕士	媒体策划 科普人士	动物学
lj	43岁	女	北京	博士	科学家 科普人士	古生物学
zyc	41岁	男	北京	博士	科学家 科普人士	天文学
y	45岁	女	杭州	博士	科普作者	微生物学
wdp	42岁	男	北京	博士	科学传播研究学者	科技哲学
zb	39岁	男	北京	博士	科学协会官员	管理学

科学传播与公众接受度的调查问卷

尊敬的先生/女士：

您好！

非常感谢您对本调查的参与与支持。这是一份关于科学传播与公众接受程度的学术调查问卷，主要调查公众的科学知识获取对于危机的认知、态度与行为的作用情况。答案无对错之分，请选择与您实际情况最接近的选项，本研究之结果仅供学术研究使用，绝不做任何其他用途。谢谢您的合作和付出的宝贵时间。

I. 基本信息

1. 您的年龄：

   A. <25岁　　　　　B. 25—35岁

   C. 35—45岁　　　 D. 45—55岁

   E. >55岁

2. 您的性别：

   A. 男　　　　　　B. 女

3. 您的受教育程度：

   A. 小学或以下　　B. 初中

   C. 高中　　　　　D. 大学或大专

   E. 研究生或以上

II. 知识获取途径

1. 您平时多久看一次新闻？

   A. 只要手机提醒的时候　B. 每天

   C. 每周　　　　　　　　D. 每月

   E. 基本不看

2. 您一般通过什么渠道获取新闻？

A. 手机新闻App　　　　B. 电视新闻

C. 报纸　　　　　　　　D. 收音机新闻

E. 其他

3. 突发重大公共危机，您一般会更多关注以下哪类媒体的报道？

A. 主流媒体（中央广播电视总台、《人民日报》、新华社等）

B. 网络新闻门户（腾讯新闻、新浪新闻、凤凰新闻等）

C. 社交媒体（微信、微博、知乎等）

D. 行业媒体

E. 其他

Ⅲ. 新闻认知调查

1. 您更关注公共危机中哪方面的信息和知识？

A. 政策方面　　　　　B. 科普信息和知识

C. 社会信息　　　　　D. 其他信息

2. 您觉得公共危机中的新闻媒体消息准确程度是？

A. 非常不准确　　　　B. 不准确

C. 一般　　　　　　　D. 准确

E. 非常准确

3. 您认为公共危机中新闻媒体的消息符合您对科学常理的认知吗？

A. 非常不符合　　　　B. 不符合

C. 一般　　　　　　　D. 符合

E. 非常符合

4. 您对公共危机中相关知识的了解和掌握程度怎么样？

A. 非常不了解　　　　B. 不了解

C. 一般　　　　　　　D. 非常了解

5.您对转基因技术的了解程度如何？

A.非常不了解　　　　　B.不了解

C.一般　　　　　　　　D.非常了解

6.您对转基因技术在科研领域的了解程度如何？

A.非常不了解　　　　　B.不了解

C.一般　　　　　　　　D.非常了解

7.您对转基因技术在医学领域的研究和应用的了解程度如何？

A.非常不了解　　　　　B.不了解

C.一般　　　　　　　　D.非常了解

8.您对转基因技术商业化的了解程度如何？

A.非常不了解　　　　　B.不了解

C.一般　　　　　　　　D.非常了解

9.您对转基因技术所开发出来的产品（食品）等的了解程度如何？

A.非常不了解　　　　　B.不了解

C.一般　　　　　　　　D.非常了解

Ⅳ.态度调查

1.您在公共危机中的恐慌和焦虑程度：

A.非常恐慌　　　　　　B.不恐慌

C.一般

2.在关于公共危机的报道中您是否能够理解科学信息？

A.非常不理解　　　　　B.不了解

C.一般　　　　　　　　D.非常理解

3.您认为这些科学信息对应对危机是否有指导作用？

A.非常有用　　　　　　B.没什么作用

C.一般

4.您觉得公共危机中的科学信息可信程度是?

A.非常不可靠　　　　B.不可靠

C.一般　　　　　　　D.可靠

E.非常可靠

5.对于公共危机中的新闻消息来源,您更相信:

A.专家或科学家　　　B.相关政府机构

C.媒体　　　　　　　D.自媒体

6.您对转基因技术的发展持什么态度?

A.非常赞同　　　　　B.不赞同

C.不确定　　　　　　D.观望

E.怀疑

7.您对转基因技术的应用及使用方式持什么态度?

A.非常赞同　　　　　B.不赞同

C.不确定　　　　　　D.观望

E.怀疑

8.您对转基因技术的商业化持什么态度?

A.非常赞同　　　　　B.不赞同

C.不确定　　　　　　D.观望

E.怀疑

9.您对转基因技术对社会发展带来的更多是负面影响这一观点持什么态度?

A.非常赞同　　　　　B.不赞同

C.不确定　　　　　　D.观望

E.怀疑

V.个人决策调查

1.新闻媒体提供的转基因食品安全的消息对您的生活决策有指导意

义吗?

  A.非常没有指导意义 B.没有指导意义

  C.一般 D.有指导意义

  E.非常有指导意义

  2.您是否同意看完转基因食品安全的新闻媒体消息后会使您在做决定时更加谨慎?

  A.非常不同意 B.不同意

  C.一般 D.同意

  E.非常同意

  3.您在看完相关的新闻消息后对消息讨论的参与度有多高?

  A.完全不在乎消息也不参与讨论

  B.在乎消息但是不参与讨论

  C.在乎消息也参与讨论

  D.非常在意消息并参与大量讨论

  4.若是参与讨论,您参与讨论的方式是以下哪种?

  A.转发扩散 B.发表观点

  C.提供建议 D.行动参与

  5.您对2020年中国开始种植转基因玉米的消息有什么看法?

  A.国家应该绝对禁止这种行为

  B.转基因粮食对增产增量有一定好处,应该支持

  C.绝对不会购买和食用这种食品

  D.对这一消息持怀疑和观望态度